現代文學研究叢刊

吳懷晨著

主題與愛慾

——現當代華文作品論述

文史哲出版社印行

國家圖書館出版品預行編目資料

主題與愛慾：現當代華文作品論述 / 吳懷晨著. --
初版 --臺北市：文史哲, 民 105.04
頁; 公分（現代文學研究叢刊；45）
ISBN 978-986-314-294-2（平裝）

1.中國小說 2.現代小說 3.文學評論

820.9708　　105006332

現代文學研究叢刊 45

主題與愛慾

現當代華文作品論述

著　者：吳　懷　晨
出版者：文　史　哲　出　版　社
http:// www.lapen.com.tw
e-mail:lapen@ms74.hinet.net
登記證字號：行政院新聞局版臺業字五三三七號
發行人：彭　正　雄
發行所：文　史　哲　出　版　社
印刷者：文　史　哲　出　版　社
臺北市羅斯福路一段七十二巷四號
郵政劃撥帳號：一六一八〇一七五
電話886-2-23511028・傳真886-2-23965656

定價新臺幣三八〇元

二〇一六年（民一〇五）四月初版

ISBN 978-986-314-294-2　　08345

主體與愛慾：

現當代華文作品論述

目　　次

前　言

> 文學要不是本質，要不就什麼都不是。我相信，惡 —— 尖銳形式的惡 —— 對吾人表現出主權的價值；但這一概念並不排除道德，相反地，它要求的是「超道德」（hypermorality）。[1]

一、選　材

本書評論了幾位現當代小說家的作品，包括了魯迅、張愛玲、陳映真、舞鶴、夏曼・藍波安；取材選自魯迅《野草》《吶喊》數篇、張愛玲〈色，戒〉、陳映真〈賀大哥〉〈山路〉〈趙南棟〉、舞鶴《餘生》、夏曼・藍波安諸小說；全書包含了五篇各自獨立的論文。主要採用的文學批評理論來自法國哲學家巴塔耶、拉岡，兼及佛洛伊德與若干解構思想。選擇這些作家及其作品並非偶然，本書最初撰寫之論著乃以〈非關索隱，非關自傳：以巴塔耶的愛慾論觀電影《色｜戒》與小說〈色，戒〉〉為濫觴，但一路上下追索，也在筆者感興

1 Georges Bataille, *Literature and Evil*, trans by Alastair Hamilton（London:Marion Boyars Publishers）, p. x.

趣的幾位小說家作品／身上，讀到了文學中之惡與魍魎氣息。

鑑於這是一本文學論述集，且以「理論」解「作品」將於各篇中分別進行。因此，前言將先集中概要介紹本論集所借重之哲學思想。

二、理論前沿

（一）愛慾論中的「文學與惡」

巴塔耶（Bataille, J.）[2]是當代法國思想家，與社會學、人類學、宗教學之起源關係甚深，寫詩、寫小說、也寫宗教思想與藝術評論。他是一深具原創性之思想家。[3]由整體經濟學（general economy）之耗費（expenditure）觀點，巴塔耶提出了他的哲學理論主幹：愛慾論（eroticism）。

2 Georges Bataille（1897-1962），當代法國思想家，與社會學、人類學、宗教學之起源關係甚深，寫詩、寫小說、也寫宗教思想與藝術評論。二零年代曾參與超現實主義運動。三零年代參與過科杰夫（Alexandre Kojeve）所講授之黑格爾精神現象學討論班。後曾成立一秘密會社 — 無頭者（Acéphale），參與者有萊西（Michel Leiris），凱洛（Roger Caillois）等人。生前僅在知識界聞名，但死後思想聲名卻越來越顯著，傅科（Michel Foucault）、索萊爾（Philippe Sollers）、德希達（Jacques Derrida）、布西亞（Jean Baudrillard）與拉岡（Jacques Lacan）等二十世紀後半葉思想大師都深受其影響。死後全集（1970-1987）由傅科編撰。

3 本文中關於巴塔耶著作文本，有時引用法文原文，有時則引用英文及中文翻譯本，乃因閱讀時不同筆記記載所致，也因筆者並無備有巴塔耶完整法文全集。

巴塔耶以「耗費」概念標誌出，人類有一無限制的耗費領域（order of limitless expenditure），即人類在俗世生活之外，有時必會將大量的精力與金錢投注在毫無回報的事物上，如情色、宗教、戰爭、藝術等，文學亦列位其中。因此，如法西斯主義、人類學考古，乃至於宗教之獻祭活動，皆在此一統一性觀點下綜合描述討論。其思想擺盪幅度之大，令人咋舌，從而開展出人類的神聖世界，體現了人類的越界經驗。而，相對著聖世界，則是人日常在世俗生活中的界限（禁忌）內的過活。上述理論總體，名之為愛慾論。

而，落在巴塔耶愛慾論中的文學，同樣[4]標誌著人類越界／逾越（transgress）[5]的勇氣。這種勇氣是人類的成就，也是文學的成就。巴塔耶稱讚，真正的文學不僅有反抗精神，文學更是一種挑釁。古往今來的文學作品中，這種挑釁比比皆是。巴塔耶一本重要著作《文學與惡》（Literature and Evil），便討論了八位論惡的文學家。[6]這即是本書思考的起點。

巴塔耶說，惡來自於死亡。死亡是巴塔耶所說的最大的禁忌（界限），逾越而死，所展現的惡是最深刻的。惡既是死亡的一部份，也就列位於自然秩序之中。惡是

4 文學，同宗教、藝術、戰爭、情色一般，都體現著人類之逾越。

5 越界／逾越（transgression）這個詞非巴塔耶獨用，但卻是在巴塔耶之後，才深刻地影響了法國的後現代思潮。

6 包括了薩德、波特萊爾、威廉布萊克、卡夫卡、惹內等。

自然的，人也就某層面上與惡理智地共處。但人有時願意在死亡這條界限上越界冒險。文學家便是其中一種惡的罪犯（性是另外一種。最殘暴的色情狂，會帶來毀壞帶來死亡，因此色情狂就是惡。巴塔耶由此談論文學中惡的情色）。

人總想逃避死亡，但死亡的陰影總在，總在不知名處驀然而現。人類也需要這種死亡陰影（不是死亡本身）。既然並非死亡本身之回返，則求助的就是文學藝術。古代的獻祭，乃是以宗教犧牲的方式來越界，人以這種方式去面對自己的有限，這是人類社會存有的一部份。後來，藝術文學接替著這樣的角色。人類存有，必要有緊張的時刻，但也要有在其中陷入消融的時刻。正是在文藝之中，死亡的徵兆能將吾人帶到擾動的最高潮。

對巴塔耶而言，文學是個人之事，是自由孤獨的瞬間表現。因此當道德或法律將群體導向善的同時，文學是其相反面。文學是危險不負責任的。但依巴塔耶，卻能表現出深刻的倫理價值。巴塔耶說，文學能夠帶給個人孤獨情狀下的神秘經驗，而這乃是另一種神秘主義的真理。巴塔耶說文學與藝術「在我們身上保持苦惱和對苦惱的超越，它們是宗教的繼承者。我們的悲劇和喜劇都是過去犧牲的延伸。」[7]我們有苦惱跟苦惱意識的超越，文學（尤其是詩）能否定與摧毀事物的界限。消泯

---

7 Georges Bataille, *Literature and Evil*, p.26.

了界限，則自我與世界都回到神聖的詩意的狀態，從而達到消融。

（二）主體的黑夜

繼巴塔耶，本論集亦援採用了拉岡（Lacan, J.）的精神分析理論。拉岡是當代最重要的精神分析學大師，他倡言重新回到佛洛伊德，在 20 多年的課程講座中，留下一套對主體性的（後現代式）重塑理論。作為拉岡最重要的詮釋者，哲學家紀傑克（Žižek, S.）慧眼見出了拉岡與巴塔耶的相似與共鳴。紀傑克說，上文所說巴塔耶的「無限的耗費領域」與「交換秩序」（order of exchanges）之別（也即巴塔耶的俗／聖世界之分），前者，就是拉岡所說的與實在界的創傷遭遇所導致的過量（excess）；若以本論集所處理的主題來說，文學，某意義上即是拉岡所說的與實在界創傷之遭遇所導致的過量。

紀傑克也說，巴塔耶終身致力於的聖／俗之分的聖之域（domaion of the Sacred）及「被詛咒的部分」（the accursed part），與拉岡所部署的亞特（até）之域不啻指向同樣的領域？而巴塔耶所說的違反禁忌的術語「不可能」（impossible），正是拉岡認為實在界之為實在界的條件。正因為巴塔耶就是「激情向著實在界」（passion for the Real）的哲學家，而拉岡著名的話語「不要向你的欲望妥協」（do not compromise your desire）實為巴塔耶的指令。[8]

拉岡的信徒紀傑克說：「人類的生命永遠都不會『僅是生命』，它總是被一種生命的過量所維持。」[9]。過量，這個詞無疑是巴塔耶／拉岡的詞彙。生命的存在法則中總有些縫隙或傷口需要被治癒。人們的確是被一種生命的過量所維持著，在主體性和經驗的最基本層面上，如實展現了：狂歡、否定性和死亡驅力。在本論集中，尤其在論魯迅與舞鶴那兩章，他們的精彩處，就在於如實體現了愛慾論與死亡驅力之本貌。解剖本書小說家的心靈及其作品面向，都瀰漫散發著一股生命過量與黑暗意識。

後現代主體不是笛卡兒那種清晰明辨的我思主體。而是要挖掘出分裂的，盈滿／過量（excessive）的內核。生命是盈滿／過量的，這事在巴塔耶與拉岡之哲學都是核心議題。因此，這般的後現代主體觀堅持的是，主體必然是匱乏的。沒有一種完滿的，自給自足的「我」（不論是在想像界或符號界中），不可能會有終極的認同，因此主體總是在分裂中。於是幻象之存在，乃是扮演著掩飾主體匱乏空白的角色，其如一螢幕，讓意識形態於

8　這段談論言簡意賅。巴塔耶的術語「被詛咒的部分」（la part maudite）、「不可能」（impossible），及拉岡術語亞特（até）「實在界」（the Real）的、「欲望」（desire），在各自的哲學體系中都是重要的理論概念，需要大篇幅的講述才能釐清其各自的意義。本論集中在散落的章節中亦有論述澄清過這些術語。此段落僅是論述概要，主要在說明巴塔耶與拉岡在許多理論上的雷同相似性。

9　紀傑克著，孫曉坤譯：《與紀傑克對話》（臺北市：巨流出版，2008），頁3。

此螢幕順利上演。正因為生命之過量，因此不可能被禁忌輕易挾持與捆綁，它必然要完成它自己。這種完成，在巴塔耶是愛慾，在拉岡言絕爽（jouissance）。而這樣的拉岡式的主體，即是黑格爾筆下的「世界的黑夜」（或謝林的「自我的黑夜」、康德口中的「惡魔之惡」）。黑格爾在耶拿講座的實在哲學中說：

> 人類就是黑夜，這個空無在它的簡單性中包含了萬有——無限的大量的無數表象、形象，但無一屬於他——或者不存在於當下。這就是黑夜，人類本性的內在，存在在此——這純粹的自我——在幻影般的表象中它遍是黑夜：在這兒聳立起血淋淋的頭顱——那兒又突然出現白色的駭人的亡靈立於面前，旋即又消失。當我們透過雙眼看著人類，就會看進轉變地極為恐怖的的黑夜。[10]

這段描述純粹之黑與血淋淋斷頭亡靈的文字，不斷轉引於當代思想家之列（柯傑夫、巴塔耶、阿圖塞、拉岡、紀傑克等）。紀傑克說，被佛洛伊德指稱為無意識或死亡驅力的，乃是同海德格所說的「焦慮」（anxiety），是前存在論的；人與動物之不同，在於在世存有的人從沒辦法與世界完全相契合。這種焦慮，與世界之黑夜、

---

10 Hegel, G.W.F. *Jenaer Realphilosophie, in Frühe politische Systeme*（Frankfurt: Ullstein. 1974）, p.204.

瘋狂、生命過量總是相連結的。死亡驅力與焦慮，是先於人之在世的。紀傑克認為，就如同康德的物自身般，實在界乃是根本的否定本身，是創傷，即是前主體的黑夜。

（三）小　結

1.本論集所討論的幾篇文本（尤其是魯迅、張愛玲、與舞鶴的作品），呈現的都不是道德上的美善價值，毋寧是體現了上文所說的惡的超高道德；讓讀者見識到人類在界限上受苦及逾越之拉扯，展現了文學之惡。

2.而本論集討論之作者（及其作品之主角）或多或少符合了後現代之主體性。魯迅、舞鶴其人其作都展現了某種生命的過量，張愛玲符應著荒涼，陳映真陷入了意的牢結，而夏曼・藍波安沉浸在焦慮之中。若借用以上所言德國觀念論之術語，那是主體的黑夜。

3.此處所言「主體的黑夜」（或黑格爾「世界的黑夜」、謝林「自我的黑夜」、康德的「惡魔之惡」）所指涉乃人類的心靈狀態；此一主題是被傳統哲學排除討論的。從笛卡兒提出清晰明辨的「我思」（cogito）以來，主體哲學就構成了現代哲學最重要的面向之一，深刻影響了三四百年來哲學之走向。但，後現代哲學如此高舉自我黑夜（或瘋狂或愛慾或絕爽）的心靈主體，無疑是對傳統哲學之反省詰問。

4.最後，本書中巴塔耶愛慾論雖貫穿前面四篇論文，然最主要理論介紹在第二篇論張愛玲〈色，戒〉處，其餘諸篇論述較少。而最後一篇談夏曼・藍波安的論文則稍離愛慾論。

三、各篇大要

（一）論張愛玲小說〈色，戒〉及李安電影《色｜戒》

以下，扼要簡述本書各篇大要，先從論〈色，戒〉開始。張愛玲的小說〈色，戒〉，2007 年被改編翻拍為李安電影《色｜戒》，引發討論熱潮，焦點多放在《色｜戒》電影多延伸出的三場床戲外，原著亦重新引起關注。該文便將以巴塔耶愛慾論闡發電影與小說之思想精義。

張愛玲善寫愛情，但更擅長把男女悲歡放在大時代的悲壯與蒼涼的脈絡中，作為作者的張愛玲比她故事主角更懂得極端的病態與覺悟，所以她的作品氛圍最終總能捻出惘惘的荒涼。〈色，戒〉作為其晚期作品，將張愛玲的特色發揮到極致，通篇〈色，戒〉，言簡冷漠，充斥著不安的冷色調，且在諜對諜的緊張與壓迫下，隔膜般散發著故事中人的蒼涼與無情。雖然在張愛玲早期的愛情作品，如〈紅玫瑰與白玫瑰〉、〈傾城之戀〉等都不乏男女性愛的情事，但張愛玲對性事的描寫都是空缺的，〈色，戒〉中的情色片段雖少，卻是露骨的。另外，在諸如〈傾城之戀〉、〈金鎖記〉中，女性都是享受在愛情降臨光明喜悅中；然而〈色，戒〉的情愛卻是病態的。遲暮之年，張愛玲特別把淪陷區中戰爭之下孤島狀態中的惶惶與殘殺翻轉出來，尤其〈色，戒〉架構在民族主義愛國心的背景之中，更顯得男女情事的虛妄與顛覆。因此，〈色，戒〉是她少數的作品，把情色透得如此露骨，在慾愛中穿透人性的犀利；故，特別以巴塔耶的愛慾論分析之。

巴塔耶認為，通過了死亡與性禁忌，人類將由有秩序的俗世界之中越界／逾越到聖世界。故愛慾（色）乃是人類在禁忌（戒）之後特有的神聖／神秘之內在經驗。色與戒在愛慾論中相互辯證啟明，從而能夠解釋〈色，戒〉之情慾迷離與《色｜戒》之「大開色戒」。

愛慾，對巴塔耶而言是歧義矛盾的概念。如愛慾之神，他有張小孩子的臉（丘比特），讓人見之就發笑（且讓吾人想像戀愛中的情人相視之笑）。但愛神終究是悲劇的神明，「愛慾之淚」由此而來；巴塔耶說，笑／淚並非截然相對的。笑與淚的客體總是與正常秩序之被暴力打斷相關，中斷了平常的慣性。明顯地，性的狂暴不僅為我們帶來眼淚，有時也讓吾人為之粉碎；這是屬於性的狂暴。因此，愛慾的狂暴就與死亡的本質一般。

巴塔耶之愛慾論也有其與宗教之連結。因為宗教之本質是將某些特定的行為區別為有罪的，即是被禁止的行為。但被宗教所拒斥之行為，同時這些行為也被賦予了一個意義；即，去違反禁令、去踰越這些行為。愛慾

／做愛／情色被「禁止」！除非吾人去偷偷進行。但若吾人偷偷進行，此禁止／禁令便讓它所禁止的東西變形了，並以既罪惡又神聖的光芒去照亮它：簡言之，禁止／禁令以一種宗教的光去照亮性行為。被禁止的行為吸引了逾越行為，沒有逾越的行為，被禁止的行動就沒有那種如此誘人的邪惡光芒。在禁令的逾越當中，逾越者有著魔般的感覺。這就是色／戒的真義，越被禁止，越要逾越，而在逾越中有著魔之感。如此我們體會到痛苦與勝利交雜之感，這是焦慮的主體誘人之處，如〈色，戒〉的主角易先生、王佳芝兩人一般。

（二）論舞鶴小說《餘生》

愛慾論之深奧具有宗教性，亦有數不清的矛盾面向，如其恐怖、悲劇、難以被承受的淵藪；這即是巴塔耶所要論述的神聖的（sacred）真意。神聖一字，所背負的重量正是獻祭中死亡的重量。巴塔耶說，當有完全的暴力，如，當死亡切開受害者喉嚨且結束其生命那一刻，破壞／暴力開始發酵；此時，此光芒同樣也就照亮出宗教的生活。正因為愛慾之主體對於死亡有著異常迷戀，如巴塔耶所說的奇異的勝利之感，在論舞鶴《餘生》一文處，我們更將闡明這點。

舞鶴的狂暴騷動是著名的；他筆下的男女，多是被家國體制傷害的無用之人，這些在憂傷躁鬱之中的餘生者，多盈滿著愛慾與虐待的纏繞關係。〈悲傷〉中的「我」

「你」不容於世，避世於精神病院，「我」「你」這樣的邊緣人，體內卻有滿滿的瘋狂性衝動。《鬼兒與阿妖》中舞鶴創造了雜交狂歡的「鬼兒窩」，上演活色生香的「肉體課堂」。小說〈拾骨〉，孝子為悼念亡母，卻是透過進入妓女戶來完成，荒唐的是，爾後孝子在撿拾亡母頭蓋骨時卻興發出亂倫之喜。另一篇政治小說《調查:敍述》，主角「母親」是二二八事件的餘生者，卻在追索受難真相的過程中慘遭強暴，是餘生中最為不堪的荒謬劇。

本書第四篇論文討論舞鶴小說《餘生》，《餘生》事涉著名的霧社事件。舞鶴以「出草性」及後現代小說筆法詮釋了霧社事件之始末。然而，檢視《餘生》的情節後，筆者發現有兩點是舞鶴極為著迷的。一是舞鶴對斷頭的執迷。一是舞鶴極端依賴性／情色來推展故事。因此，「斷頭／出草（死亡）」、「性」的狂騷同是《餘生》之特點；舞鶴把做愛同出草等量齊觀，是他解構歷史意義下恍惚的美感。而性與死便落入了巴塔耶禁忌理論的兩大面向。

誠如王德威所說，在身體象徵中，魯迅所看到的是原本完整的中國被斷了頭，這種在現代性之下的衝擊是貫穿二十世紀的，一種落後（野蠻）國度被文明國度斷了頭，且向文明國度邁力奔去之間的努力。這其中亦有現代性之下啓蒙／神話之間的焦慮辯證。然而，世紀末的舞鶴卻在霧社事件的砍頭中，看到「暴力文化」在原住民部落或中華國度之中的源遠流長。於是，《餘生》一書融入的是舞鶴眼中原住民的斷頭／性愛事件，我們將在第四篇文章中探究其死亡驅力與執迷。另外，本文將整理出本世紀才被聽見的賽德克餘生族人自己的詮釋，是真正的餘生之聲。他們的語調誠懇包容，迴異於舞鶴對餘生族人狂亂的解讀，本文將一併反省各個視角的詮釋差異。

（三）論魯迅《野草》與小說〈鑄劍〉

過往以來，因為政治的因素，現代中國彷彿有許多種面貌標籤化的魯迅。然而，本書第一篇論文要談論的，是文革後才又被探索的黑暗的魯迅。魯迅自承，自己是有毒氣與鬼氣的，即夏濟安所言：「無疑的，魯迅背負了一些鬼魂。」魯迅的「幻燈片事件」與〈鋤共大觀〉之文，都有著對「砍頭情結」之迷戀與對死亡著迷，這就落入了愛慾論的理論；但又不僅只於此，在某些文本上，魯迅卻呈現出一種從虐人到自虐的心理情節，如《野草》〈復讐一〉〈復讐二〉。這便是第一篇論文所要探究的文本，最終連結解讀了魯迅小說〈鑄劍〉。

〈復讐一〉奇特的是，寓言最後，雖是「無血的大戮」，但兩名赤裸者卻「永遠沉浸于生命的飛揚的極致的大歡喜中」，為何這兩位假戲不真做的殺戮者，並不見任何鮮血，卻陷於大歡喜之中呢？〈復讐二〉談的是耶穌受釘十架，魯迅描寫，當耶穌在碎骨的大痛楚中，卻「沉酣于大歡喜和大悲憫」之中？顯然〈復讐二〉之受難已然是薩德與巴塔耶式「狂喜」下的神之死。這無異議是全然奇特的意象。身為東方人的魯迅，讓這罪行直接「異教」（pagan）化，將耶穌之死直接跳接為與原教義全然背反的薩德／巴塔耶之流。

更詭譎的還有《野草・題辭》。魯迅在《題辭》中說：「過去的生命已經死亡。我對於這死亡有大歡喜，因為我藉此知道牠曾經存活。……野草，根本不深，花葉不美，然而吸取露，吸取水，吸取死人的血和肉，……地火在地下運行，奔突；熔岩一旦噴出，將燒盡一切野草，以及喬木，於是并且無可朽腐。但我坦然，欣然。我將大笑，我將歌唱。」野草之存活，是吸取人類血肉而得？讀來讓人不寒而慄。並且一切的一切都燒盡成空無後，魯迅竟是大笑且歌唱？歷來，從無研究者能解讀這段文字所透露出的毀滅哲學。

為了解釋以上文本所談論之虐與被虐，筆者將引入精神分析理論剖析之，且由佛洛伊德及死亡驅力先論起。在 1924 年〈受虐狂的經濟論問題〉一文引入了「死亡驅力」後，佛洛伊德說「有可能有一種原初受虐狂（primary masochism）的東西」。而這原初受虐狂乃是由死亡驅力與生命驅力的熔合或去熔合。而在後期的《超越快樂原則》與《文明及其不滿》二書，佛洛伊德則更清楚交代心靈之兩種驅力：「生命驅力」與「死亡驅力」。簡言之，生命驅力為自我保持而努力。相對地，死亡驅力要求從人的有機體回到最初的無機體狀態。然而，死亡驅力與愛慾結合，所展現出來的方向有二：向外與向內。向外的是攻擊與破壞的展現，或者就是施虐狂一部份死亡驅力轉向外部世界，以攻擊本能和破壞本能的面貌出現。

於是，1920 年代之後的佛洛伊德，在討論虐待議題時引入了死亡驅力，且直接與「性」連結討論。即死亡驅力、虐待／被虐、性（sex）／愛慾（eros）在佛洛伊德處，是一併被提出的。或說，佛氏藉著愛慾與虐待之纏繞關係，來說明他死亡驅力與虐待之關係。當死亡（驅力）與愛慾結合，不論是向外（攻擊破壞）或向內（受虐狂），死亡與愛慾是標準的巴塔耶命題，而魯迅的內心都體現到了。

接著，該文將處理佛洛伊德與拉岡所說的絕爽。當逾越之後達到的乃是絕爽，佛洛伊德在《文明及其不滿》中說，任何從絕爽轉向禁止的，總是會不斷加強這禁止的強度。拉岡說，這就是絕爽與逾越之辯證。在虐與被虐之間，演繹出的又痛又快即是絕爽。當巴塔耶說，當心靈衝破逾越，就到達了不可能（the impossible）。因此逾越禁忌帶來的是罪（mal），但同樣也是一種痛快與絕爽。禁忌與逾越之間，構成了雙重的拉扯，誠如拉岡所說，絕爽源自對法或禁令的逾越，那是主體對法所犯下的罪，是絕爽的第一重惡。而另一方面，絕爽的逾越帶來的不是禁令的廢止，而是禁令的強化，這是絕爽的第二重惡，也是更大的惡。

從〈狂人日記〉、〈藥〉、〈阿 Q 正傳〉、〈復讐一〉、〈復讐二〉、〈鑄劍〉等一系列相關文本中，魯迅一再地纏繞在「吃人、被吃、與自食」多重虐待與被虐待之路。從譴責砍頭看客，走向了被看之悅，被砍之喜。玩味起虐人／被虐的模糊意境。無論如何，這就是魯迅文本內在所深藏的「愛慾論」與「絕爽」的魔力。我們將在該文論述之。

（四）論陳映真「救贖三部曲」

自 1959 年開始創作以來，半世紀時間，陳映真以踽踽獨行的姿態、巨人般堅毅的腳步逐漸地邁向了漢語世界最重要的小說家行伍；他的文學創作於「質」上出類拔萃。除了是台灣文學重要的旗手，陳映真還是堅貞的社會主義運動家。他的卓越成就，不僅配得了無數尊榮的冠冕：「大師級」、「高尚人格」、「烏托邦主義者」……。即便是那些立場與其相左的讀書人，亦無從詆毀其文學貢獻。然而，陳映真因自身思想所引起的爭議亦頻頻。即便稱讚陳映真人格與創作的評論家，衡諸其政治立場，有些便選擇存而不論或支吾帶過。因為他那結合馬克思思想與大中國民族情結的意的牢結，在兩岸三地，堅貞如此的「老紅帽」，恐怕是絕無僅有了。

然而，陳映真一輩子創作與思想之爭議，就在於把全然矛盾的耶教與馬克思思想揉雜併行。即便到了 80

年代後，面對文化大革命，陳映真切實認識到革命中國的腐化和墮落，他仍是深沉地重新思索這兩條他所關心的路線。然而，例如面對六四的屠殺，或「自由」、「民主」、「新聞自由」等議題，陳映真都提出了自己的詮釋。這些論爭都非常複雜，或許也可用以中國人民為主體的詮釋模式去解釋陳映真在這些事情上的立場。但不論如何，陳映真在捍衛自己的政治或思想信仰時是有自己的詮釋與排除之精神機制的。此處之精神機制的排除，乃與賤斥之概念息息相關。筆者選擇〈賀大哥〉、〈山路〉、〈趙南棟〉三篇小說為研究文本，訂之為「救贖三部曲」。陳映真失憶／失語／否證的精神模式，在其生命的許多重大片段及作品中一再重現。這將是本論集第三篇篇文所要追索的重點。

筆者好奇著陳映真的「意的牢結」，同時好奇著他的意識形態之牢固，是在如何的幻象螢幕上被裝置演出著，則陳映真主體之分裂與匱乏明白就是值得探究的人間風景。

（五）夏曼・藍波安

而在最後一篇夏曼・藍波安的文章，將重新探究蘭嶼在「人類／世界文明史」中的位置及被殖民狀況，筆者以為，釐清楚這兩點後，更能清楚看見達悟人百年來被壓抑／殖民下的精神景況，如此更可見夏曼・藍波安書寫之意義（此篇是本書中唯一一篇離開愛慾論的論文，當筆者亦在其中稍探夏曼・藍波安的主體狀態）。當四百多年前，非南島民族（荷、西、漢）踏上福爾摩沙島始，原住民就進入被殖民的命運。筆者在此主張，二戰後原住民族僅是換了另一殖民政權；達悟族的情況則非常特殊，筆者以為，達悟族一直要到中國民國政府執政期，才真正落入被殖民狀態。

在學者的研究調查中，已然證明，達悟人精神失序（mental disorder）的比例是台灣人的五倍。這一輩人，恰是蘭嶼接受現代教育的第一代（即是落入現代性政體之後）。而，活到了二十多歲，有一天夏曼・藍波安在臺北街頭，才發現原來自己「不是漢人」，「有一天，我發現了自己，原來我跟他們說不一樣的語言，也忽然意識到自己在台灣好久好久沒有吃魚，吃飛魚，也沒有游泳，原來我不是漢人。」[11]在臺北街頭後，在他人的凝視中，夏曼・藍波安意識到自己的不正常與自卑。罪咎感中的自卑／自大，這完全可以套用在蘭嶼（與其他原住民族）的情境。阿德勒說，「精神官能症患者也同時具備自卑情結與自大情結。這種疾病的顯性症狀通常是自大情結，自卑情結則為隱性症狀。」[12]於是本論集的最後一篇，我們將要處理的是自我／他者，民族性主體之分裂與精神焦慮。

---

11 夏曼・藍波安，《大海浮夢》（臺北：聯經出版社，2014），頁14。
12 阿德勒著，吳書榆譯：《阿德勒心理學講義》（臺北：經濟新潮社，2015），頁64。

以上，簡述了本書論文所處理的論題。本書相關論文在寫作過程中，多次獲科技部研究型計劃補助支持，書中若干篇也曾刊於相關一級期刊。在此，特別向相關學術單位表達筆者誠摯的謝意。

吃人、被吃、到自食的犧牲之路：論魯迅的黑暗意識*

一、前　言

本文將從「幻燈片事件」追索魯迅的黑暗意識。1918年〈狂人日記〉始，魯迅成了時代的導師，終其一生，極端矛盾的是，魯迅一邊進行著頑強的抵抗，一邊卻不止歇地散發著黑樣靈魂的氣息（他稱自己是有毒氣跟鬼氣的），究竟，巨大的虛無與不停歇的戰鬥熱情是怎麼並存的？

魯迅對「砍頭情結」（decapitation syndrome）的執迷，縱然已有許多名家論述，但魯迅並非只是簡單地對死亡著迷而已；從其人其文，吾人的確可以推衍出「虐待／被虐待」之間的狂喜，從而符合筆者所要延伸談論的「愛慾論」與「絕爽」。

本文將要論證出，魯迅的確是被一種生命的過量所

* 本論文之研究，獲科技部計劃「自虐／虐人的犧牲劇場：魯迅 — 從「頭」講起，104 年度」（NSC 104-2410-H-119 -011。）

維持著。主要文本放在〈復讐一、二〉、〈墓碣文〉及〈野草題辭〉。這些文本不僅有著「砍頭—看客」模式，推論之後，還隱藏著奇特的虐人／自虐邏輯，甚至是以己為牲的自虐。呈現出魯迅從虐人到自虐的心理情結，虐與被虐間，演繹出絕爽的又痛又快。[1]魯迅的黑暗與廢墟感，不折不扣就是一種過量的展現，體現了愛慾論與死亡驅力之本貌。最後，本文將由此重新論述小說〈鑄劍〉之意義。

二、魯迅與砍頭情結

（一）幻燈片事件

在魯迅的當代研究中，「幻燈片事件」一事的評論甚多；無論其存在與否，幻燈片的場景早已成了著名的啓蒙中國劇場，讓魯迅著實走上了棄醫從文，大病文人醫的現代性救國路數。[2]「幻燈片事件」重要之處，在於

---

1 “Jouissance” 多被譯為「絕爽」或「痛快」，前者接近音譯而後者指出了“jouissance”一字中虐與快感的雙重矛盾義。本文將視上下文之需要而決定譯名。

2 這段著名的談論如下：「其時正當日俄戰爭的時候，關於戰事的畫片自然也就比較的多了，我在這一個講堂中，便須常常隨喜我那同學們的拍手和喝采。有一回，我竟在畫片上忽然會見我久違的許多中國人了，一個綁在中間，許多站在左右，一樣是強壯的體格，而顯出麻木的神情。據解說，則綁著的是替俄國做了軍事上的偵探，正要被日軍砍下頭顱來示眾，而圍著的便是來賞鑒這示眾的盛舉的人們。這一學年沒有完畢，我已經到了東京了，因為從那一回以後，我便覺得醫學並非一件緊要事，凡是愚弱的國民，即使體格如何健

它犧牲模式引發的諸多重要命題，前現代／現代的文明／野蠻之辯、砍頭示眾的鄉愁意旨、國民性的奴與愚、阿 Q 式的看客／示眾……。

在魯迅一生的寫作中，幻燈片事件是起點抑是終點。其諸篇小說及眾多雜文中，砍頭／被砍頭、有頭／無頭之辯一直縈繞不去，王德威直接稱之為「砍頭情結」（decapitation syndrome），[3]他說：「在往後的時代裏，這一『砍頭情結』也成為中國現代文學裏不斷浮現的幽靈，一再蠱惑著二十世紀的華文作家與讀者。」[4]顯見這事件是魯迅一生思想的核心命題。

但，為何魯迅一生對這種劇場犧牲如此執迷？在他的重要作品[5]中不斷重複著劇場犧牲的意象，並且，這些意象都指向著魯迅內心的黑暗意識（魯迅自謂：「惟黑暗與虛無乃是實有」）。

且因這幻燈片事件隱含著一種戲劇場景，在砍頭示眾中有魯迅最痛恨的看客，而成「砍頭—看客」之結構。

全，如何茁壯，也只能做毫無意義的示眾的材料和看客，病死多少是不必以為不幸的。所以我們的第一要著，是在改變他們的精神，而善於改變精神的是，我那時以為當然要推文藝，於是想提倡文藝運動了。」魯迅：〈吶喊・序〉，收入楊澤編：《魯迅小說集》（臺北：洪範，1994），頁 466-467。

3 王德威：〈「頭」的故事 — 歷史、身體、創傷敘事〉，《漢學研究》29:2（2001.06），頁 240。

4 王德威：〈「頭」的故事 — 歷史、身體、創傷敘事〉，頁 248。

5 如〈狂人日記〉、〈藥〉、〈鑄劍〉等小說、詩集《野草》、信札《兩地書》。

「砍頭—看客」中，從而又延伸出「被看—看」與「被虐—虐人」之結構。[6]下文中，將試圖於魯迅的作品，展開解讀這三層關係。

（二）啟蒙與黑暗心靈的並存

1.魯迅之抑鬱

的確，抑鬱的魯迅，人生常在黑暗中；不同時期的魯迅，他心境總看似虛無。但一方面，他又是革命的導師，巨大的虛無與不停歇的戰鬥熱情是怎麼並存的？這種奇異的矛盾，在民國文人當中，是絕無僅有的。

1918 年〈狂人日記〉發表肇始，魯迅倏瞬成了時代的標竿，他是當代新中國啟蒙運動的領航者。1918 到 1936 年逝世為止，短短二十載的光陰，魯迅以他的邊緣戰鬥，寫出了大量的文學創作、及鼓舞青年們的戰鬥雜文。然而，極端矛盾的是，魯迅一邊進行著頑強的抵抗，一邊卻不止歇地散發著黑樣靈魂的氣息。

若將魯迅的人生進程分期，則可發現，魯迅人生最光明奮發的時期，當是他棄醫從文之際。隨著「新生」雜誌的失敗，雖帶給魯迅蕭條之感，新中國的革命事業仍可期許。然而，辛亥之後，魯迅的黑暗之感就此籠罩，

6 本文將幻燈片事件視為一劇場，乃因其中有「砍頭—看客」之結構，內涵「被看—看」之相互辯證。且下文將討論的主要文本《野草》〈復讐一〉、〈復讐二〉、〈墓碣文〉也都呈現如此結構。因此筆者通篇都將重複使用「劇場犧牲」一詞來指涉此一結構。

糾纏其十餘載。

下表，是魯迅各時期大致的「黑暗」心境。這其中，從〈狂人日記〉前的寂寞，到1919年的稍作振奮，從而一路低落到廈門廣州時期的黑暗。十餘年生命史，魯迅大約只有在日棄醫從文與五四新文學運動之際，人生稍有振奮之感，其餘皆在抑鬱狀態之中。

時間	地點	文本或事件
童年與少年	紹興	父親病重，仰賴中醫，終至病逝。魯迅自道：「有誰從小康人家而墜入困頓的麼，我以為在這途路中，大概可以看見世人的真面目。」〈吶喊・序〉
棄醫從文 1906	仙台	彼時，魯迅說：「所以我們的第一要著，是在改變他們的精神，而善于改變精神的是，我那時以為當然要推文藝，于是想提倡文藝運動了。」〈吶喊・序〉
新生雜誌時期 1907	東京	魯迅為《新生》雜誌所寫的兩篇文章〈摩羅詩力說〉和〈文化偏至論〉，是充滿朝氣和氣力的。
辛亥革命至 寓居北京 1912–1918	北京	許廣平在《魯迅回憶錄》中說，1912-13年間，魯迅幾乎每月都有害病的紀錄，「無日不處於憂患中」(轉引自《野草》，頁132。)而這六七年，魯迅獨居在紹興會館，抄古碑，「我于是以我所感到者為寂寞。這寂寞又一天一天的長大起來，如大毒蛇，纏住了我的靈魂了。......只是我自己的寂寞是不可不驅除的，因為這于我太痛苦。我于是用了種種法，來麻醉自己的靈魂，使我沉入于國民中，使我回到古代去。」〈吶喊・序〉

1918–1919	北京	1918，發表〈狂人日記〉，成為新文化陣營的鬥士。1919 年 10 月，他在〈我們現在怎樣做父親〉說出一種父親的宣言：「自己背著因襲的重擔，肩住了黑暗的閘門，放他們到寬闊光明的地方去，此後幸福的度日，合理的做人。」
1923–1924	北京	1923 年，與周作人決裂。1924 年開始撰寫《野草》諸篇。並翻譯出版《苦悶的象徵》，此書帶給魯迅一定精神上的影響。
1926–1927	廣州 上海	1926 年 318 慘案，此後數月，魯迅寫出一系列血淚的文字。十月，《華蓋集續編》中，他說：「這半年我又看見了許多血和許多淚，然而我只有雜感而已。淚揩了，血消了；屠伯們逍遙復逍遙，用鋼刀的，用軟刀的。然而我只有雜感而已。」同月，《寫在墳後面》說：「爲了我背負的鬼魂，我常感到極深的悲哀。我摔不掉他們。我常感受到一股壓迫著我的沉重力量。」12 月，給許廣平的信中說：「我先前何嘗不出於自願，在生活的路上，將血一滴一滴地滴過去，以飼別人，雖自覺漸漸瘦弱，也自以為快活。而現在呢，人們笑我瘦了，除掉那一個人之外，連飲過我的血的人，也都在嘲笑我的瘦了。……，我的漸漸傾向個人主義，就是為此。」 1927 年 4 月，發表〈鑄劍〉，從中山大學離職，遷居上海。

從上表可見，[7]魯迅最黑暗的狀態約在 1923-1927 年

7 此表僅魯迅生平之概要，主要是列出不同時期魯迅自述的黑暗文字，尤其以 1923-1927 年為甚。作者心靈狀態未必便全然表現在其作品中；但本文試圖既列出魯迅自況的文字，亦同時討論該時期具黑暗意識的作品，主要是《野草》諸篇。

之間。他不僅與至親胞弟周作人決裂，幾年之內，南北遷居數次，在廣州跟上海且都見證了時局動盪下政治勢力對學生的殘酷殺戮。這幾年是他寫《野草》與〈鑄劍〉的時期，我們將在下文特別剖析這兩件文本。筆者以為，此時期的這兩件文本（特別是《野草》中的〈復讐一〉、〈復讐二〉、〈墓碣文〉諸篇）最能夠體現魯迅的犧牲情結。這幾篇作品，不僅能深刻地體現魯迅的毒氣與鬼氣，且都以某種劇場 — 視覺 — 敘事的結構來敘述。且已從「砍頭 — 看客」之模式，延伸出「被看 — 看」、「被虐 — 虐人」的模式。

2.魯迅研究簡述

過往以來，因政治的因素，魯迅之被標籤化是著名的。現代中國的歷史中，有過多個時期的魯迅；啓蒙者的魯迅，有進化論時期的魯迅，有左聯的魯迅，有馬列階級論中的魯迅。1949 年後，魯迅愈發成了共產黨的神主牌，[8]文革期間，甚至只剩下毛語錄與魯迅的著作可以閱讀，而只剩神化的魯迅，所謂「魯迅走在金光大道上」。

8 瞿秋白在《魯迅雜感選集》中推崇魯迅的雜文。而毛澤東在 1940 年的〈新民主主義論〉中為魯迅的地位定調了：「魯迅是中國文化革命的主將，他不但是偉大的文學家，而且是偉大的思想家與偉大的革命家。魯迅的骨頭是最硬的，他沒有絲毫的奴顏與媚骨，這是殖民地半殖民地人民最可寶貴的性格。……魯迅的方向，就是中華民族新文化的方向。」轉引自陳芳明：〈台灣文學與東亞魯迅〉，《文訊》267（2008.01），頁 57。

在這些樣貌繁複的「魯迅」中，黑暗面的魯迅似乎消失了。[9]

而一直要文革之後，走下神主牌的魯迅，人性那一面才彷彿恢復並被看見。如王富仁所說的「回到魯迅那裡去」，也才有了後來人生哲學與存在哲學中的魯迅，錢理群《心靈的探尋》（1988 年）汪暉《反抗絕望：魯迅及其文學世界》（1990 年）大抵開啟了這個面向的討論。而李歐梵重要的著作《鐵屋裡的吶喊：魯迅研究》則出版於 1987 年。也才真正開啟了對於魯迅內心世界的研究。[10]

當然，關於魯迅鬼氣的討論，早於 1964 年，時位於海外的夏濟安大作《魯迅作品的黑暗面》就啟濫觴。夏濟安說：「無疑的，魯迅背負了一些鬼魂。」[11]夏濟安

9 「魯迅的焦慮 — 身體與靈魂的斷裂 — 在 1930 年代激發了許多創作。到了 1940 年代，左翼思想接收了魯迅的未竟之業，以一種簡化而粗暴的方式解決了魯迅的問題意識。毛澤東及其從者主張文學必須 — 而且可以 — 為政治服務時，書寫的確與身體的規範、懲戒合而為一了。一種遮蔽斷裂與焦慮的文學觀取代了魯迅充滿斷裂與焦慮的文學思想。這一種文學觀召喚的固然是魯迅的名字，但實際上卻壓抑了魯迅的聲音。」王德威：〈「頭」的故事 — 歷史、身體、創傷敘事〉，頁 257。

10 本世紀初甚至有場魯迅功過的論戰。王朔〈我看魯迅〉批判魯迅從未寫過長篇小說，且質疑魯迅的思想。馮驥才〈魯迅的功與過〉則認為魯迅批判中國的國民性之觀點乃偷渡了西方文化霸權的語言。參見陳芳明：〈台灣文學與東亞魯迅〉，頁 58。完整的論戰見：高旭東編：《世紀末的魯迅論爭》，（北京：東方出版社，2001）。

11 夏濟安：《夏濟安選集》（臺北：志文出版社，1971），頁 33。

主要討論了《野草》集中的若干篇以及〈無常〉〈女吊〉兩篇散文。與大部分評論者不同的是，夏濟安火眼金睛，見出魯迅黑暗之處。他認為戰鬥者魯迅始終拉扯在外與內兩造之間，外在的「傳統的中國文化與文學」，及內在的 ──「作者本身不安的心靈」；前者是魯迅抨擊「禮教吃人」成名之處，而後者，在上一代的評論者之中幾乎是無人論及的。

在晚近的魯迅研究中，真正貼近且剖析此有頭／無頭之辯者有二：楊澤及王德威之著述。楊澤評論的文章出處有三：《魯迅小說集序》、《魯迅散文選序》及一篇發表在中研院研討會的論文〈邊緣的抵抗 ── 試論魯迅的現代性與否定性〉。王德威早於《歷史與怪獸》一書中便討論了沈從文及魯迅關於有頭／無頭的談論；而到 2001 年，在更新的一篇〈「頭」的故事 ── 歷史、身體、創傷敘事〉論文中，王德威延伸了魯迅—沈從文—舞鶴的「有頭／無頭」談論，將此砍頭的命題延伸入現代之後的後中國／台灣脈絡之下。[12]本文以為，此二氏

12 王德威說：「魯迅對中國（人）的身首異處 ── 或意義的斷裂 ── 雖然充滿焦慮，但他的作品卻又暗示一種詭異的迷戀。誠如某些評者所見，魯迅作品最精彩之處不在於他對中國命運的理性思考，而在於他與理性的『黑暗面』的遭遇；換言之，魯迅在意的也不是前瞻或回顧社會與知識系統的一貫性，而在於見證這些系統的析離瓦解。當他為自己建構的那個表意世界亂了套，種種鬼魅、迷信和各式各樣的死魂靈於是紛紛解放，不斷攪擾蠱惑著他，儼然像一場恐怖的嘉年華。魯迅的文學改良方案也許滿紙教化與啟蒙，但總是掩映其下的森森鬼魅。更奇怪的是，魯迅本該奮力祛除這些鬼魅，沒

之論點深具啟發。楊澤之論點，沿用多位當代歐洲思想家之理論，然寫於九零年代初，少人注意。王德威的論述橫跨百年，從現代中國魯迅的憂憤，延伸到現代之後的舞鶴餘生。這幾篇文本便是本文寫作的重要起點。

當夏濟安以 60 年代的西方理論評論魯迅「不安的心靈」之存有狀態時，他的確慧眼獨特。夏氏尤其論及夢（及夢背後之無意識）與死亡這兩點，雖然就行文脈絡而言，夏氏應只在釐清魯迅的行文脈絡及未被注意的關鍵詞；但夢與死亡不啻是幾位理論家巴塔耶、佛洛伊德、拉岡的理論詞語，我們將待下文分析。藉由這幾位思想家的理論來解讀《野草》諸篇，將推衍出魯迅已玩味起看／被看，砍／被砍，殺人／殺己之模糊，譴責意味消失。

（三）對「砍頭 — 看客」犧牲模式之執迷

的確，魯迅許多重要的文本，都一再重複著這奇幻的劇場犧牲。因為「魯迅畢生不停回到原點（幻燈片中、想像中的），回到酷刑示眾的 primal scene。」[13]楊澤說：「不可諱言，魯迅一直對『砍頭示眾』的場景有份不可思議的迷執；在他的小說、散文裏，我們看到他反復地

想到他竟然彷彿一頭栽進那股黑暗的力量之中，為其所欺，為其所惑。『斷頭』的焦慮與『無頭』的恐懼最後竟成為魯迅靈感的祕密泉源。」王德威：〈「頭」的故事 — 歷史、身體、創傷敘事〉，頁 254。

13 楊澤：〈恨世者魯迅〉，收入魯迅著，楊澤編：《魯迅散文選》（臺北：洪範，1996），頁 4。

回到此一受難的原址，徘徊不去。」[14]。1918 年驚為天人的〈狂人日記〉，以揭櫫中華國度人（禮教）吃人為肇始，每個人都是那個深陷其中的幫兇（吃人者）。〈藥〉一文，同樣是這砍頭情節的形變；革命者被砍頭了，愚弱的中國人吃了被砍頭的革命黨人的血；而故事的最終，革命者與愚弱中國人竟都死去，諷刺地，兩人被同葬一起。〈阿 Q 正傳〉中，阿 Q 精神勝利法的「奴隸性」，終究重複魯迅示眾看客的老題。而到了 1927 年的〈鑄劍〉，故事的結尾是詭異的三顆頭顱在鼎鑊中追逐著。[15]

1.鏟共大觀

關於魯迅對於砍頭的執迷，最精彩的乃是他寫於 1928 年的〈鏟共大觀〉。此篇短文曾被多位評論者引述，但仍未點出魯迅文字之不可思議處。〈鏟共大觀〉乃魯迅對當時報刊《申報》上破獲斬首共黨的轉述，[16]原文

---

14 魯迅著，楊澤編：《魯迅散文選》，頁 21。

15 「砍頭也是另一短篇名作《阿 Q 正傳》的主題。對小說主角阿 Q 及其鄉人來說，砍頭示眾既是一種「好漢」的死法，也是最驚悚的大眾娛樂。然而故事終了卻出現無頭可砍的反高潮，這對阿 Q 的「精神勝利法」乃至群眾「懷舊」的慾望，簡直是個致命的打擊。」王德威：〈「頭」的故事 ── 歷史、身體、創傷敘事〉，頁 254。

16 原《申報》的文字，魯迅抄錄如下：「……是日執行之後，因馬（淑純，十六歲；志純，十四歲）傅（鳳君，二十四歲）三犯，係屬女性，全城男女往觀者，終日人山人海，擁擠不通。加以共魁郭亮之首級，又懸之司門口示眾，往觀者更眾。司門口八角亭一帶，交通為之斷絕。計南門一帶民眾，則看郭亮首級後，又赴教育會看女屍。北門一帶民眾，則在教育會看女屍後，又往司門口看郭首級。全城

僅是報章報導，但魯迅卻大力稱讚這段文字，說是「這麼強有力的文學」、「抵得上小說一大堆」，魯迅說：

> 你看這不過一百五六十字的文章，就多麼有力。我一讀，便彷彿看見司門口掛著一顆頭，教育會前列著三具不連頭的女屍。而且至少是赤膊——在我所見的「革命文學」或「寫實文學」中，還沒有遇到過這麼強有力的文學。……這百餘字實在抵得上小說一大堆，何況又是事實。[17]

在喜歡散播虛無的黑暗者魯迅的眼中，在當代第一小說家筆下，人人往北門去看三具「不連頭」、「赤裸」的女屍，這段看戲的庸眾的文字，竟是一篇好小說？也無怪乎魯迅對「頭之執迷」是鑿鑿有據。這群看眾的神情在魯迅筆下，是「一批是由北往南，一批是由南往北，擠著，嚷著……。再添一點蛇足，是臉上都表現著或者正在神往，或者已經滿足的神情」；然而，為何赤身裸體的無頭女屍能激起看客之熱情？這段文字充滿著巴塔耶愛慾論的精髓；無怪乎，王德威說這些民眾的熱情「竟然有著情色般的狂喜」、「有如共享一場心照不宣的樂子」。〈鏟共大觀〉的結尾，魯迅亦清楚自己對砍頭情節的注目，他自忖，從「拳匪之亂，清末黨獄，民二，去年和今年，在這短短的二十年中，我已經目覩或耳聞

擾攘，鏟共空氣，為之驟張；直至晚間，觀者始不似日間之擁擠。」魯迅著，楊澤編：《魯迅散文選》，頁341。

17 魯迅著，楊澤編：《魯迅散文選》，頁342。

了好幾次了。」無論如何，只要還有「頭」跟「女屍」可以看，中國民眾都會蜂擁而至的。

「幻燈片」事件中，看客的神情僅是麻木無謂的，這麻木讓魯迅激憤抨擊中國人之國民性。但到了〈鏟共大觀〉，「砍頭—看客」之間，是否已不只是麻木情緒。〈鏟共大觀〉明明只是一篇殘酷的時事報導，閱報人魯迅的眼下，卻讀出了一種虐待／受虐的狂喜？

2.犧牲與吃人的宴席

這些斬首示眾的情節，無不體現著魯迅著名的「吃人的宴席」的談論。換言之，亦和「國民性」緊密相關。在〈娜拉走後怎樣〉一文中，魯迅有段非常著名的論述：「群眾 — 尤其是中國的 — 永遠是戲劇的看客。犧牲上場，如果顯得慷慨，他們就看了悲壯劇；如果顯得觳觫，他們就看了滑稽劇。北京的羊肉舖前常有幾個人張著嘴看剝羊，彷彿頗愉快，人的犧牲能給與他們的益處，也不過如此。而況事後走不幾步，他們並這一點愉快也就忘卻了。」[18]從軼事般的幻燈片事件，具象到北京街上羊肉舖或湖南街上的鋤共之舉，眾人皆知，魯迅抨擊中國文明這吃人的宴席：

> 所謂中國的文明者，其實不過是安排給闊人享用的人肉的筵宴。所謂中國者，其實不過是安排這

18 魯迅著，楊澤編：《魯迅散文選》，頁 167。

> 人肉的筵宴的廚房。不知道而贊頌者是可恕的，否則，此輩當得永遠的詛咒！[19]

魯迅從第一篇小說〈狂人日記〉肇始，就深刻地觸及到「吃人」的議題。中國，是個人吃人的國度。此種人吃人，不僅指涉現實意義上的人之欺壓人，更指涉了傳統文化上的禮教吃人。[20]「吃人宴席」仍是變種的抨擊文明的犧牲狀態，[21]楊澤說：「他對死亡、對犧牲流血 obession，以及他從其中得到的近乎『虐待／被虐待狂』的快樂，不免令人聯想到巴塔耶 — 巴塔耶當年從幾張攝於民前六年、顯示一中國人被『碎屍萬段』的照片所領受的靈感與啟示。」[22]的確，關於魯迅與巴塔耶之內在理路，楊澤早在 90 年代初便已經預感且暗示了。那麼，我們將實際進入到巴塔耶的文本中，去論述他的

---

19 魯迅著，楊澤編：《魯迅散文選》，頁 198。

20 給許壽裳的信中，提到〈狂人日記〉的由來，「後以偶閱《通鑑》，乃悟中國人尚是食人民族，因成此篇。」《資治通鑑》中，記載吃人肉食人心者甚多，影響中國人甚大，「而知者尚寥寥也」。見楊澤，〈盜火者魯迅其人其文〉，收入魯迅著，楊澤編：《魯迅小說集》（臺北：洪範出版，1994），頁 20。

21 然而，更深刻地意義上，如果所謂中國的文明，就是安排「給闊人享用的人肉的筵宴」，那麼，則可以說整個中國的傳統之一切，就是以禮教為中介，以低下者為牲的一種犧牲體系？

22 楊澤：〈邊緣的抵抗 — 試論魯迅的現代性與否定性〉，收入中國文哲所編委會編：《中國現代文學國際研討會論文集 — 民族國家論述》（臺北：中國文哲研究所籌備處，1995），頁 201。楊澤原譯為「巴代依」，但為統一全文，筆者將文中所出現的楊澤譯名全改為「巴塔耶」。

犧牲與愛慾論。

三、愛慾論中的魯迅

（一）巴塔耶《愛慾之淚》中的凌遲之照

楊澤所提到的民國前六年的一中國人被「碎屍萬段」照片，出於當代法國思想家巴塔耶生前最後一本出版著作《愛慾之淚》。《愛慾之淚》一書的最末篇章，巴塔耶曾討論過數張中國犯人被凌遲的照片。巴塔耶說：「這是通過影像對我們所展現也引起我們的最為噁心的世界。」[23]

據巴塔耶自己所述，這幾張照片是 1905 年法國士兵於北京所攝；他說：「這些照片在我的人生中有著決定性的角色。我從未停止著迷這些既痛苦，也曾是狂喜與令人無法容忍的影像。我好奇著，薩德侯爵將會如何思索這些影像」[24]。與「幻燈片事件」相較，差別的是，凌遲系列並沒有幻燈片事件的中 — 日 — 俄國族情感參雜其中，中國犯人遭中國官員凌遲，乃是歷來慣有之國民性刑罰。但，凌遲系列照片同樣是中國人的「示眾」，同樣充塞著人潮洶湧萬頭攢動式的「戲劇的看客」；中國人麻木看戲的國民性仍在此系列真實呈現。然而，凌遲系列作為巴塔耶一生著述最末的結語，實有其非常意

23 Georges Bataille, *Œuvres complètes X*（Paris:Gallimard, 1987）, p. 627.

24 Ibid., p. 627.

義：乃因凌遲系列體現了巴塔耶之重要理論「愛慾論」的終極精神，即：

> 我的用意便是要表達出宗教狂喜與愛慾論——在特殊的虐待狂中——之間的根本連結。從最無法啓齒的到最為超昇的。……我所乍見到的，禁錮在我裡面的那種極度痛苦——但同時將我遞送出來的——是神聖的狂喜與它的對立面，極度的恐懼這組完美的對反之間的同一。……若只侷限在它自己的領域，愛慾論就永遠無法企及顯露在宗教愛慾論之中的基本真理，即恐懼與宗教的同一。宗教的全體乃奠基在犧牲之上。[25]

（二）愛慾論到犧牲

對巴塔耶的整體經濟學而言，死亡是一種奢侈，是能量的盈滿。故，人之死亡不過就是回到全體之連續性當中，或回到能量之連續性當中。在此意義下，死亡並非如個體經驗上是種恐怖的對象。死就能量的奢侈上，是一個物種靠著另一個物種的死而接續存活下去。因此，巴塔耶看待生死並非是一般意義，而是在地球生命全體的視野中去評判。物種之生，或個別存有之存在，乃是生命的不連貫，而死亡，才讓生命又連續下去。[26]當

25 Georges Bataille, *Œuvres complètes X*, p. 627.

26 巴塔耶依生命的總體經濟學去看待死亡的觀點，某方面也契合了薩德的看法。巴塔耶說：「死亡彰顯存在的連續。」頁 77。我們將在下文說明。

然，逾越過了死亡，才進入了神聖性。神聖性同時有聖與懼的兩面，個體經驗對死亡之懼由此可見。而死亡的某面向，即犧牲／獻祭（sacrifice），無論是宗教上的犧牲或情色中的獻祭。巴塔耶說：「獻祭也不乏這樣的意義:從根本上來看,它甚至在恐懼中達到了在場者有能力承受的焦慮的極限。」[27]聖世界中，不依著算計的邏輯，那麼，人看著死亡的發生，同時也不自覺地恐懼自己毀滅在死亡的慾望中。

如此逾越了死亡或性之界限而抵達聖世界狀態的論述，在巴塔耶，稱之為愛慾論。

（三）《野草》

那麼，稍論巴塔耶論犧牲與愛慾論的理論後，本文將重新檢視魯迅的犧牲劇場，尤其放在《野草》一書中的〈復讐〉二則。筆者以為，〈復讐〉二則不僅超越了馮省三或秋瑾式表面上的犧牲，雙〈復讐〉以寓言之方式，深刻體現了巴塔耶式的狂喜，隱藏著魯迅黑暗意識中奇特的虐人／自虐邏輯。

1.〈復讐一〉

〈復讐一〉是一齣預言，也是一場奇妙的行動劇。魯迅在〈復讐一〉中，讓「砍頭 — 看客」的邏輯截然

27 Georges Bataille, *L'érotisme*（Paris : Éditions de Minuit, 1957）, p. 37.

翻轉，顛倒了犧牲劇場的因果。敘事一開始，魯迅讓兩名全身赤裸之人，手持利刃對站曠野中。而四面八方有圍觀的群眾，密密麻麻湧來，他們「拼命地伸長頸子」想要欣賞這兩人復仇之戲。然而，奇特的是，導演魯迅安排這兩名赤裸之人，既不殺戮也不擁抱，只是長長久久地站在那邊；站到看客們都覺得無聊，「喉舌干燥，脖子也乏了」。最終，圍觀的看客只得無聊地離開。

原本看客是在觀看犧牲中尋求歡喜，但〈復讐一〉卻讓犧牲不發生。看客，反成了被看之人。在給鄭振鐸的信中，魯迅曾說：「我在《野草》中，曾記一男一女，持刀對立曠野中，無聊人競隨前往，以為必有事件，慰其無聊，而二人從此毫無動作，以致無聊人仍然無聊，至於老死，題曰《復讐》，亦是此意。」[28]顯然，魯迅寫〈復讐一〉，是要展現讓看客無戲可看的狀態。魯迅曾說，〈復讐一〉寫作之目的，是因憎惡社會上旁觀者之多。顯然，〈復讐一〉批判的對象，是魯迅一貫的敵人，從「幻燈片事件」以來的庸眾看客。

然而，奇特的是，寓言最後，當看客都離去後，兩名赤裸者以「死人似」的眼光，鑑賞著看客的無聊。雖是「無血的大戮」，但兩人卻「永遠沉浸于生命的飛揚的極致的大歡喜中」。為何這兩位假戲不真做的殺戮者，並不見任何鮮血，卻陷於大歡喜之中呢？（我們當在下

---

28 轉引自魯迅：《野草》（臺北：風雲時代出版社，1990），頁30。

文再闡釋）

2.〈復讐二〉

（1）被釘十架的耶穌

在〈復讐二〉中，魯迅又再一次翻轉了他所敵視的「砍頭—看客」之邏輯。〈復讐一〉談的是無戲可看而終被觀看的「示眾」。然而在〈復讐二〉，「砍頭—看客」（示眾）之邏輯被轉移到西方文明的核心 — 耶穌身上。[29]〈復讐二〉也在魯迅的導演下，展演著奇幻的行動劇，在魯迅的安排下，耶穌被釘上十字架：

> 他在手足的痛楚中，玩味著可憫的人們的釘殺神之子的悲哀和可咒詛的人們要釘殺神之子，而神之子就要被釘殺了的歡喜。突然間，碎骨的大痛楚透到心髓了，他即沉酣于大歡喜和大悲憫中。
>
> 他腹部波動了，悲憫和咒詛的痛楚的波。
>
> 遍地都黑暗了。[30]

魯迅進入到受難者人子的心中，把耶穌被釘十架之場景，以自我揣想的生動筆法，詳細地描繪出耶穌犧牲

---

29 魯迅對耶穌事蹟非常熟悉，這西方的救主不斷滲入他的思考與寫作中，楊澤有出色地觀察：「從趙太爺到假洋鬼子到吳媽到小 D，魯鎮的眾人又何嘗不是阿 Q 的兄弟至親，成色或有不足，卻皆分得其『一技之長』。阿 Q 負荷眾人原罪，儼然耶穌基督（Christ figure）。」楊澤：〈盜火者魯迅其人其文〉，收入魯迅著，楊澤編：《魯迅小說集》，頁 18。

30 魯迅著，楊澤編：《魯迅散文選》，頁 109。

時的內心狀態，也描繪了看客的模樣（以色列人士兵、祭司長和文士，連一同被釘的兩名強盜也譏誚著）。初讀這段文字，吾人的確會被魯迅的奇想與執迷所吸引。這個奇幻的場景發生在耶穌被釘十字架上的瞬間。若參照聖經四福音，該書所錄關於耶穌被釘十架的記載都是描述式的，因此，進入耶穌內心的奇想，完全是魯迅的文學發揮。

然而，魯迅之舉是曲解了耶穌受難之意義嗎？神之子之犧牲是為人類洗罪，何以會有被釘死之歡喜？無怪乎正統的教徒蘇雪林說：「耶穌以愛天主愛人類為所立宗教之唯一目標，從來不知仇恨為何事。一直到被釘十字架上時還禱告天父，寬恕陷害他的人，因他們愚昧，所幹的事連他們自己也不知道，何致像魯迅之所云云呢？」[31]也有學者認為：「魯迅描寫了耶穌之死，把它看成是耶穌無能的最終體現。」[32]所以是對基督教的嘲諷。果真是如此？魯迅只是一東方文學家對西方耶教教義的曲解嘲弄？

然則，在魯迅的揣想中，當鐵釘釘入耶穌手掌時，耶穌即沉酣在既虐待又受虐的「大歡喜和大悲憫中」，楊澤在讀到這段文字時，說：「所謂『悲憫和詛咒的痛楚的波』── 不正是一種揉合『虐待』與『被虐待』，

31 蘇雪林：《我論魯迅》（臺北：愛眉文藝出版社，1979），頁 12。
32 路易士・羅賓遜著，傅光明、梁剛譯：《兩刃之劍：基督教與二十世紀中國小說》（臺北：業強出版社，1992），頁 114。

薩德或巴塔耶式的絕對『狂喜』嗎？」[33]

（2）救贖論與「快樂的罪行」（Felix culpa）[34]

耶穌之被釘十架，乃基督教教義成立之核心，即救贖論（theory of the atonement），而這即是基督的工作。基督教義認為人類有「原罪」，因此需要耶穌的寶血以「贖罪」，以血潔淨人的原罪。人若有原罪，本該自己受罰付代價贖罪，但人／神子耶穌為我們上了十字架，即祂的義為世人贖罪。因此這種古老的、以牲為祭的模式，在基督教信仰中因為耶穌之死而產生了無限的新意。這就是正統救贖論的觀點。

但，這也是一種犯了死亡禁忌的逾越，且是對人子而施，應當是一切當中最大的「罪」。巴塔耶曾說：「首先以十字架上之死為例：這是項犧牲，此犧牲中，神自己就是受難者。然而就是這項犧牲救贖了我們，這就是教會歌頌著這弔詭的快樂罪行」[35]。這「快樂的罪行」難道不是矛盾嗎？謀害了神（人子）本該是最最萬惡之罪，然而這殺害的作為卻是基督教理念核心之核心。「以罪（殺神之罪）洗罪（人類原罪）」!這確然是基督教偉大的發明。

33 魯迅著，楊澤編：《魯迅散文選》，頁 27。

34 關於快樂的罪行的闡述，主要整理在本書第三篇談陳映真小說中，可參考該處論述。

35 Georges Bataille, *L'érotisme*, pp. 261-262.

3.〈墓碣文〉

那麼，當〈復讐二〉的耶穌在碎骨的大痛楚中，「沉酣于大歡喜和大悲憫」時，魯迅的耶穌並非是一種西方耶教傳統意義下的神義論。「快樂的罪行」，真成了痛快的罪行；本來這其中的快樂，指的是信眾因寶血洗淨罪愆的快樂，但在魯迅的筆下，成了受難者耶穌自身的大喜樂。

「大歡喜」與「大悲憫」原都是佛教用語[36]，魯迅固然未將佛教意味套用在耶穌身上。但〈復讐二〉之受難已然是薩德與巴塔耶式「狂喜」下的神之死。這無異是全然奇特的意象。身為東方人的魯迅，並非只是別具匠心地轉換了「快樂的罪行」，而是他讓這罪行直接「異教」化，將耶穌之死直接跳接為與原教義全然背反的薩德／巴塔耶之流。

魯迅，是如何產生這樣的視野？他立基之錨何在？他特異的毒氣與鬼氣究竟從何而來？

讓我們再見識《野草》中另一著名的篇章〈墓碣文〉。〈墓碣文〉同樣是一詭譎的視覺劇場，在一奇特的夢境畫面中，「我」夢見自己正和一墓碑對立著。墓碑上刻著：「有一游魂，化為長蛇，口有毒牙。不以嚙人，自嚙其身，終以隕顛」。這種似夢非夢的劇場已經夠讓「我」驚駭了，但當「我」讀完墓文，繞到墓碣之後時，卻見

36 如《維摩詰經》說：「一切大眾，聞佛所說，皆大歡喜，信受奉行。」或《法華經》：「一切大會，皆大歡喜，受持佛語，作禮而去。」

到孤墳早已掘開露出闕口，裏頭確有死尸，而屍體的「胸腹俱破，中無心肝」。犧牲劇場的驚恐一步步加深，更讓人驚駭的是，「我」此時看見墓碣陰面殘存的文句：「抉心自食，欲知本味。創痛酷烈，本味何能知？……痛定之后，徐徐食之」。原來是死尸想要知道心的味道，所以心肝是自食的，這犧牲是自我犧牲，是自己把自己徐徐吃掉的！

當本文從「幻燈片事件」、鋤共大觀、一直解讀至〈復讐一、二〉，在這些犧牲劇場中：

（1）原先「幻燈片事件」中僅有砍頭—看客之犧牲邏輯；

（2）但到了「鋤共大觀」中，魯迅則顯露出愛慾情色的觀點。

（3）然而到了〈復讐一、二〉，我們見到原本譴責的看客，成了被看（之喜悅），這體現在〈復讐一〉，原本的砍頭，成了被釘（砍）者（耶穌）之悅，這體現在〈復讐二〉。而在〈墓碣文〉中，魯迅導演了一齣魔幻劇作，這其中的犧牲者是自己，自食心肝，以己為牲。

於是，魯迅的犧牲劇場中，原先的看客轉為了被看，砍頭轉為了被砍，最終是自我犧牲，自食自己。「幻燈片事件」中，魯迅譴責的是愚味的看客與砍頭的國度，但到了鋤共大觀與〈復讐一、二〉時，譴責意味消失，但喜爽的意境浮出。這裡頭有著從虐待走向自虐之路，這的確是魯迅實然的心理狀況。本文以為，要更能深入理解魯迅的內在狀態，當回到佛洛伊德與拉岡的語境中去尋求理解，因為唯有借重此二氏之術語：驅力、死亡驅力、絕爽等，才能更為妥貼地解讀魯迅。

四、虐待、死亡驅力與絕爽

（一）超越快樂原則 —— 絕爽

而，正是在「超越快樂原則」與「絕爽」的概念交雜中，佛洛伊德與拉岡探索了虐待／自虐與受苦的可能性。挖掘出自我當中神秘莫測的受虐傾向（masochistic trends）。從開端所談論的魯迅「砍頭—看客」犧牲模式，我們一路推衍出其背後看／被看殺人／殺己間的模糊意境，而正應該在心理分析處，追尋出更多的線索。

按常理，人們的心理過程應該是受到佛洛伊德所言「快樂原則」（principle of pleasure）所支配的。趨樂避苦乃是尋常的行為常理，這是心理活動的日常經濟學。但佛洛伊德與拉岡，他們探究出人類內在尋求痛苦之不可思議的解釋。[37]

---

37 人是追求快樂的動物，同樣人也是會限制快樂的動物。伴隨著快樂原則，佛洛伊德還提出了「現實原則」（principle of reality）。人雖追求快樂，但快樂有即時滿足或遠程目標之分，在現實原則的干預下，快樂之滿足會被延後，而走迂迴延遲的道路，此乃佛氏著名之壓抑說，壓抑帶來痛苦；在日常生活中之苦樂交織，乃是吾人尋常所支配之心理經驗。的確，如佛洛伊德說，我們的意識內部常有一特別緊張的感覺，但這種緊張既是快樂也是苦痛的。但現實原則干預之苦痛並非是最強烈的。

佛洛伊德指出，有一種心理的衝動是刻意尋求苦痛的，而單純地逾越快樂之外（即佛氏所說的「超越快樂原則」）；而這，就是後來拉岡所接續所言之「絕爽」。絕爽是與快樂對立之概念（jouissance vs. pleasure），絕爽不是單純的痛苦，在絕爽之中是苦中有樂，甚至痛苦本身就是快樂的。逾越之後就是痛苦，又痛又快，拉岡說：「絕爽（痛快）就是受苦。」[38]

（二）虐待狂三段論（施虐轉為受虐）與驅力

而佛洛伊德關於虐待與驅力的談論，有幾個時期的變化：在 1915 年《驅力及其變異》（"Instincts and their vicissitudes"）與 1919 年《一個小孩被打》（"A child is being beaten"）兩篇文章中，他都是由虐待自虐的三階段辯證談論起。1924 年以後，他則正式將虐待議題與「死亡驅力」相結合。[39]

---

38 迪倫・伊凡斯著，劉紀蕙等譯：《拉岡精神分析辭彙》（臺北：巨流圖書公司，2009），頁 152。

39 在 1919 年《一個小孩被打》（"A child is being beaten"）的文章中，佛洛伊德以孩童之幻想來討論強迫性精神官能症（obsessional neurosis）的可能。孩子看見或幻想同齡的孩子被打，乃是尋常的日常經驗。佛洛伊德在這普遍性的想像中看到了愉悅、強迫、性倒錯、性快感（自慰）等情感。於是，「誰」打「誰」？其中的年齡、身份、性別等，乃是這篇文章之重點。在佛氏的案例中，主要是以女童的角度去討論的。佛洛伊德認為，這三階段，只有一、三階段會留在意識中，而第二階段則會進入潛意識。而一三階段是施虐，第二階段是受虐。如此則解釋了如何由主動之施虐（意識中）轉進為被動之受虐（潛意識中）。

〈驅力及其變異〉一文中，佛洛伊德論虐待之課題時，最初，只從施虐者的角度切入；而受虐，乃是由施虐連帶推衍出來的。佛氏當時的思考與並沒有將「性」帶入連結討論，但已引入他著名的「驅力」概念。[40]在該文之談論中，佛氏之論述都隱含著正反合三階段辯證的意味。大致可推衍如下：首先，是主體虐待他者；其次，主體自身虐待其自身；最終，引入了新的他者，他者則虐待自己，此時他者是替代著主體的位階。即：

第一階段：以他者為對象，向其施以攻擊或暴力。

第二階段：放棄以他者為攻擊對象，而以自我為代替。這當中，主動轉為被動，而在這第二階段「……痛苦的感覺，一如其他不快感，侵入性刺激並引起一種快感狀態。為尋求此種快感狀態，人們也可能對痛苦的不快感產生喜好。」[41]顯然第二階段是違反「快樂原則」

---

40 驅力，驅使生命體往某一目的的推力，佛氏原文用 Trieb，法文之翻譯 pulsion 較為接近原意（如死亡驅力，法文翻譯為 "pulsion de mort"）。佛洛伊德另有用 instinkt 一詞，專指動物行為中所固著的狀態。因此 Trieb 可翻譯為驅力而不譯為本能。佛洛伊德早期所主張的驅力的二元論是：性驅力對立自我驅力（或自我保存驅力）。但在後期的《超越快感原則》中，則演變為生命驅力與死亡驅力的對立。「驅力」之觀念，在佛洛伊德學說中爭議頗大，尤其是後期的死亡驅力。驅力無法實證觀察，因為它絕不可能是意識的對象，當佛洛伊德論「無意識驅力衝動」（unconscious instinctual impulse）或「壓抑驅力衝動」（repressed instinctal impulse）時，這些驅力之衝動永遠是無意識的。

41 J.Laplanche & J.-B.Pontalis 著，沈志中、王文基譯：《精神分析辭彙》（臺北：行人出版社，2001），頁 461。

之濫觴，是關鍵性的轉向，而成了自我虐待之開始。在主動轉被動的過程中，痛苦之引入反而為主體所享受，甚至「痛苦」成為主體之「快樂」。

第三階段：則引入新的他者，但這他者是主體的代替者，轉而虐待自己。這第三階段的自我就是一般下的受虐狂。

三階段中，可見到驅力「對象」的改變，驅力以及其向其對立面的轉化。

在《驅力及其變異》的論述中，受虐狂必定是從先前的虐待狂推衍而來（皆有清楚的三段辯證）。但到了1924年〈受虐狂的經濟論問題〉（"The economic problem of masochism"）一文，引入了「死亡驅力」後，佛洛伊德則說「有可能有一種原初受虐狂（primary masochism）的東西」[42]。而這原初受虐狂乃是由於死亡驅力與生命驅力的熔合或去熔合（fusion or defusion）。[43]

---

42 XIX, p157.

43 該文中，佛氏提出了三種受虐狂的形式：動情受虐狂、陰性的受虐狂、及道德的受虐狂。後兩者都由第一種衍生出來。道德受虐狂與某種無意識的罪惡感有關，觸犯律法或違背了超我以致於受到良心的譴責。陰性的受虐狂與女性的處境相關，如被閹割情結或生育之痛苦。而動情受虐狂，乃死亡驅力向內的性的展現，即最原初的受虐狂之誕生，且證明了死亡驅力是會回轉到自身的。在性虐待中，死亡本能把性慾的目的扭轉到自己的方向。在該文中，佛洛伊德說：「這驅力中的一部份直接為性功能所利用，並在其中扮演重要角色。此即嚴格意義的施虐狂。另一部份並未伴隨此一向外的移動，而是停留在生命體內，並借助上述伴隨的性刺激，在此被力比多地連結⋯⋯；在其中我們認出，原初的動情受虐狂。」XIX, p.163-4.

生命驅力與死亡驅力，兩者在人的生命中是對立共存的。簡言之，生命驅力為自我保持而努力。而死亡驅力要求從人的有機體回到最初的無機體狀態。佛氏說，兩種驅力很難會單純純粹出現，而幾乎是以不同混合比例熔合出現。佛氏主張，除非死亡驅力與愛慾（eros）相熔合而出現，不然我們捕捉不到它。

於是，1920年代之後的佛洛伊德，在討論虐待議題時引入了死亡驅力，且直接與「性」連結討論（性／死驅力在巴塔耶處成了性／死禁忌）。死亡與愛慾是標準的巴塔耶命題，而魯迅的內心都體現到了。

（三）拉岡論死亡驅力與絕爽

拉岡所說的逾越並非是在快樂原則之中，而是緊緊貼著死亡驅力。對主體來說，絕爽並非是需要（need）之滿足，而是驅力之滿足。[44]對拉岡而言，所有驅力都是性驅力的，所有驅力也都是死亡驅力，死亡驅力是每一個驅力的一個面向。因為所有驅力都是過量的，最終必然是具有毀滅性的。

有趣的是，拉岡在談論絕爽時，其論述都緊貼著巴塔耶式的逾越。[45]佛洛伊德在《文明及其不滿》中說，

---

44 Jacques Lacan, *The Ethics of Psychoanalysis 1959-1960*, edited by Jacque-Alain Miller, translated with notes by Dennis Porter（New York : Routledge, 2008）, p.258.

45 拉岡在不同時期對「絕爽」有不同闡述。在第七講座中，談到薩德的部分，絕爽乃是與「被禁忌的滿足不可分」。沈治中說：「而在

任何從絕爽轉向禁止的，總是會不斷加強這禁止的強度。拉岡說，這就是絕爽與逾越之辯證，而佛洛伊德深諳此道。拉岡說，「罪需要法」，「而我們接受這樣的公式，沒有逾越，就沒有通往絕爽的途徑。」[46]

換言之，拉岡走著與巴塔耶同樣的路徑。他們都拉出了「逾越」之線，逾越之線即是禁忌跨越與否之線。[47] 當巴塔耶說，當心靈衝破逾越，就到達了不可能性（the impossible）。因此逾越禁忌帶來的是罪（mal），禁忌與逾越之間，構成了雙重的拉扯，既要禁止又嘗試著突破，而且越要禁止就愈想要突破。顯然巴塔耶的重要概念，全在拉岡的學說中重現。誠如拉岡所說，絕爽源自對法或禁令的逾越，那是主體對法所犯下的罪，是絕爽的第一重惡。而另一方面，絕爽的逾越帶來的不是禁令的廢止，而是禁令的強化，這是絕爽的第二重惡，也是

《第十三講座》中，拉岡則明確指出絕爽是語言對主體帶來的迴響，因為主體進入了語言而產生了慾望這個受到閹割威脅所禁止的範疇。……一直要到《第二十講座》，拉岡才在《性分化》的議題上歸納出他所謂的『絕爽』的特徵。首先，絕爽雖然與性的部分欲力的滿足有關，但它是『另一種滿足……是在無意識層次上滿足的東西。……是建立在語言之上的滿足』。其次，因為此種無意識滿足與超我的關係，使得絕爽始終與禁止、批判的範疇不可分。亦即，要享有絕爽但不得逾矩、不得跨越亂倫的界線，否則將面臨嚴峻的閹割威脅。」沈志中：〈薩德與精神分析〉，《中外文學》43:2（2014.06），頁 143。

46 Jacques Lacan, *The Ethics of Psychoanalysis 1959-1960*, p.217.

47 拉岡甚至說：逾越即是「死亡驅力，一定程度上，人發現自己就深深地錨定在這一本能可怕的辯證法的內部。」Jacques Lacan, *The Ethics of Psychoanalysis 1959-1960*, p.2.

更大的惡。

至此，本文可以簡要區分出巴塔耶、佛洛伊德、拉岡三氏對心靈的談論。

1.在巴塔耶，當心靈突破了逾越了禁忌（禁忌為二：死亡與性）之後，則達至心靈之不可能性，此乃異質性之展現。

2.在佛洛伊德處，心靈分為生命驅力與死亡驅力，兩者熔合展現。但死亡驅力常與愛慾一同誕生，而生發出施虐與受虐的動力。

3.在拉岡處，一切都是死亡驅力。死亡驅力的終點是絕爽。

五、《野草》中的絕爽

（一）魯迅與虛無主義？

於是，當吾人重新再翻閱《野草》，無論是〈復讐一〉「無血的大戮，而永遠沉浸于生命的飛揚的極致的大歡喜中」或〈復讐二〉「碎骨的大痛楚透到心髓了，他即沉酣于大歡喜和大悲憫中」；在殺戮之中，在大痛楚之中皆見大歡喜，又痛又快，死亡中見狂喜，顯然在〈復讐一二〉處，「絕爽」是直接命中的。

於是，如若吾人重新思考魯迅自稱的毒氣跟鬼氣，他自述的惟黑暗與虛無乃是實有。魯迅真的是一位徹底的虛無主義者？魯迅曾說過：「我的哲學都包含在我的

《野草》裏了。」而許壽裳也認為《野草》是魯迅的哲學。1929 年，作為學生的馮雪峰批評《野草》「虛無」，本是站在左派的立場來糾正魯迅，但周作人、許壽裳都認為魯迅的確就是個虛無主義者。虛無感的確是魯迅不可迴避的本質之一，這是魯迅突出於五四文人的獨特姿態，他特有的神秘感。

從上文之爬梳，可見魯迅不只是個虛無主義者。若以虛無主義來統括魯迅哲學，則過簡言之。心理分析要呈現的是，人內在之真實（the Real），而魯迅之鬼氣毒氣，其實更顯示其心理內在的多樣繁複。魯迅顯然不能單純以樂觀／悲觀、積極／消極、實有／虛無、光明／黑暗……二分法來斷定。巨大的虛無與不停歇的戰鬥熱情的確是並存，魯迅這種奇異的矛盾，在民國文人當中絕無僅有，而端賴其時其地哪一面是較為勝出而顯現。

而〈復讐一二〉呈現出的鬼氣毒氣，本文已論證出，是愛慾論與死亡驅力之精彩結合，那是魯迅作品中某一面確然之實有。[48]

48 魯迅是否虛無？其虛無與尼采之關係為何？雖說「魏晉風骨，托尼文章」（魯迅在日本時，就擁有了《查拉圖斯特拉》德文版，也曾兩度翻譯其前言。藏書中也有《瞧這個人》及，悲劇時代的希臘哲學》日譯本），尼采對於魯迅的影響是毋庸置疑的，兩者在精神工作上的路徑有對等性。兩人對於時代性的思想抨擊是一致；尼采意欲重估一切價值，魯迅則欲改造中國之國民性。由此，兩者的敵人都是傳統，尼采要打倒的是基督教，魯迅則控訴禮教吃人。歐洲文明走至十九世紀末，對應的是末人（或奴隸道德）；中國則創生出只剩精神勝利法的奴隸（受尼采影響，魯迅也用末人這個詞）。可

（二）〈復讐一〉

以下，讓我們重新閱讀〈復讐一、二〉。〈復讐一〉雖訂為復仇，但犧牲劇場一開端，魯迅卻導演了一齣離奇的行動劇，上文中我們已論述過〈復讐一〉魯迅讓看客無戲可看的窘態。但行動劇開演前，魯迅卻先有了一段長篇的論述，他要談的是：血？

〈復讐一〉以血之溫熱為開端。魯迅說：生命，其蠱惑其依偎其煽動其擁抱，都只為了滿足人之血液的溫熱，「以得生命的沈酣的大歡喜」。接著，話鋒一轉，魯迅帶入刺殺血液的畫面。當利刃刺入肌膚，熱血，激箭似噴射出來。在那麼血腥的畫面中，呼吸冰冷了，嘴脣淡白了，但魯迅卻說，刺殺者「得到生命的飛揚的極致的大歡喜」，而被刺殺者，同樣「永遠沉浸于生命的飛揚的極致的大歡喜中」。這，不就明明白白展示了一種殺／被殺、被虐／虐待的二重關係？殺人者，連那被殺者，也顯露出飛揚極致的歡喜。

說，魯迅在尼采那邊吃了許多飯。但 2,30 年代，馬克思主義的介入，唯物主義者必須清除或否認尼采對於魯迅的重要。80 年代，文革結束後，識者又重新強調起尼采與魯迅的思想內在關係，這點，尤其著重《野草》與尼采之牽連。然而，筆者對於此點是存疑的。即便今日，漢語思想界對於尼采的認識仍是平面的。更何況百年前魯迅對於尼采學說的接受。即便如此，最令人驚訝的是，魯迅僅只接觸到粗糙片面的尼采，卻和尼采一樣，看出了現代性啓蒙的困境。其黑暗意識是跟尼采以降的歐陸文人沆瀣一氣，在現代中國是絕無僅有的。

這段文本，過往一直是無從解讀。表現上看來，魯迅歌頌這死亡之喜悅乃讓人詫異無可理解。但，這不就是巴塔耶—拉岡以來的一條思想路徑嗎？

（三）〈復讐二〉

在重新爬梳〈復讐二〉前，讓我們先以李歐梵的談論為開場。李歐梵也曾試圖解讀過魯迅「復仇」之邏輯，他說：「奇怪的『復仇』邏輯。這是一種愛與恨，輕蔑與憐憫之間的緊張的矛盾，唯一的解決辦法便是犧牲——能成為某種『烈士』，對庸眾實行『復仇』，或是拒絕他們以觀賞自己的犧牲而取得虐待狂的快感，或者作為一個固執的戰士，對庸眾進行無休止的戰鬥直至死亡。不管他選擇的是戰鬥還是沈默，孤獨者總要為那迫害他的庸眾而死。」[49]

李歐梵的描述呈現了新型變種的黑格爾式主奴辯證，成為了他所用術語下「獨異個人」／「庸眾」的鬥爭關係。魯迅的主奴辯證在李氏的解讀中有三：

1.烈士對庸眾「復仇」。

2.烈士犧牲，但拒絕庸眾的觀看，而取得虐待者的快感[50]。

---

49 李歐梵著，尹慧珉譯：《鐵屋中的吶喊：魯迅研究》（香港：三聯，1991），頁 101。

50 魯迅說：「人被殺於萬眾聚觀之中，比被殺在『人不知鬼不覺』的地方快活，因為他可以妄想，博得觀眾中的或人的眼淚。但是，無

3.烈士無止盡的戰鬥，直至死亡。

以上第二點，所指的就當是〈復讐一〉，拒絕看客從而「取得虐待者的快感」。第三點，雖是無盡的戰鬥，但應當就是不斷自我犧牲（虐待）直至死。第二點與第三點都符合了上文佛洛伊德虐待三階段的推論。

上文我們已提及，在虐待三階段的第二階段中，主體放棄以他者為攻擊對象，而以自我為代替。這當中，主動轉為被動，是違反「快樂原則」之濫觴，而成自我虐待之開始。在主動轉變動的過程中，痛苦之引入反而為主體所享受，甚至「痛苦」成為主體之「快樂」。〈復讐一〉讓看客無戲可看，且讓那兩位赤裸者在無血的大戮中「沉浸于生命的飛揚的極致的大歡喜」，就符應了虐待的第二階段論。

上文已經提及，〈復讐二〉之耶穌在碎骨的大痛楚中沉酣于大歡喜，魯迅的耶穌並非是一種西方耶教傳統意義下的神義論，而是薩德與巴塔耶式「狂喜」下的神之自我犧牲。

《野草》的寫作期貫穿 1924-1926 年，那段時間的確是魯迅黑暗心靈最為激動的時期，1926 年在給許廣平的信中，魯迅說：

淚的人無論被殺在什麼所在，於他並無不同。殺了無淚的人，一定連血也不見。愛人不覺他被殺之慘，仇人也終於得不到殺他之樂：這是他的報恩和復仇。」魯迅著，楊澤編：《魯迅散文選》，頁243。

> 我先前何嘗不出於自願，在生活的路上，將血一滴一滴地滴過去，以飼別人，雖自覺漸漸瘦弱，也以為快活。而現在呢，人們笑我瘦弱了，連飲過我的血的人，也來嘲笑我的瘦弱了。……這實在使我憤怒，怨恨了，有時簡直想報復。[51]

這樣的談論簡直是以耶穌為師了，魯迅以己身為祭，顯然是基督血肉般自我犧牲之姿（血與祭，都是巴塔耶的命題）。到了 1926 年的魯迅，他已然「快活地」以血飼人多年了。長年以來，他一直是革命的導師，青年人的父。飲他血的不知思源，讓魯迅憤怒的想要「復仇」了。

這以己為牲的特點，確然是〈復讐二〉的論點，耶穌捨己為牲的觀念，從而也流露在魯迅身上，無怪乎楊澤說：「魯迅的憂狂（melancholia paranoia）在此曝露無遺。在歷史與暴力的無止盡輪迴裏，他既是最早被弒的人，也是那弒父的『長兄』；他既是殺人者（『眾人』），也是那被殺的人（『神之子』或『人之子』）。」[52]

我們可再借用劉再復的談論。在劉再復〈吃人宴席的發現〉一文中，他剖析出魯迅論吃人有三個層次，依次是吃人、被吃、與自食[53]。於是不只是〈狂人日記〉

---

51 魯迅：《兩地書》，收錄於《魯迅全集十一卷》（臺北：谷風出版社，1989），頁 201。

52 魯迅著，楊澤編：《魯迅散文選》，頁 27。

53 劉再復、林岡：《傳統與中國人》（臺北：人間出版社，1988），頁 23。

或〈藥〉中著名的吃人（或喝血）；甚或魯迅快活地以血飼學生；最終，魯迅還會來到自食這條路。而，不論是李歐梵或劉再復的談論，一定程度上都符應了佛洛伊德論「虐待」—「自虐」的三段辯證法。

從〈狂人日記〉、〈藥〉、〈阿Q正傳〉、〈鑄劍〉、〈復仇〉等一系列相關文本中，表面上顯示的是「砍頭—看客」「砍頭情節」之執迷等等。但骨子裡卻一再地纏繞著「吃人、被吃、與自食」這幾重虐待與被虐待之路。從原本譴責的砍頭看客，成了被看之悅，被砍之喜。這裡頭有著從虐待走向自虐之路，而最最離奇的，便是其中「自食」與「以己為牲」的魔幻之處（如〈墓碣文〉中的自食心肝與以己為牲）。無論如何，這就是魯迅文本內在所深藏的奇幻魔力。

於是，魯迅對死亡、看客示眾的犧牲模式、血之執迷（如他說的鬼氣或毒氣），他執著的程度就如同拉岡所說的「小對體」（le petit a），不斷在魯迅的生命史中重複縈繞。[54]拉岡的信徒紀傑克說：「人類的生命永

---

54 或見楊小濱之詮釋：「這樣的『局部客體』，當然也就是拉岡所說的『小它物』（objet petit a），正是小它物（a）與分裂主體（$）的關係構成了拉岡的幻想公式：$<> a。小它物作為溢出的絕爽不僅無法抵達完整的陰陽和合，而且對應了主體的分裂狀態。不斷圍繞著小它物也就是局部客體，但永遠無法抵達欲望終極的，便是拉岡所說的驅力，它一遍又一遍地重複著對真實域絕爽的迷戀。真是在這樣的意義上，驅力必然是『死亡驅力』，它是對絕爽的重複性的追蹤，是對生命力的耗盡。」楊小濱：《欲望與絕爽：拉岡視野下的當代華語文學與文化》（臺北：麥田出版社，2013年6月），頁77。

遠都不會『僅是生命』，它總是被一種生命的過量所維持。」[55]。過量，這個詞無疑是巴塔耶／拉岡的詞彙。生命的存在法則中總有些縫隙或傷口需要被治癒。魯迅只是如同他那些西方的同輩一般，在主體性和經驗的最基本層面上，有些最初時刻的內心的是如實展現了：瘋狂、否定性和死亡驅力。

巨大的虛無與不止歇的戰鬥意識的確是並存，魯迅的黑暗與廢墟感，不折不扣就是一種過量的展現，但不止歇的戰鬥意識同樣是一體兩面的過量展現。只是他這種己身的生命的過量與歷史時代感結合一起。質言之，某面向的魯迅完全體現了愛慾論、死亡驅力與絕爽的精彩結合。

六、《野草》與第二次死亡

以下，本文將再提出兩點論述，以說明魯迅是如何地惡聲廣憤與破格強悍，並且他的書寫中還藏有更大的毀滅思想，實是民國以來的異數。

---

55 紀傑克著，孫曉坤譯：《與紀傑克對話》（台北：巨流出版，2008），頁 3。關於「小對體」，紀傑克這樣談論：「驅力會附著在某些『過量的物體』上（如理想的經歷、生活方式、財產等）」，即拉岡所謂的「小對體」。小對體是「存在於客體之中但又不只是客體的某種過量，即引起欲望的客體。……，真實性無法被表現或實體化的東西，只是一種想要完成（破碎的）享樂循環並調和（不可能的）欲望的驅力。」同前註，頁 4。

（一）《野草》與第二次死亡

首先，我們要討論的是《野草・題辭》。《野草・題辭》寫於1927年4月26日，寫於廣州415屠殺的數日後。相較《野草》書中23篇散文詩都寫於北京，唯獨卷首之題辭是完成於魯迅南下後的廣州時期。縱然《野草》諸篇及上文所提之〈復讐一、二〉、〈墓碣文〉已非常奇特，但筆者認為寫作時間不一樣的《野草・題辭》更是一種拉岡哲學的展現。讓我們逐段來閱讀此一文本，魯迅說：

> 過去的生命已經死亡。我對於這死亡有大歡喜，因為我藉此知道牠曾經存活。死亡的生命已經朽腐。我對於這朽腐有大歡喜，因為我藉此知道牠還非空虛。[56]

單就此段文本，已是巴塔耶哲學，再度印證了魯迅對死亡之執迷，還傳達出某種死亡性（朽腐性）隱含著生命之始的想法。上文中，我們已說明巴塔耶的總體經濟學便是在此關照下，從宇宙生命的連續相接中去論述死／生相生。而「野草」是什麼？何以魯迅會選擇如此卑賤低下的存有作為其詩集全書之象徵？魯迅說：

> 野草，根本不深，花葉不美，然而吸取露，吸取水，吸取陳死人的血和肉，各各奪取牠的生存。

56 魯迅著，楊澤編：《魯迅散文選》，頁95。

當生存時，還是將遭踐踏，將遭刪刈，直至于死亡而朽腐。[57]

單單看此段文字，則感到魯迅內心之纏繞如鬼魂幽冥。野草，依尋常人理解，乃指路邊之蔓草或叢生之雜草，與名貴花卉相較，本卑賤物。但在魯迅的思維中，野草，雖遭踐踏刪刈，但野草之存活，是吸取人類血肉而得的。魯迅的野草吃人肉人血，說來恐怕讓尋常人等不寒而慄。然則，魯迅繼續這般描繪野草，他說：

地火在地下運行，奔突；熔岩一旦噴出，將燒盡一切野草，以及喬木，於是并且無可朽腐。但我坦然，欣然。我將大笑，我將歌唱。[58]

當熔岩地火從底裡噴發冒出，一旦燒盡了野草，魯迅卻是「大笑」？是「歌唱」？本來，依上文邏輯，野草存活於世，是靜靜低伏吸取著死人的血肉身軀，乃至枯死後腐朽；然而枯死腐朽的野草殘骸，仍將再被新一代的野草所吸食利用。但，當一切都焚燒，一切都毀滅，甚至於連最低下的存有也不再存在，不再有任何存有能夠繼續吸取分解任何存有之時；這不就落入一切毀壞一切拆解的空無？面對此景，魯迅卻是大笑卻是歌唱？

連死亡本身，都將要再死亡，拉岡曾討論過這樣的哲學，他稱之為「第二次死亡」（the second death）。拉岡所言第二次死亡之思想，非常驚世駭俗。拉岡的見

57 同前註，頁 95。

58 同前註，頁 95。

解乃繼承薩德而來。薩德所言之死亡，並非一般意義的死亡，薩德談論的是死亡之後的再死亡。拉岡說，自然的原則就是毀壞與生成（corruption and generation），這就是人們用理性所能思考的秩序，即知識的形式，也是某部分基督教之教導。但，薩德認為還有一種額外的，逾越的形式（form of transgression），他稱為犯罪（crime）。罪行，並不尊重自然之秩序，自然的法則總是因果相承連接的，薩德認為，通過罪行，人就擁有了力量把自然從其自身的法則中解放出來。人是透過犯罪，強迫自然一切從頭開始，從零度出發（starting from zero, ex nihilo）。拉岡說，嚴格的無神論者之思想可定錨於此，這樣的無神論者也可被稱為「創生主義者」（creationism）。[59]

依薩德之思想體系，毀壞是一切的根本；毀壞後，大地星球才得養分足以存活。[60]無毀壞，人類無從再繁衍下一代。薩德是訴求戰爭的哲學家，他說古代哲學家稱戰爭為萬物之母。謀殺者之存在就如同瘟疫一般是必須的；缺乏兩者，宇宙萬有都不會快樂。因為在大自然中，毀壞是自然的，於是，薩德是這樣說的：

> 為了服侍它（自然），必須要有更全面地破壞……，比我們所能夠做得更完全的破壞；那就是殘暴，那就是它想要的無盡的罪惡。我們的破

59 Jacques Lacan, *The Ethics of Psychoanalysis 1959-1960*, p.321.

60 在此點上，可見巴塔耶論生命接續的想法，某層面繼承薩德而來。

> 壞越是屬於這類，它就越高興。而為了更好地服侍它，就必須反對讓我們所埋葬的屍體的因果重生。殘殺只是奪走了我們所襲擊的個體的第一生命，必須要拿掉他的第二個生命才能對自然更有用，因為它要的是毀滅（aneantissement），而我們還無能將我們的殘殺擴及到它所欲望的程度。[61]

《野草》散文詩，在白話文運動以來的文學史中是非常奇特突出且絕無僅有的，其中蘊含著魯迅黑暗空虛的思想。但由上文讀來，《野草・題辭》更為奇特，相較《野草》書中其他諸篇，其題辭更是破天荒具毀滅性。《野草》雖已有無數研究，但幾乎無人討論過其卷首題辭。經由拉岡第二次死亡之概念之引入，我們更得以理解魯迅，也更能貼近彼時魯迅心中徹底之黑暗性。[62]

---

61 Jacques Lacan, *The Ethics of Psychoanalysis 1959-1960*, p.322.此處借用沈志中之翻譯，見沈志中：〈薩德與精神分析〉，頁 145。

62 《野草・題辭》在《野草》一書最初的幾版中都印入。1931 年上海北新書局印第七版時被國民黨檢查機關抽出，而直到 1941 年才又重新收入魯迅全集，頁 10。魯迅在 1928 年之後，的確不再寫就類似《野草》這樣黑暗的文章了。他的學生馮雪峰也記述，魯迅自道：「現在，不會再寫那樣的東西（《野草》）了。」轉引自魯迅：《野草》（北京：北新書局，1927），頁 157。對於魯迅文風與心境上的轉變，馮雪峰主要是以政治立場來予以解讀，馮說：「1929 年，也就是海嬰誕生的同一年。馮雪峰認為這一年是魯迅思想轉變的一大關鍵：以前，他還留在『小資產階級的左翼』，仍然免不了主觀、虛無和個人主義，1927 年的上海清共大屠殺，對他是一大打擊，直到 1929 年，他才逐漸邁入無產階級的馬列主義的康莊大道。」（頁 158）。但李歐梵並不完全認同馮雪峰的政治解讀。譬如，痛恨國民黨不一定就可以馬上轉變為大左派。當然的左派文人

（二）〈鑄劍〉與自殘

接著，我們討論的是〈鑄劍〉。1926-27 年間，魯迅完成並發表小說〈鑄劍〉（〈鑄劍〉完成於 1926 年 10 月，初發表於 1927 年 4 月 25 日的《莽原》半月刊，而《野草・題辭》寫於 1927 年 4 月 26 日。兩篇文本在創作時間上很接近）。〈鑄劍〉中有兩段詭譎的砍頭犧牲劇場，衝突情節高潮迭起，是這篇小說奇幻迷人之處。固然，〈鑄劍〉是從舊傳奇《列異誌》、《搜神傳》改編而來（且這兩段落犧牲情節在原著中已有），但魯迅為何選擇此一舊文本來改編，仍值得深究！

1.犧牲劇場一：眉間尺之死

為報父仇的眉間尺，道中偶遇素昧平生的黑衣人，故事並沒有交代任何前因後果，眉間尺瞬即將性命交付給對方（「暗中的聲音剛剛停止，眉間尺便舉手向肩頭抽取青色的劍，順手從後項窩向前一削，頭顱墜在地面的青苔上，一面將劍交給黑色人」）。將自己頭顱砍下送給陌生人（又是砍頭！），對劇中人與作者魯迅而言，彷彿都自然不過。黑衣人獲贈斷頭後，亦心平氣和，提髮冷笑，吻起死者嘴唇來。這齣犧牲劇，詭譎令人發麻。

也抨擊魯迅，魯迅亦不同意左派文人對《野草》的解讀。李歐梵認為馮雪峰忽視了兩點，他沒有顧及魯迅時常提起的內心的鬼氣。另外，1927-29 年間，魯迅進入了家庭，生育了孩子，深刻改變了魯迅的生活與內心狀態。轉引自魯迅：《野草》，頁 158-160。

顯然，此段中這樣的砍頭之舉不會讓人心生譴責之感，而是自砍（虐）情節之讓人執迷。

2.犧牲劇場二：三頭鼎中咬齧

〈鑄劍〉結尾處的宮中復仇，魯迅先是導演了一場斷頭嬉戲。進入皇宮後，眉間尺之首，這顆已然礫斷死亡的頭，竟可在鼎中嬉戲水花嬉戲，睜著漆黑大眼珠，開口唱歌。魯迅愛玩弄頭。黑色人只說：「他正在鼎底里作最神奇的團圓舞，不臨近是看不見的。臣也沒有法術使他上來，因為作團圓舞必須在鼎底裡。」王就被欺近前，一刀也被砍斷了頭。而，全文最驚歎之處，在黑衣人砍下王頭後，王首與眉間尺之頭在鼎中竟狹路相逢死戰。然而，此時的黑衣人，本該以砍下王頭為故事之終結，復仇已成；但，閃電一般，黑衣人青劍提起，驀地也自砍其頭。黑衣人為何要自礫其首？

3.黑衣人，是〈鑄劍〉通篇故事最值得玩味的角色。他神秘莫名，不知從何而來，仗義終而犧牲生命。

如果我們細究〈鑄劍〉中對黑衣人的描述，有兩層證據可以斷定，魯迅乃以黑衣人自況。（1）以外形：黑衣人黑鬚黑髮，眼如燐火，瘦如鐵，如此形象描述，無疑是魯迅。（2）此外，文中黑衣人對王自稱「宴之敖者」；「宴之敖者」本魯迅所用之筆名，「宴字由家、日、女組成，敖的古字由出、放組成，所以這一筆名有被日本女人從家中逐出之意。」[63]

4.那麼，如若我們以魯迅本人來對比黑衣者，則〈鑄劍〉便得以全然新解。

（1）首先，黑衣人是性格極其決絕之人。他說服眉間尺時，竟說：「仗義，同情，那些東西，先前曾經乾淨過，現在卻都成了放鬼債的資本。我的心裏全沒有你所謂的那些。我只不過要給你報讎！」黑衣人何以如此決絕？只一心想報仇？在黑衣人說服眉間尺之時，他說：「我一向認識你的父親，也如一向認識你一樣。但我要報仇，卻并不為此。聰明的孩子，告訴你罷。你還不知道麼，我怎麼地善于報仇。你的就是我的；他也就是我。我的魂靈上是有這麼多的，人我所加的傷，我已經憎惡了我自己！」復仇，卻已經蘊含著對己身的復仇，其中的反身自我矛盾，殺敵即是殺己。

（2）子 — 父（客）— 王三者的形象值得玩味。如對應民初以來魯迅「救救孩子」或父親「肩住了黑暗的閘門，放孩子到寬闊光明的地方去」之吶喊。顯然，1926 年的〈鑄劍〉一文中，魯迅對於「救救孩子」之父 — 子關係已有了另一種體悟。

在民初「救救孩子」或「肩住了黑暗閘門」之譬喻

---

63 丸尾常喜著，秦弓譯：《「人」與「鬼」的糾葛：魯迅小說論析》（北京：人民文學出版社，2006），頁 301。丸尾常喜另說黑衣人也可是「劍精」，黑衣人是「把肉體分裂為雌雄兩劍的鐵的靈性存在。」同前註，頁 308。

中，魯迅顯然還是一位努力為孩子奮鬥與承擔的父親。但到了〈鑄劍〉一文，孩子要報冤；報讎，固然還需要客（父親）之助，但孩子已經不能不先自我犧牲了（那犧牲是如此決絕、迅速，「暗中的聲音剛停止」，眉間尺便削下自己的頭顱），民國八年以來，在劉和珍之死、318 慘案、及 415 屠殺中，魯迅已然看過無數愛國學子的自我犧牲了（於是他心裡沒有所謂的仗義、同情，他的魂靈上是有這麼多的，人我所加的傷，他已憎惡了自己！）。

回到〈鑄劍〉結尾，仇已報，王首（軍閥、政客）已砍。但，客（父）仍要自礫其頭。這固然是舊小說原有之情節。但《列異傳》的情節已全然不合理（雖合乎小說的跌宕情節）。[64]客何以仍要自刎？

若黑衣人就是魯迅，顯然，不論有意識抑或無意識，真實人生中，魯迅已然在時代進程中增添了自殘犧牲的快感。孩子（眉間尺／劉和珍）已自我犧牲，客（父親／魯迅）雖然隨後已順利為子復仇，但客（父親／魯迅）仍不免耽溺於自殘，汲汲同赴犧牲之途，父必要自砍其頭。救救孩子，為孩子復仇，但最後的代價是孩子也被

---

64 除了誌異怪誕外難以解釋。在順利為眉間尺報仇後，客仍自殘犧牲加入戰局，魯迅豐富增加情節之詭譎感及故事之可看性。固然是對古代傳奇《列異傳》、《搜神傳》的摹寫，但同樣鎔鑄了魯迅自我的形狀。實則，這兩段情節都沒有超出《列異傳》與《搜神傳》原先的架構。然而，魯迅將其中的「復仇之客」完全灌入了自己的形象，即暗喻著自己願意為子嗣報仇而終自我犧牲。

砍頭的犧牲；救救孩子，最終把國君（在上位者）殺死；最殘酷的是：父、子、敵（在上位者）共同而死，而愚昧看客依舊在。魯迅民初以來不只是滴血飼人，到了 30 年代革命／改革／啓蒙稍有成就之際，他仍執意要以己為牲，他是父親，是殺人者，也是那被殺的人。〈鑄劍〉一文精彩地隱喻了魯迅生命中的過量法則。

七、結　論

80 年代以來，在許多詮釋大家的解讀中，魯迅內心的某處面向，都是個虛無主義者（馮雪峰以否定面向稱其虛無，但周作人、許壽裳則持肯定立場說魯迅之虛無）。他不僅背負著一些鬼魂，有著不安的靈魂，還如本文所論證出的，對犧牲有奇特的著迷，迷戀著「砍頭 — 看客」的犧牲模式。

魯迅的虛無靈魂，恐有一部份是來自天性。但，筆者以為，很大一部份是來自於魯迅的知性能力 — 即，魯迅真知灼見地見出，民族與時代的精神 — 國民性的問題，及啟蒙時代的進程與內在隱憂。〈「頭」的故事〉一文結尾，王德威認為魯迅的虛無，來自看出一切虛無的本源都來自儒家。而〈邊緣的抵抗 — 試論魯迅的現代性與否定性〉一文結尾，楊澤認為，魯迅的虛無乃來自現代性；雖是遲到的現代性，西方早已啓程且又爭議甚多的現代性中，中國還迎身上去迎接這既好既壞的現代性。魯迅知性的判斷下，虛無同時來自中西（民族之國民性及西方）。

筆者以為，〈藥〉的結局是個高明的預言，不論是愚昧的中藥（血饅頭），抑或民主平等的西藥（革命），結局竟都碰上了死亡。魯迅不僅失望於故學，他的知性能力，也讓他早已在啓蒙的進程中看出邁向西方現代性下，國政時局的悲劇。某方面魯迅如阿多諾所說的，早見出啓蒙即是神話，神話／啓蒙乃一體兩面。

但，經歷本文的冗長論述，也已論證出魯迅內心之複雜的狀態，其虛無不可完全用黑暗或鬼魂來解釋。

（一）終其一生，魯迅都是個戰鬥家，寫出一系列奮鬥不懈的戰鬥雜文，這是就其積極面來解讀；

（二）但同時，魯迅也是個虛無主義者，他對時局對人性的悲觀，讓他執迷的「砍頭—看客」犧牲模式（「幻燈片事件」的一再形變）於筆下不斷翻轉出現。

（三）但本文最終論證出，魯迅對於砍頭（及其形變）有著矛盾歧義的認知。其虛無並非簡單用黑暗一詞可解；或者用虛無來總結魯迅哲學則過於簡化。魯迅喜用罪行，但著迷的卻是快樂的罪行；他於被殺之中見大歡喜，且大歡喜與大悲憫是同時俱現其內心狀態；這在本文討論《野草》處已昭然若揭了。

（四）最後，本文則論證出，魯迅已然從砍頭（虐人／看客）之狂喜，走向被砍（被虐／被看）之執迷。在幻燈片事件中他所譴責的「砍人 — 看客」劇場，於 20 年代的幾則文本解讀後，魯迅實已展現出對「被砍

—被看」之喜悅。這部分，我們藉由佛洛伊德與拉岡之哲學，已清楚論證。於是乎，我們才能讀到《野草・題辭》那般，對二次死亡（死亡之死亡）之如此肯定，以及〈墓碣文〉及〈鑄劍〉那般，終將自虐其身自食其心，在功成之後仍執意要自斷其首。

非關索隱，非關自傳：以巴塔耶的愛慾論觀電影《色｜戒》與小說〈色，戒〉

一、前　言*

在前一篇論文中，我們經由虐待受虐的精神分析理論剖析貼近了魯迅，也稍微談及了巴塔耶之愛慾論。本文，我們將藉由張愛玲的小說〈色，戒〉來特別說明愛慾論之理論精華。

2007 年李安拍攝電影《色｜戒》[1]問世後，在華人文化界引起一陣討論的熱潮。討論的焦點除了放在《色

* 本文原刊於《中外文學》，第 39 卷 3 期。並獲科技部計劃「巴塔耶「神聖」理論之研究（III-1）」（99-2410-H-119-006-。99 年度）補助支持。

1 1978 年，張愛玲發表這篇小說時，仔細地將題名標為〈色，戒〉，以逗號為間隔。而 2007 年李安電影發表時，則將片名發表為《色｜戒》。二氏皆對題目的書寫方式有一定想法。在本文中脈絡中，〈色，戒〉的使用對應著張愛玲小說，而《色｜戒》則指涉李安的電影。

｜戒》電影本身多延伸出來的三場聳動床戲外，原著張愛玲的小說〈色，戒〉亦重新引起關注，原著不僅藉此機會再次改版上市，華人學界亦分索隱與自傳兩派追問〈色，戒〉的來由。[2]一派學者考察著此故事證據與當年上海間諜圈中真實的刺殺案之間的關係，另一派學者則探問此則故事情節與張愛玲自身感情身世的關連。因此此番電影的風潮除了在影像與文本文字之對比相較外，亦有文字文本與歷史史實的對應考據。

然而，筆者閱讀完以上若干討論後不禁納悶，思想界該如何看待這篇小說與這部電影？在文化風潮的喧囂下，似乎少有人能夠直見這二重對譯作品真正的藝術價值，且挖掘出其思想精義。因此，筆者認為，小說〈色，戒〉與電影《色｜戒》不僅關乎政治，關乎歷史〈民族大義與國共情節〉，關乎身世〈張／胡與丁／鄭之虛實對映〉；然而更重要的是，更關乎此二重作品中的「色」與「戒」。

故，筆者試以巴塔耶之愛慾論與整體經濟學（general economy）闡發論說。巴塔耶認為，人類特有的「死亡禁忌」與「性禁忌」乃「神聖世界」與「世俗世界」之中介，通過了死亡與性禁忌，人類將由有秩序的俗世界

2 筆者此處所語「索隱派」與「自傳派」之用法，當然與傳統《紅樓夢》的兩派詮釋典範有關。眾所皆知，張愛玲對紅學知之甚深。然而張氏之小說文本同樣引起這兩類方法探索，由此可見「紅學」與「張學」之文化傳衍、裡外糾纏。

之中「越界」到聖世界。故愛慾（色）乃是人類在禁忌（戒）之後特有的神聖／神秘之內在經驗，色與戒在愛慾論中相互辯證啟明，從而能夠解釋〈色，戒〉之情慾迷離與《色｜戒》之「大開色戒」。

最後，筆者將主張，李安《色｜戒》有其「色相」之一面，故內蘊「為世所戒」的思想，屬於東方式的世故與了然，從而超出了愛慾論的疆界。

二、索隱與自傳

（一）首登：紀實與傳奇

張愛玲的短篇小說〈色，戒〉首刊於 1977 年 12 月份的《皇冠》雜誌，1978 年 4 月 11 日又載於《中國時報・人間副刊》，是張愛玲身前最後一次於報刊發表的小說，也是她惜字如金三十年後發表的力作。1983 年 6 月她將〈色，戒〉與另外兩篇小說〈相見歡〉、和〈浮花浪蕊〉集結為小說集《惘然記》出版，在序言中她談到了創作這幾篇小說的心路歷程：

> 這三個小故事都曾使我震動，因而甘心一遍遍改寫這麼些年，甚至於想起來只想到最初獲得材料的驚喜，與改寫的歷程，一點都不覺得這其間三十年的時間過去了。愛就是不問值得不值得。這也就是「此情可待成追憶，只是當時已惘然」了。因此結集時題名「惘然記」。（1988：4）

〈色，戒〉一寫三十年，因其精練、難讀、神秘、令人難以參透。因為〈色，戒〉往往在看似不經意處藏有迷團，越往下挖，越感覺深不見底的黑，越「引誘」著大家去挖掘。[3]色戒乃以美人計刺殺汪精衛政府特務頭子的故事，一發表後，卻引發了兩方面的文字論戰。

一、〈色，戒〉出刊後，有一作者化名「域外人」在中國時報人間副刊投稿一篇文章〈不吃辣的怎麼胡得出辣子？評〈色，戒〉〉來抨擊張愛玲。[4]域外人在這篇文章中的主要攻擊論點在於，他認為張愛玲藉由〈色，戒〉大大讚揚了漢奸。旋即，張愛玲亦在人間副刊上發表了反駁文字〈羊毛出在羊身上：談〈色，戒〉〉。[5]

二、另外一方面的論戰，則在於張愛玲取得〈色，戒〉材料的來源。有文評家經過考證後直指，〈色，戒〉乃取材於一真實的歷史事件，即抗戰時期中統特務鄭蘋如暗殺汪政府官員丁默邨不成的事件。一般咸信，這篇關於抗日戰爭時期汪精衛政府中特務高幹的材料，乃是來自於張愛玲的第一任丈夫胡蘭成。胡蘭成當年位居汪政府高官，對於時局人事等掌故瞭若指掌，〈色，戒〉材料由胡氏得出並不意外。更有甚者，則有文評家主張〈色，戒〉故事中易先生與王佳芝之關係可對比於胡蘭成

---

3 王惠玲。〈色戒：專訪王惠玲〉。自由時報副刊，2007 年 10 月 8-10 日。

4 此篇文章刊於 1978 年 10 月 1 日。

5 張愛玲的回應刊於 1978 年 11 月 27 日。此篇文章後編入張愛玲作品集《續集》。

與張愛玲之愛情，故有個人身世與小說情節之投射混雜。

（二）刺丁案：非關歷史

刺丁案是否取材於史實，是否真由胡蘭成處流出？〈色，戒〉文本是否為一「搶救歷史」的文本？張愛玲寫作色戒，是否為還原一段抗戰時期間諜活動底史記？此外，李安拍攝《色｜戒》時，他曾說是為了「要保留那一段歷史。」[6]同理，李安之拍攝《色｜戒》，是否為這一時代緬懷並紀錄抗戰時期學生的愛國情懷？[7]

《色｜戒》電影大賣後，刺丁案的始末已廣為人知。僅簡述如下：抗戰期間，中統為了除去汪精衛政權中特工高幹丁默邨，而決定施以美人計。女主角鄭蘋如為同盟會大老鄭越原的後代，面容姣好、絕代風華。兩次暗殺行動中，第一次原定由鄭蘋如邀丁默邨至家中作客，而預定在住家附近狙擊他，但因丁並未抵達而失敗。第二次則準備將丁誘拐至西伯利亞皮貨店，由鄭謊稱要男人添購皮衣而刺殺他；最終因為丁在皮衣店起疑，狂奔出店，狙擊手反應不及而未及射殺。最終，鄭被丁逮捕

6 電影《色｜戒》中有一幕易先生簽字的畫面，李安亦安排男主角簽下「丁默邨」三字，顯見李安亦將此歷史謎團埋入劇作。

7 從《色｜戒》問世後，各方詮釋角度紛至。有從張愛玲生平之索隱考據分析，探問〈色，戒〉之材料取得與作者心理分析，可參見蔡登山：《傳奇未完 張愛玲》（臺北：天下文化，2003）。亦有從國族主義或外省第二代角度剖析《色｜戒》，如宋家復：〈在台北看李安色戒〉，收錄於思想編委會編著：《思想》8（2008.1），頁 305-312 等文。此類從歷史、政治、作者論解讀的期刊論文甚多，不一一列舉。

而殉難。

這一二次的暗殺行動，皆與〈色，戒〉裏的暗殺情節不謀而合，且女主角最終皆被捕殉難。如此巧合，難怪啟人疑竇。若將易先生／王佳芝對比於胡蘭成／張愛玲，則文本內外皆合情合理。首先，若非從汪政權的內部高官胡蘭成處得到第一手資料，張愛玲不可能能夠對於鄭刺丁的案情如此熟稔。並且，由王佳芝對易的預擒卻縱，也可對比出張一生對於胡蘭成的愛恨情仇。

然而，卻有三層直接證據得以顯示，由刺丁案去揣想〈色，戒〉，實是聯想過多。其中有兩層來自張愛玲本人，一則來自她一生的摯友宋淇（作家林以亮）。

1. 張愛玲在一九八八年二月由《皇冠》出版的《續集》自序中道：「不少讀者硬是分不清作者和他作品中人物的關係，往往混為一談。曹雪芹的紅樓夢如果不是自傳，就是他傳，或是合傳，偏偏沒有人拿它當小說讀。最近又有人說，〈色，戒〉的女主角確有其人，證明我心有所據，而他說的這篇報導是近年才以回憶錄形式出現的。當年敵偽特務鬥爭的內幕哪裡輪得到我們這種平常百姓知道底細……我很高興我在一九五三年開始構思的短篇小說終於在人生上有了著落」[8]。

2. 2008 年宋淇之子宋以朗所公佈的舊時信件顯示，在一九七四年四月一日張愛玲給宋淇的信中，張愛

8 張愛玲：《續集》（臺北：皇冠出版社，1988），頁 8-9。

玲寫道：「那篇色戒的故事是你供給的，材料非常好。但是我隔了這些年重看，發現我有好幾個地方沒想要，例如女主角的口吻太像舞女妓女。雖然有了 perspective，一看就看出來不對，改起來也沒這麼容易」。[9]

這份出土的文件是如此的重要而彌足珍貴。除了說明〈色，戒〉的材料來自宋淇之外，更讓後輩一窺張愛玲創作時的心理狀態。這封信中提及的「色戒」，乃是一九五二年張愛玲以英文創作的版本，距離此信寫作的年份已然過了十八年。然而，在這封信中，宋淇與張愛玲反覆推敲〈色，戒〉的寫作內容，可見宋淇不僅是這個故事的提供者，在小說寫作上，宋氏亦扮演了評論與策士的雙重角色。[10]

---

9 馬靄媛，〈宋淇是〈色，戒〉的共同創作者？張愛玲〈色，戒〉易稿二十載祕辛曝光〉，《印刻文學生活誌》4:8=56（2008.4），頁80。或見宋淇之子宋以朗先生所建構的網站「東南西北」：http://www.zonaeuropa.com/20070906_1.htm。2009.10.15。該網站中有眾多張愛玲的文獻資料，包括其親筆信函、相關報導評論、日常札記與眾多的期刊論文等。

10 馬靄媛寫道：

〔宋淇〕「七七年三月十四日給張愛玲的信上，特別提醒她對處理小說中的特務角色，不能掉以輕心，那時候，他已預期若〈色，戒〉小說對主角身分處理不當對張的影響。「關於〈色，戒〉，我得先要澄清一個要點：女主角不能是國民政府正統特務工作人員，因為他們認為不可能變節，如此寫可能通不過，好像我記得曾經有過這樣一個題材的電影劇本就沒有通過。她只能為特務人員所利用去執行一件特別的任務，甚至可以說連外圍都不是，否則連縱和橫的關係要連累和犧牲很多工作人員。對於行刺的人中只有一個真正是特務，他卻機警的溜走了，例如他可以買好票子到平安戲院去看兩點

3.一九八三年九月六日，宋淇在九龍「富都閣」酒店接受水晶訪談時，論到〈色，戒〉，便說：「那個故事是我的故事。」從而否定了〈色，戒〉乃由刺丁案一節改編而來的揣測。[11]宋淇說：

> 不是不是。那幾個學生所做的，就是我們燕京的一批同學在北京幹的事情。那時候燕京有些大學生、中學生，愛國得不得了，自己組織一個單位，也沒有經驗，就分配工作……，其中一個是孫連仲的兒子孫湘德……，他是一個頭子……，在天津北京匡匡匡一連開槍打死了好幾個漢奸，各方面一查之下，什麼也不是：軍統也不是，中統也

半一場電影，四點鐘從電影院出來，一看情形不對，又回入電影院，因為有票根，所以有 alibi（不在場證據）。」同前註，頁 83。
而張愛玲於一九七七年四月七日回宋淇的信中：
「我想這樣：嶺南大學遷港後 — 借用港大教室上課 — 有這麼個小集團，定計由一個女生去結交任太太 — 要改姓，免得使人聯想到任援道 — 因為她是以少婦身份去勾引任，所以先跟一個同夥的男生發生了關係。結果任在香港深居簡出，她根本無法接近。她覺得這男生 take advantage of her 也不是她願意嫁的人 — 有點 embittered。有了這心理背景，就不光是個沒見過世面的女孩子 dazzled by 一隻鑽戒。珍珠港事變後，他們幾個人來滬轉學，與一個地下工作者搭上了線。這人看他們雖然沒受過訓練，有這寶貴的 connection，但是不放心他們太嫩，不肯多 risk 實力，只他本人一人參與。……事後他逃脫，這學生集團一網打盡。買錶、接應等等現在都非常妥當。」同前註，頁 85-86。（以上另見網站「東南西北」：
http://www.zonaeuropa.com/culture/c20080302_1.htm。2009.10.15）

11 因為訪談人張愛玲研究學者水晶熟知胡蘭成和丁默邨是一丘之貉，亦以為色戒是和胡蘭成有關的故事。

> 不是……都不知是誰搞的？後來，就有人不知道怎麼搭上戴笠軍統的線，就拿這些人組織起來。一旦組織起來就讓反間諜知道了，於是有幾個人被逮去了。其中有個開灤煤礦的買辦，姓魏的，有兩個孿生的女兒，很漂亮，是我在燕京的學生，上面一看，也不像，就給放了出來。故事到了張愛玲手裏，她把地點一搬……，連上汪精衛、曾仲鳴等歷史事件，那就完全是她自己臆造的了。姓易的看來是丁默邨。[12]

（三）非關道德

域外人在〈不吃辣的怎麼胡得出辣子？評〈色，戒〉〉一文中抨擊張愛玲處有兩點：（一）嘲諷她歌頌漢奸，賣國賊；（二）以道德觀點批評張與〈色，戒〉。域外人說：

> 作家如果故意標新立異，特意發掘不道德的題材，也許反而會毀了自己。至少我認為，歌頌漢奸的文學 — 即使是非常曖昧的歌頌 — 是絕對不值得寫的。因為過去的生活背景，張愛玲女士在處理這類題材時，尤其應該特別小心謹慎，勿引人誤會，以免成為盛名之瑕。[13]

---

12 符立中：〈間諜圈，電影圈 — 宋淇和楊德昌的〈色，戒〉故事〉，《印刻文學生活誌》3:12=48（2007.8），頁 57-58。

13 張愛玲：〈羊毛出在羊身上：談〈色，戒〉〉，《中國時報》第 39 版〈人間副刊〉， 1978.11.27。

域外人的指控面面俱到。戰後的上海，張愛玲顯是驚弓之鳥，她與胡蘭成的關係為她帶來文化漢奸的罵名。張愛玲的弟弟張子靜曾說：「抗戰勝利後的一年間，我姊姊在上海文壇可說銷聲匿跡。以前常常向她約稿的刊物，有的關了門，有的怕沾惹文化漢奸的罪名，也不敢再向她約稿」[14]。由這段歷程來看，〈色，戒〉可能真是隱藏著最多張愛玲內心情感糾纏的一篇作品（龍應台語）。以下，分兩點討論〈色，戒〉為張愛玲帶來的批評。

1.歌頌漢奸

關於第一點擁護漢奸的指控，在〈羊毛出在羊身上：談〈色，戒〉〉一文中張愛玲反駁：「我寫的不是這些受過專門訓練的特工，當然有人性，也有正常的人性的弱點，不然勢必人物類型化。」[15]。「人物類型化」，乃因域外人在〈不吃辣〉一文中，批評張愛玲於小說人

14 蔡登山：《色戒愛玲》（臺北：印刻出版社，2007），頁 22。或見王惠玲的談論：「當我們在摸索王佳芝，尋找她的身影時，幾番尋思，感覺在這世界上，似乎沒有比張愛玲更像王佳芝的人了。真實生活中，她嫁給胡蘭成，背負上文化漢奸的罪名，即使真事隱去，但是港大的生活經歷，戰亂中沒有家庭與親情的描寫，孤單的和幾個話劇社同學相依相伴，一次話劇體驗讓她綻放青春的光芒，還有那些喃喃自語的心情，只覺眼前走過來的是一個王佳芝走過去的是一個張愛玲的背影」參見王惠玲：〈色戒：專訪王惠玲〉，《自由時報》〈自由副刊〉，2007.10.8-10。

15 張愛玲：《惘然記》（臺北：皇冠出版社，1988），頁 20。

物處理時，何以不讓王佳芝成為一秋瑾式的人物，以身殉道，表現出其愛國犧牲之心。然而，張愛玲質疑，「人物類型化」何嘗不是共產黨集權思想下的樣版戲，曾在中共統治下生活過兩年的她，想必對於更加類型化的兵農工文學有過親身經歷（此即《赤地之戀》的由來）。

張愛玲在回應中，卻提出一個更關鍵性的問題，顯然是對於小說藝術更深層的探究：「此外域文顯然提出了一個問題：小說裡寫反派人物，是否不應當進入他們的內心？」[16]。在〈色，戒〉一文中，張愛玲採取第三人稱全知的視角，在全文的前八分之七，情節的推移主要以王佳芝的觀點為主，以便烘托出王假扮業餘間諜之慌張恐懼感。然而，女主角被處決後，小說敘述不得不轉入易先生的視角，終於讓讀者得以一窺特務頭子易先生的心理狀態，如：「她臨終一定恨他。不過『無毒不丈夫』。不是這樣的男子漢，她也不會愛他」、「他對戰局並不樂觀。知道他將來怎樣？他們……是原始的獵人與獵物的關係，虎與倀的關係，最終極的佔有。她這才生是他的人，死是他的鬼」。在虎與倀之間，域外人說他讀來：「令人毛骨驚然」。張愛玲卻回應：「『毛骨驚然』正是這一段所企圖達到的效果，多謝指出，給了我很大的鼓勵」[17]。

兩句「毛骨驚然」間，域外人讀出了道德敗壞的倫

16 同前註，頁 23。
17 同前註，頁 23。

理指控；張愛玲卻成功達成小說寫作背後所欲製造的悲憐之感。兩句「毛骨驚然」間，前者指責後者歌頌漢奸；後者卻進入一小說人物（反面人物）的心裡，處理起他底恐懼與悲憫。

筆者以為，小說當然可以進入反面人物的內心。身為小說家的域外人，顯然是故意忽略小說複雜的技法及其背後隱含的思想。小說人物可以有英雄、小丑、魔王、公主、可厭人（或可憐人）……等等，但就是不可能僅僅處理「完人」。張愛玲自己不說了：「好人愛聽壞人的故事，壞人可不愛聽好人的故事。因此我寫的故事裡沒有一個主角是個『完人』。美的東西不一定偉大，但偉大的東西總是美的」[18]。完人想必只存在天堂或道德烏托邦裡頭，顯然和小說家（吾人）觀察到的這個現實世界截然不同。

2.道德觀點

2007 年電影《色｜戒》上映後，導演李安惶恐不安，甚至因壓力過大於記者會上痛哭。一直到《色｜戒》於威尼斯獲得金獅獎與在台票房大賣後，才解除他的心理警報。原因無他，該片宣傳期間，相關焦點一直圍繞著床戲、體位、裸露程度等；在保守的台灣鄉親面前，李安會不會被認為只拍出一齣色情三級片？

---

18 張愛玲：〈到底是上海人〉，《流言》（臺北：皇冠出版社，1994）頁 56。

的確，依一般思維，〈色，戒〉是一篇「驚世駭俗」的小說，作者不僅沒有按照一般的國族主義去處理女特工與漢奸的情節，刻劃女特工之犧牲為國與漢奸之卑鄙可恥。反倒讓女特工迷失在狂烈的性與愛之中。甚至，如龍應台所點出的：「張愛玲的漢奸，也不那麼明白地可惡，長得『蒼白清秀』，最貼近的描述，透露的倒有幾分可憐」[19]。因為在珠寶店溫柔的桌燈下，易先生的「睫毛像米色的蛾翅，歇落在瘦瘦的面頰上，在她看來是一種溫柔憐惜的神氣。」（張愛玲 1988：20）

甚至，域外人的攻擊也未必僅是落在王佳芝身上，他說：「我未幹過間諜工作，無從揣摩女間諜的心理狀態。但和從事特工的漢奸在一起，會像『洗了個熱水澡』一樣，把『積鬱都沖掉了』，實在令人匪夷所思」(1988: 20)。一語雙關，對準暗諷的或許是曾和漢奸「同流合污」過的張愛玲；且由性事上來攻擊，尖酸刻薄語氣更增。

在這雙重攻擊上，《色｜戒》的編劇王惠玲已說：故事是否採集了鄭蘋如暗殺丁默邨事件，或是否暗示解說著她和胡蘭成之間的情仇恩怨，其實都不是重點。而「她在創作小說時所用的技巧，以及最後完成的作品登峰造極，才是對張愛玲投以讚嘆的關鍵所在」[20]。於是，若回到小說的藝術上來，偉大的小說家的確可以進入反

19 龍應台：〈如此濃烈的色，如此肅殺的戒〉，《中國時報》〈人間副刊〉，2007.9.25。

20 王惠玲：〈色戒：專訪王惠玲〉。

面人物的粗鄙內心，的確可以描寫性愛的糾緊扭結，把人性的黑暗極限拉扯到精疲力盡，在重力的搏擊與失控中，王佳芝未必是個「色情狂」，但卻是個迷失在愛與性之中的女體動物。也許是人性的矛盾吸引了她，也許是張愛玲離經叛道的價值觀，龍應台說，張愛玲用「人性X光照相機，喀擦喀擦拍下人世的荒蕪」[21]。在文人漢奸與色情狂的雙重指控下，小說家張愛玲不明明白白說了嗎，她是在書寫一篇且「色」且「戒」的小說。

（四）〈色，戒〉的「色」與「誘」

綜觀〈色，戒〉通篇，全文的最高潮在於珠寶店一節。三十餘頁的小說中，此場節便佔了三分之一。整個暗殺活動的緊張感，也層層堆疊至此而累積爆發。

設想，若王佳芝一夥人成功伏擊了易某黨人，功成身退，小說〈色，戒〉成了什麼樣的作品？（平庸、灑狗血的愛國文學？恰如了域外人之意？）假若如此，則此篇小說便不該名之以〈色，戒〉，名之以〈暗殺〉[22]或〈愛國貞女〉、〈貞女刺易〉等是否更為適宜？

然而，王佳芝畢竟縱放了易先生。多數讀者閱讀至此一結局時，多覺不可思議。這最激烈衝突的急轉直下，成

21 龍應台：〈如此濃烈的色，如此肅殺的戒〉。

22 導演楊德昌原想籌拍〈色，戒〉，電影命名即為《暗殺》，參見符立中：〈間諜圈，電影圈 — 宋淇和楊德昌的〈色，戒〉故事〉，頁59。

就了〈色，戒〉的小說藝術。埋伏、籌劃、處心積慮，何以在最後一刻王佳芝竟功敗垂成？是王佳芝一時心軟？還是感動於那六克拉的鑽戒？甚或王最終愛上了易？

1. 戒　指

戒指的確在全文肇始便有了重要的象徵意義。開場牌桌上的官夫人，人人穿戴一只鑽戒，口說火油鑽與鴿子蛋。當下，事主王佳芝非常困窘，只因她手上僅著翡翠，對稱出假身份的阮囊羞澀與身份偽造；並或多或少為全文的最高潮埋下伏筆。

在全文最高潮：珠寶店一節的場景中，王佳芝的確是等到那豌豆大的粉紅鑽亮相後才變節。一燈熒然下，端詳著米色蛾翅的睫毛歇落在瘦瘦面頰上的同時，王佳芝心裡突然轟然一想，「這個人是真愛我的。」於是她要他「快走」。顯然張愛玲在此賣了關子，究竟是鑽石起了作用？還是王真的愛上了他？張愛玲並沒有直接給予答案。

在最新「出土」的文獻中，〈色，戒〉的英文初稿上題名為“Ch'ing K'ei Ch'ing K'ei”（請客請客），英文打字稿上清楚看到張愛玲親筆加上“The Spyring”（中譯間諜圈）的文題。「The Spyring 涵蓋間諜、圈套和指環三重意思，戒指依舊是關鍵物。」[23]在主旨的題名上，

23 馬靄媛描述說：

這篇一共長十九頁不足五千字的英文短篇小說，內容描寫女主角

「色」之「戒」必有歧義性（ambiguity），不僅有色與警戒之意，還有色與戒指之意。

2. 色與誘

戒與愛之間，小說給了非常模糊的答案。既然題名為〈色，戒〉，那麼還須落在色與戒上來推敲。王佳芝從未談過戀愛，行動之初仍是處子之身；即便為了刺殺而與梁閏生發生關係，那也只是「練習」。所以對於什麼是真正的愛，「因為沒戀愛過，不知道怎麼樣就算是愛上了」（1988：29）。王佳芝的貌美是毋庸置疑，故事一開始，便描寫了王的美豔，秀麗的六角臉，云鬢蓬

Shahlu Li 李太太混進特務頭目「戴先生」的太太身邊，日常和太太團打麻雀吃飯耍樂，其實伺機刺殺戴先生，故事大綱，和中文小說《色，戒》大致相同，最大的差別，是沒有一群業餘大學生密謀暗殺特務頭子的橋段。李太太也只是個來歷不明，單人匹馬以身犯險的女間諜。中英文稿唯一相同的情節，是故事中的高潮 — 男主角打算買下鑽戒給女主角，女的一時動了真情，瞬間心軟轉念，因而捉放曹，放走了特務頭子，最後反令自己招致殺身之禍。（2008：78）

另外，她寫道：

最末一段，男主角回顧「生命中最快樂的一天」，是 The Spyring 的真正高潮 — 顯露人性的真面目和殺機所在，令人不寒而慄："He humored them and even sat down to play a few rounds for his wife. It was the happiest day in his life and he often looked back at it in subsequent years. When the Chungking government came back at the end of the war, he was arrested and executed. But he drew comfort in his last hours from his memory of the beautiful girl who had loved him and whom he had killed."（2008：79-80；另見網站「東南西北」：http://www.zonaeuropa.com/culture/c20080302_1.htm。2009.10.15）

松，薄唇嬌紅欲滴，也因此「她自從十二三歲就有人追求，她有數」（1988：19）。相對於王佳芝的美貌，易先生則是矮小，微禿，鼻子尖尖有點鼠相。男女相貌間偌大的反差，也預設了王佳芝並非是為外貌而愛上易先生。雖然如此，王仍是未經男女之事，對於愛情只是懵懵懂懂。張愛玲故意刻畫了一位清純的少女來擔任女主角，雖然聰穎，卻是涉世未深且「無知」，無知才為後來的變節埋下伏筆。

從張愛玲的文字描述中，處處可見她為了要突出主題中「色」，而去著重描寫主人翁的「色」與「誘」。故事一開始，牌桌上的王佳芝，「酷烈的光與影更托出佳芝的胸前丘壑，一張臉也經得起無情的當頭照射」（1988：10）。文中描寫王佳芝胸前丘壑處甚多，如離別兩年後，當易王兩人再見面時，易先生頭偎在王胸前，倆人擁吻時易說了一句「兩年前也還沒有這樣哩」（1988：16），張愛玲雖沒有直接點出，卻由易先生的口語表達了：時隔兩年，王佳芝不僅不再是處子之身，中經梁易兩男人，王佳芝亦胸前豐潤起來。而這些「色」的描述，也都是為了加深「誘」的因子，如在色誘的開頭，王佳芝便明白易的外界誘惑實在太多，對象絕非僅是她一人，若不牢牢釘著，「簡直需要提溜著兩只乳房在他跟前晃」（1988：16），一個晃眼就被丟在腦後。在「引誘—恐懼」這二重關係下，老手易先生自是深明此道，一有機會一進車中幽會，「他就抱著胳膊，一只肘彎正抵在她乳房最肥滿的南半球外緣。這是他的慣技，表面上端坐，暗中卻在蝕骨銷魂，一陣陣麻上來。」（1988：23）易先生亦知時局不對，處於戰時高度精神緊繃的「恐懼」之下，一有機會，仍要接受這外界的「誘惑」而進入到性愛的溫存，緊張的紓解當中去。

3. 性

究竟王佳芝對性的態度如何？與梁閏生的經驗，是王佳芝的初次，雖有犧牲的決心，但畢竟王心中有所不甘，因為她那些同學們對於她失去童貞一事態度卑劣，連她所心儀的鄺裕民亦是。張愛玲於此為王佳芝進行了一次心理分析，在有苦說不出之間，王「有點心理變態」，為王佳芝後來在珠寶店中的動心留下伏筆。[24]

至於與易先生，文中模糊地說到：「跟老易在一起那兩次總是那麼提心吊膽，要處處留神，哪還去問自己覺得怎樣。」（1988：29）「哪還去問自己覺得怎樣」，既代表著王佳芝模糊不清的認識，某方面亦是女孩的矜持。還是，王不願真正去面對自己的身體感？因為，「事實是，每次跟老易在一起都像洗了個熱水澡，把積鬱都

---

24 原文為：「王佳芝的動搖，還有個原因。第一次企圖行刺不成，賠了夫人又折兵，不過是為了喬裝已婚婦女，失身於同夥的一個同學。對於她失去童貞的事，這些同學的態度相當惡劣 — 至少予她的印象是這樣 — 連她比較最有好感的鄺裕民都未能免俗，讓她受了很大的刺激。她甚至於疑心她是上了當，有苦說不出，有點心理變態。不然也不至於在首飾店裡一時動心，鑄成大錯。」（1988：20）

沖掉了，因為一切都有了個目的。」目的是什麼？目的彷彿不再是為了剷除國賊，而是為了沖掉積鬱之貪歡恨短。積鬱從何而來？從壓力、從時局、從對性的渴望？幾重糾緊扭結下，王佳芝的心理層面在拆卸與防堵間，似乎與易先生有所交錯、重疊、而模糊相似了起來。

於是，張愛玲說：「權勢是一種春藥。對不對她不知道。她是最完全被動的。」王佳芝的迷濛中，權勢（權力）／金錢（鑽戒）／性（春藥）於此三位成一體。張愛玲下了文中最重的一句斷語，從而也為那無法自拔而淪陷的色與戒種下禍根：「於是就有人說：『到女人心裏的路通過陰道』。」（1988：29）

「到女人心裏的路通過陰道」，李安說：「這是張愛玲寫在書上的『導演提示』」[25]。意即，由〈色，戒〉到《色｜戒》，祖師娘娘傳下的心法口訣是：「即性言心」，於是李安開始「大開色戒」（張小虹語）。

三、性／死之禁忌：巴塔耶的愛慾論

（一）有用性（utilité）、俗世界（monde profane）

於是，讓我們從頭說起法國思想家巴塔耶的理論，在其總體經濟學中去引伸出他的愛慾論。從而得以嶄新的角度重新詮釋「色」與「戒」。

25 趙華：〈李安的加減法和色戒的政治寓意〉，見「學術中華網站」：http://www.xschina.org/show.php?id=11518（2009.10.15 上網）。

巴塔耶在其整體經濟學的理論中，特別談到吾人生活在一個「有用性」的俗世當中。巴塔耶認為，當人有清楚的意識來分辨出自我與外界，[26]而將外界的事物一一分類以後，物（chose）才能夠在世界的體系中得到一定的地位（position），並且，於此同時得到它的價值，即得到它的「有用性」。並且，物之有用性的標準在於其是否對於人自我生存（conservation propre）有所助益。巴塔耶說，一開始，人宰制著物，而物臣服（subordinné）於人，物是人的工具（l'outil/tool）。

當「物」以「有用性」被人建立出一定的體系之後，物的世界（或巴塔耶所稱的俗世界）就展開了。而物之間的流通就是以價值來決定。巴塔耶認為，這種可通約的、同質（homogénéité）的流動關係，構成自然狀態之後一切功利性迴路的基調。

當一切都按照俗世界功利性的迴路運轉之後，人之存活的領域一切便有規律性可循。但「物」相對地就以宰制與臣服的型態存活著。[27]然而，不是所有的存有都能夠納入這功利性的迴路。在動物性的世界裡，有些存有的力量太過狂暴，如果這些東西被納入物的功利體系，很快就會摧毀人社會化後的穩定生活。依巴塔耶所說，這種暴力，一個是「死」，一個是「性」。為了抵禦死與性所帶來的摧毀性的力量，人類就在俗世界當

26 對巴塔耶來說，這是主體（sujet）的開始。
27 此中之物，當然亦可指人。

中，將性與死劃成「禁忌」（interdit）來處理。在「性」中，最強烈的禁忌是亂倫禁忌；而在「死」中，血與屍體是最強烈的禁忌表徵。

因此，禁忌的主要功能是對抗暴力，俗世界藉由禁忌排除暴力。俗世界中的「有用性」、「工具」、「物」都關係著「勞動／工作」（travaille），勞動的世界藉由禁忌將暴力排除在外。屍體作為暴力恐怖的象徵，因此有了殺戮的禁忌，雖然在特定的時空下，部族的成員中允許或要求謀殺（如獻祭、獵首）。而相對於工作，性活動是一種暴力的形式，性是自發的衝動，它會妨礙工作。勞動的社群，在工作時間之外，已沒有足夠的精力去從事性活動。因此，「性」想必是隨著「勞動」在人類社會出現之初，就成為一種被制止的禁忌。

自然界中，人是唯一在死亡或性面前會感到侷促不安的動物，人覺得有必要隱藏性器官；且男人和女人會尋求私下完成性活動。因此在西方文明中，裸露是普遍且重大的禁忌。而與母親或父親或兄弟姊妹的身體結合是非人的行為，亂倫的禁忌成為社會中堅固普遍的核心。

在性與死的結合中，血是一重要的物件。月經和分娩的失血皆是。這些排洩物被認為是內在暴力的展現；鮮血本身便是暴力的象徵。每個月的流血更進一步被聯結到性活動，並伴隨著墮落的暗示：墮落是暴力的結果之一。[28]

（二）愛慾論

然而，巴塔耶所言的性並非只是狹義的性交，而是更廣大由性而來的一切活動，巴塔耶稱之為愛慾。[29]愛慾（eros），是構成人之所以為人的重要向度。巴塔耶說，人擁有主觀性的愛慾，相對地，動物只擁有客觀的性（sexuality）。愛慾，顯示出人的慾望的內在性，即人的內在經驗，人類的愛欲不同於動物的性欲者正在於此，它召喚內在生活進入遊戲。在人類的意識中，愛欲是在人心中並使其對自己的存在產生懷疑。因為人在愛慾之中，他失去了他自己。巴塔耶這樣說，「從工作之中，從理解他自己的毀朽之中，從無羞恥的性不知不覺地轉為有羞恥的性後，愛慾論誕生了」。[30]

巴塔耶認為，愛慾是一種不平衡，是生命有意識地對它自身的存在產生懷疑。且生命有意地失去它自己，

---

28 Georges Bataille, L'érotisme, p.61.

29 巴塔耶言愛慾的思想主要集中在兩本書 *L'érotisme* 與 *La part maudite* 一書的第二部份 L'histoire de l'érotisme。中文翻譯將第二本書名譯為《色情史》，筆者深以為不妥。眾所皆知，Eros 這個字緣起於希臘神話中代表著愛慾、愛情、與性交的神祉。該字在中文中該如何翻譯，亦困擾著筆者。筆者所想到的有愛慾、情色、色慾等，而勉強選擇了愛慾一詞。

30 Georges Bataille, *Eroticism:Death and Sensuality*, Translated by Mary Dalwood,（San Francisco: City Lights Books, 1986）, p.31.，或見原文 Georges Bataille, L'érotisme, p.37.

於是若有必要可以說愛慾是：「我失去了我自己」。[31]

在禁忌，在愛慾面前，人們有苦悶、噁心以及恐怖或偷偷摸摸的感覺，這普遍出現在年輕女孩中。假如我們順從禁忌，我們就不再意識到它。但在違抗禁忌的行為中我們感覺到心靈的苦悶，如果沒有這個苦悶，禁忌也不會存在；巴塔耶說，這就是罪的經驗。由於主體的心靈對禁忌感到苦悶而產生內在的愛慾需求，同樣強烈的是他去違犯禁忌的欲望。於是，愛慾的罪如同宗教的罪一般，總是將欲望和恐懼、激烈的快樂以及苦悶緊密相連。（頁 45）

（三）禁忌的揚棄：逾越／越界

無論如何人都處在兩個世界當中，理性的世界與內在經驗的世界。工作和理性的世界是人類生活的基礎，但工作並不能讓人們完全投注心神，而人們也不會對理性的命令無限屈從。人們以自己的努力建立了理性的世界，但自身之中依然潛伏著暴力的暗流。自然天性是暴力的，巴塔耶認為，不管我們能有多少的理性，我們仍可能再次被暴力掌控，這是因為想要服從的理性的生物，屈服於他自己內在無法控制的擾動。於是禁忌（愛慾，或內在經驗）就是那個無法被明確言說的某物。

巴塔耶便以黑格爾論揚棄（aufheben）的觀點去解

---

31 Ibid., p.37.

釋人類禁忌。巴塔耶認為，雖然性與死成了禁忌，人一方面恐懼（l'horreur）著性與死，但其實，人馬上又被這種禁忌深深吸引、誘惑（attrait／tentation），這是否定的否定。[32]

然而，禁忌究竟是什麼？其實禁忌什麼也不是，只是堂而皇之的詛咒任何它禁止的事物。如巴塔耶舉例，聖經命令：「汝不可殺人」，而有時候這只是使人發笑。一旦障礙排除，繼之而來的是對禁忌更猛烈的嘲弄。然而，吊詭的是，不論如何打破禁忌也不能廢除禁忌[33]。

禁忌總是引誘人去打倒障礙；使得被禁止的對象與行動取得它原先沒有的重要性，並且賦予興奮的氛圍（頁

---

32 去揚棄，或被揚棄者（被揚棄者是作為環節的觀念性存在）是黑格爾哲學中最重要的概念之一。在《邏輯學》中，黑格爾點明揚棄在德語使用中的兩層意義：1.一是去保存，去維持（aufbewahren, erhalten/to preserve, maintain）；2.一是去停止，去終結（aufören lassen/to cease; ein Ende machen/to put an end to）。〈錢鍾書因此將「奧伏赫變」翻譯為「滅絕」（ein Ende machen）與「保存」（erhalten）。〉然而，就字源來看，Aufheben 由 auf 與 heben 構成。Heben 在德文中有捉住、握住的意思，但是，它更有提升（to lift, to raise）的意義。因此 Aufheben 除了上述黑格爾自己所提到的兩層意義外，應該還外加這第三層意義，即「提升」。以《邏輯學》而言，其中的範疇在不斷變動當中，層層地添加入新的內容而拋棄掉舊的規定性，這也展現了思想自身自我提升的意涵。也因此 Jean Hyppolite 在翻譯 aufheben 時，便翻譯出三層意義，分別是消除（supprimer）、保存（conserver）、與提昇（élever）。
在禁忌之誘惑、抗拒與越界之否定的否定中，吾人可清楚明瞭揚棄一詞之三義在巴塔耶思想中的展現。

33 Georges Bataille, *L'érotisme*, p.54-55.

55）。人在這種致命的被誘之中產生焦慮的著迷（fascination angoissée），焦慮之中又感到引誘（l'angoisse de la tentation），人恐懼他有可能會忍不住越界，打破禁忌。

逾越／越界是巴塔耶的重要術語，因為逾越是對禁忌的打破，以逾越為基礎，才能深刻抓住犧牲（sacrifice，或譯獻祭）與愛的本質。在犧牲（讓我們同時想像祭台上的祭品／人牲，或愛慾行為中的奉獻者）當中，生命向死亡前進，將此生命分開隔離，藉由死亡，將其帶回進入生命全體的綿續之中。巴塔耶認為，剝奪生命有限的特殊性並將其置於神聖事物[34]沒有界限的、無窮的本質之中的暴力行為，是帶有深奧邏輯的行動。

在犧牲當中（不論是獻祭還是愛慾），外在暴力的形式是失血或射精，而內在則是人類心理暴力的經驗。如沾滿血跡的僧侶看待著他的牲品或人牲，而愛人透過內在經驗看著他／她的被愛者。巴塔耶特別說，獻祭是要將內在經驗打開，但若神聖的因子沒有進入的時候，在這景象中的某些元素會引起反應，即噁心。

巴塔耶說，一旦人要是打破了這樣的禁忌，就會衝破這計算性的功利的俗世界，而進入到深深的連續的，沒有斷裂的混亂世界當中；如此，「聖世界」（monde

34 犧牲中的參與存在：如獻祭者、祭品、共祭者、群眾。或愛情獻祭中的獻品與獻祭者。

sacré）被打開了。[35]

（四）聖世界

在巴塔耶的考察中，神聖（sacré）這個詞的原始字根就帶有雙重的意義，一方面，這個字還保留了吾人現今仍意指的神聖即潔淨的（pure）用法；另一方面，在人類最初的指涉裡中，神聖這個字也同時意味著污穢（filthy）。神聖雙重矛盾（ambivalent）的意義，在吾人對性的態度中即可看出。人們的確同時將性看成是聖潔的與污穢的。一方面，我們害怕著性的力量，嫌惡著它，一方面，我們又被性深深吸引。巴塔耶在「性」的岐義性上理解深刻，他知道慾望乃是跟著禁忌而來，沒有禁忌，何來慾望之有；並且，禁忌越強烈，突破禁忌的慾望就越強烈，這便是人「越界」的可能。

然而，一旦我們突破了禁忌之後，就會進入到一個意識無邊連續的境界當中，巴塔耶將這樣的境界稱為「聖世界」。對「性」而言，聖世界裡有對神聖之愛的迷戀與恐懼。聖世界不跟隨著俗世界一切都可以計算出來的功利的邏輯；在聖世界裡，如果一不小心，人有可能就會不自覺地自我毀滅在性的慾望中，這就是恐懼的來源。「儘管有讓人恐懼之處，恐懼還是誘人的」[36]。

神聖的東西能讓人從這世界的臣服性中移出來。人

35 在此意義下，聖世界即是異質性的。

36 巴塔耶著、劉暉譯：《色情史》（北京：商務出版社，2003），頁188。

著迷於神聖的世界，人在聖世界中無力的恐懼，這種恐懼乃是超乎言詮。當一切都變為混亂之後，就不再有主體／客體／世界／我……的區別。人渴望卻又恐懼著聖世界，為的是要對抗秩序性的俗世界之貧乏。人進入俗世界後，或者宰制著物，或者也被當成物被人宰制，在這否定的否定中成為奴性。只有聖世界，是在這有秩序的世界之外。相對於清晰的俗世界，聖世界帶來的是危險。然而，「我們想要的是讓我們精疲力竭並讓我們的生活處於危險之中的東西」[37]。

上文已經說過，劃定物世界的禁忌有二，死與性，巴塔耶相信，只有死與性能夠衝破物世界功利的邏輯。在人類的存在當中，我們常看到這兩者的結合，如有人因著性而死；在這種情況下，或者為了性的緣故，人奉獻過多，濫費了所有的心神與財富，彷彿只為了獲得俗世界之外對神聖的愛，對自己最終精神的至高肯定。那是危險的濫費，是對俗世界的威脅。在性的濫費裡，人在耗盡的情況之下，結果若非一無所有，便是邁向死亡。另外，死也是一種濫費的行為，死把有帶向無，而這種行為的結果無法為行為者帶來任何助益。

在愛慾當中，朝向愛的衝動，推到極致，便是朝向死亡的衝動。巴塔耶特別以薩德的性虐待來說明此點。逾越了死而達到生，逾越了生而達到死。這兩個原初的

37 同前註，頁 86。

禁忌在此相互辯證。

本來，在物的世界當中，付出了勞力，就要得到一定的成果，並且最佳的模式是，付出與回收可以達到等價的平衡。然而，若只單單地消費，卻不要求回饋，意味著單純地把物消解掉，破壞掉，把有化為無。若以經濟學的觀點看來，這種行為脫離了生產 — 消費 — 再生產的功利性迴路，巴塔耶把這樣的行為稱為濫費（consumation）。整體經濟學乃巴塔耶思想中的重要概念，巴塔耶以此理論來批判資本主義與古典經濟學。整體經濟學言其一般／普遍（general），乃因依此理論可以普遍解釋從原始初民一直到現今社會之人類過活。巴塔耶發展整體經濟學的理論，從其業師牟斯（Marcel Mauss）的大著《論贈與》一書中獲益不少。在該書中，牟斯詳細描述了「誇富宴」（Potlatch）習俗，考察出原初社會中真正的財富乃是給予（le don／to give）的能力，而非如現今資本主義社會中強調聚集與累積的財富特點。然而，當巴塔耶在整體經濟學的理論中分析這誇富宴，乃真正要指出，濫費、或者無用之用，乃是人的天性。濫費看來是**全然無用**的，它的價值只體現在它單純地把物消解掉、破壞掉。[38]在愛慾之中，犧牲（獻祭）

---

38 祭品、牲品、或人牲都含有這樣的意味，巴塔耶把它們稱之為「被詛的分有」（the accursed share/ La part maudite，這正是巴塔耶的書名）。被獻祭的存有既然被作為祭品、牲品、或人牲，則意味著它們都是從財富中擇選出來的多餘品，而且是要被無功利性地處理

看來就是這樣單純的濫費行為。

四、愛慾論與《色｜戒》

若回到電影的愛慾裡，如果域外人以傷風敗俗來批評張愛玲，那他更可能以淫俗叛道來抨擊李安的〈色｜戒〉了。電影〈色｜戒〉上映之後，的確在台港文化界與娛樂圈引起話題。但人們關注集中的焦點，多放在原著沒有而影片多出來的男女主角的三場床戲。於是梁朝偉與湯唯是否假戲真做，兩人的裸露程度，三場床戲的性愛姿勢，都再再勾引著觀眾在「色」與「情」字的娛樂效果上打轉。

於是，《色｜戒》究竟是淪落為三流失敗作的色情片？還是譁眾取寵自我延伸出三場裸露床戲的好萊塢取向製作？抑或，李安體悟了祖師娘娘論「色」、「戒」的真諦，從而在「色」、「戒」上翻轉為一部成功的藝術片？如張小虹所說：「而真正讓《色｜戒》可以脫穎而出成為一部上上之作的關鍵，就在《色｜戒》最受爭議的大膽露骨床戲。有的導演拍床戲是為了噱頭與票房

掉，或者完全地摧毀掉。「一旦中選，他就是被詛的分有，命定要被暴力地消費掉」。牲品被從事物的秩序中拿掉，也象徵著他有某種特別的角色，巴塔耶說，它指出了存有的親密、苦痛與深淵（intimacy, anguish, the profundity）。Georges Bataille, *The Accursed Share*, Translated by Robert Hurley,（New York: Zone Books,1988）, p.59.或見原文：Georges Bataille, *La part maudite:précédé de la notion de dépense*,（Paris: Editions de Minuit,1990）, p.64.

賣點，有的導演拍床戲是前衛反判的一種姿態，《色｜戒》中的床戲卻是讓《色｜戒》之所以成立的最重要關鍵」[39]。於是這三場床戲成了判定李安藝術成就的關鍵？在它色情得有理的情況下，補足並加深了張愛玲「色」之不足的地方。更重要的是，在張愛玲處，王佳芝的「戒」乃是隱晦不明莫測高深的。然而，在李安處卻是真正大開「色」「戒」，於貪歡恨短濃郁的性氣味之外，李安還真正導演出「戒」之糾緊扭結與執拗虛無。[40]

而這三場床戲，發生的場景、時間、性姿勢等等，再再都指向男女主角的內在經驗，愛慾之沈鬱轉折。李安刻意拍成「三」場床戲，而非「一」場或「兩」場，實乃用心深刻，為演繹其間深刻的辯證關係。

（一）第一場床戲

1.第一場床戲一開始，暴力 S/M 的基調，馬上嚇壞所有觀眾，瞬間脫離《色｜戒》那悠悠晃晃蝕骨銷魂的浪漫感。本來偷歡之初，女主角急欲展現其撩人的風情，要易先生坐下好好欣賞她寬衣解帶的嫵媚。但易先生卻狠狠地掐回她的脖子，賞她巴掌，將王佳芝猛力往牆上撞了過去；當女性的軀體碰撞上堅硬的牆面時，暴力血

---

39 張小虹:〈大開色戒：從張愛玲到李安〉《中國時報》〈人間副刊〉2007.9.28-29。

40 《色｜戒》名言：「色易守，情難防」然而，整部電影看下來，只覺得情難防，色更難守。

腥的氛圍瞬息湧現。[41]隨即，易先生急迫地扯破女主角的旗袍及下身衣物，將她推倒在床，抽出皮帶，反綑她的雙手，野蠻且凌虐式地直接從背後進入。[42]在他的獵物後面完全展現其權力意志。

於是如巴塔耶所說：「在暴力面前的反動，其本質面向乃是藉由連結著死亡的禁忌來表現（traduit l'interdit de la mort）」[43]。（1）首先，面對著時局的死亡危機，易先生潛藏的劇烈動物性暴力被逼至極限。（2）易先生狂亂的 S/M 暴力下，獵物王佳芝被掐脖子、賞巴掌、凌虐式地邁向死亡姿態。（3）而這暴力與死亡間的相互辯證，確然是以愛慾（性）的儀式來展現與解脫。

在雙重的愛欲與死亡禁忌之籠罩下，所瞄準的，誠然是巴塔耶所說的「恐懼但迷惑的暴力（la violence qui effraie, mais qui fascine）」。[44]「迷惑」是多麼適切的一個字眼。好好的女大學生為何會愛上她所恨的漢奸？因為鑽戒，因為愛情，因為色慾，還是一時心軟？在〈色，戒〉欲蓋彌彰的文字縐褶中，「迷惑」是面對雙重禁忌的最好解釋，因為愛慾的「內在經驗」乃是逾越一切理

41 如果是初次觀看的觀眾，此時暴力可解釋為東窗事發：易先生發現了王佳芝的女間諜身份，從而暴力相向。依筆者印象所及，這是李安所有影片中唯一有觸及 SM 情節的電影。

42 這是「逞獸慾」的展現。在動物世界中，只有靈長類的猩猩及人類能面對面做愛。由背後式做愛，從進化的觀點而言，反而更是動物，更是退化。

43 Georges Bataille, *L'érotisme*, p.52

44 Ibid., p.58.

性的論述與規範體系，「張愛玲讓王佳芝到死也沒弄懂自己到底是哪裡出了問題……我們不懂是因為張愛玲也不懂，或者不想完全弄懂，而盡在文字裡穿插藏閃」[45]。偉大的創作者張愛玲的「不懂」，所製造出來的「迷惑」，真真切切是精妙的小說藝術，在說與不說的曖昧與歧義性中，「愛慾的內在經驗」之聖世界被打開了。王佳芝陷入了那張愛玲所說的千瘡百孔的愛情。[46]

2.第一場床戲中沒有男女交歡的歡愉之感。相反地，是權力式凌虐的展現。性的暴力體感中，表面上看來純粹是男人逞欲而已，其實並非如此！

第一場床戲後，易先生去了南京，去程與回時皆不定。導演緊接著剪接出王佳芝於易公館內獨守空閨的模樣。於是，當易先生終於現身時，她怨他一句話沒留，說「我恨你」，然則她下一句接著說「你心裡一定很寂寞」。由她體貼男人的寂寞看來，王佳芝的「恨」想必只是反話，打是情、罵是愛的反話。

吊詭的是，王佳芝本是為行刺易先生而來，何以此時她竟出現了女人顧影自憐的哀怨相？一個解釋是女人媚功的展現，她要易先生真的相信她是真在乎他、真愛他的。而另一解釋，就只能從她雙手被綑、被凌虐地壓在易先生下方的第一場床戲得到提示。表面上逞欲的是

45 張小虹，〈大開色戒：從張愛玲到李安〉。

46 「生於這世上，沒有一樣感情不是千瘡百孔的」。參見張愛玲，《流言》（臺北：皇冠出版社，1994），頁 32。

男性的權力，但骨子裡，蝕骨銷魂的卻是被凌虐的女性肉體。透過第一場床戲，透過女人的陰道，男人已經悄悄地鑽進女人的心裡？

實情如何，作者沒說，因為說了就失去了「迷惑」的靈光之感。或許有可能是張愛玲說的：「正經女人雖然痛恨蕩婦，其實若有機會扮個妖婦的角色的話，沒有一個不躍躍欲試的。」[47]或許也如巴塔耶的見解，愛慾是一種不平衡，是生命有意識地對他自身的存在產生懷疑。就某個意義而言，生命有意地失去他自己，然後主體將自己視同於失去了同一性的客體。於是愛慾是：「我失去了我自己（Je me perds）」[48]。就這樣，王佳芝失去女大學生／刺客的自己？從而得到女人的自己？（在兩個問號的提問不確定中，即是「愛慾的不平衡」）。

在禁忌與犯戒（犯賤）之間，巴塔耶借用了薩德的話這樣說：「可以為放盪設下界限……放大和增加一個人的欲望最好的方法，就是試著去限制它們，」越是設戒，越是放蕩，沒有任何事物可以征服暴力，然而，薩德說：「這裏什麼都沒有」[49]。

（二）第二場床戲

禁忌總是引誘人去突破藩籬，但往往，那被禁忌所

47 張愛玲，《流言》，頁 84。
48 Georges Bataille, L'érotisme, p.37.
49 Ibid., *L'érotisme*, p.55.

「戒」的行動則因此取得它原先沒有的重要性，而散發出一種「興奮的氛圍（halo de gloire）」[50]。第二場床戲則明白表現出這一點。這是一場眾人嘖嘖稱奇的「迴紋針式」。[51]男女主角側身躺在床上，女方背對男方，男女頭尾相交，王佳芝屈腳從男主角的腋下伸出，將其夾住迎往。在「迴紋針式」的纏繞中，窗外，是肅殺的警衛與巡邏的狼狗之「戒」；窗內，則是男女雙方愛慾之糾纏，二人萬蛇纏身中之「色」。然而從這個姿勢看來，雖然主動權仍在男方，但男女雙方的權力關係已較第一場床戲平衡。

在這場戲中，易先生仍是冷靜且孤寂地盯著王。女主角欲主動親吻他亦被拒絕。易彷彿是置身事外的男主角，鏡頭下的他無比的荒涼（然而，置身事內的王亦一般地荒涼）。

巴塔耶說，如果吾人遵守禁忌，順從禁忌，意識中就不再有它。但在違抗禁忌的行為中我們感覺到「心靈的苦悶（angoisse）」。苦悶是禁忌的存在感：「那就是罪的經驗（c'est l'expérience du péché）」。[52]在男女主角眼神的荒涼中，透露出「苦悶」與「罪」。易王二人交歡的越界，皆是對時局、對自己的身份（丈夫／刺客）的逾越。「由主體而發的愛慾的內在經驗，會對禁忌感

---

50 Ibid., p.55.
51 古稱「鳳翔」式。又有一說，三場床戲姿勢與唐卡有關。
52 Georges Bataille, L'érotisme, p.45.

到苦悶，但這並不亞於他想去違犯禁忌的欲望。這是宗教的感性，它總是將欲望和恐懼、劇烈的快樂及苦悶緊密的連結」[53]。

（三）第三場床戲

第三場床戲，作為前兩場床戲之正反「合」，李安顯然特別鋪陳這一場床戲底始末。第三場床戲之前，王佳芝等在特務機關外的司機車上兩個多小時，只因易先生正在刑房裡頭拷打他一位黨校同學。[54]易先生一出來進了車，便迫不及待一邊愛撫起女主角，一邊卻說起剛剛刑房裡的事來：

> 其中一個已經死了，腦殼去了半邊，眼珠也打爛了。我認得另外一個，是以前黨校裡的同學。我看著他兩手被吊在鐵棍上，我說不出話來。腦子裡浮現的，竟然是他壓在妳身上幹那件事。狗養的混帳東西，血噴了我一皮鞋。

在眼珠子與腦漿面前，在屍體與「死亡」面前，易先生湧起了無可遏止的「性」。他腦子裡浮現的，是這具瀕死的軀體「壓在你（王）身上幹那件事」，[55]在最暴力血腥的殺戮活動中，易先生無法遏止的是「性」，

---

53 Ibid., L'érotisme, p.45.

54 為什麼特別是黨校同學？強調易先生是個賣友求榮的叛國賊？還是對於國族信仰的反諷與解構。

55 「觀看癖」的展現。

「血」噴了他一皮鞋，在血液面前他無法遏止，無法「戒」守「色」的慾望，暴力與性愛在此結合，於是他一上車，就急著自己想要壓在王身上幹那件事；由此，進入了第三場床戲。

第三場床戲男女雙方採取的是傳教士姿勢。由第一場床戲中男強女弱、第二場床戲男女平和但仍是男上女下男前女後，乃至第三場床戲回歸最傳統的傳教士姿勢，再再顯示其中男女主角權力之轉折。而第一二場床戲，仍然像是肢體的表演，最終是要「展現權力」。而第三場床戲，李安快速剪入了撫摸、翻滾、啃咬、作戲的呻吟[56]的幾個鏡頭；至此，宣告男女主角已進入濃情的愛慾之中。

然而，第三場床戲最值得玩味的地方是，當男女雙方逐漸進入高潮之際，王佳芝翻身騎上了易先生身上；男女權力關係在此勃然翻轉。女性於此取得主導的地位。只見王佳芝在上方怦然躍動。

在床戲終結之前，王佳芝將枕頭壓在易先生臉上，這窒息式的性愛，持續一段時間後，在易先生將要窒息之前，男女雙方達到最高潮。這即是第三場床戲作為正反「合」之處。第一場床戲中是男方虐待著女方，而最後一場則是翻轉過來女方虐待起男方。「死亡」禁忌與「性」禁忌在色與戒中密切結合，這即是巴塔耶所說的

---

56 這是三場床戲中，唯一出現男女交歡的聲音。出現在第三場床戲，也代表著兩人情愛的正反之合。

生與死的統一，性虐待（巴塔耶建議吾人特別關注薩德）朝向愛的衝動，推到極致，便是朝向死亡的衝動（頁48）。

（四）「虎」和「倀」的關係

到了這一步，在權力、性、色、與戒上，易與王都處於辯證統合的關係。如龍應台所說：

> 就權力的掌控而言，易先生是「獵人」，王佳芝是「獵物」；就肉體的釋放而言，王佳芝可能是「獵人」，易先生是「獵物」……易先生把一枚「戒指」圈在王佳芝的手指上，究竟是易先生施「戒」于王，還是王是易先生的「戒」，恐怕是一個辯證關係、互為連環。「虎」和「倀」是什麼關係？「倀」和「娼」又是什麼關係？[57]

顛覆之中充滿意義。巴塔耶曾要吾人思考「愛與犧牲的行為之間的相似性」，因為兩者都以肉體來顯示。犧牲是盲目地毀壞掉動物的器官，以取代動物本來規則的生命模式。而愛慾的騷動也同樣，是放縱肉體的器官，讓器官盲目的活動超越了愛人間的意志，讓意志跟隨著這些腫脹器官之動物性活動。在「獵人」與「獵物」、「虎」與「倀」之間，易與王同為獵人／獵物、虎／倀；在愛慾之中，對方都同時是己方的犧牲（祭品），也相互間透過對方之「死／獻祭」（S/M、窒息式性愛），

57 龍應台：〈如此濃烈的色，如此肅殺的戒〉。

「越界」進入無邊無際狂亂的神聖世界。

然而最值得玩味的是，在三場床戲結束後，李安安排王佳芝前往重慶黨人的支部向特工老吳與鄺裕民報告暗殺進度（這原是〈色，戒〉中所沒有的情節）。王佳芝的自白沈重卻坦白，卻說出巴塔耶味道的話語：

> 你以為這個陷阱是什麼……他比你們還要懂戲假情真這一套。他不但要往我的身體裡鑽，還要像條蛇一樣的，往我心裡面愈鑽愈深。我得像奴隸一樣的讓他進來……每次他都要讓我痛苦得流血哭喊，他才能夠感覺到他自己是活著的……每次最後他身體一抽倒下來，我就在想，是不是就在這個時候，你們是不是應該衝進來，朝他的後腦開槍，然後他的血和腦漿就會噴到我一身。

由鑽進身體辯證至鑽進內心，由肉身而體現至靈魂，在靈肉之間，李安的王佳芝更實際說明了「到女人心裏的路通過陰道」；並且，在靈／肉的二元交流中，死亡的象徵更是無處不在。「他的血和腦漿就會噴到我一身」與第三場床戲中易先生「狗養的混帳東西，血噴了我一皮鞋」之「內在經驗」簡直如出一轍。佳芝的「流血」，與易先生死亡之時濺出的「血與腦漿」相融交錯，灑在兩人性愛之時裸身的交纏肉體上，「死亡」禁忌與「性」禁忌在此赤裸裸地水乳交融。

有趣的是，在王佳芝的這段話後，老吳與鄺裕民聽得目瞪口呆，無法回應。老吳只能制式地說：「忠於黨，忠於領袖，忠於國家」，而後拂袖離去。

（五）《色｜戒》的王佳芝

忠黨愛國的老吳在愛慾面前不知所措，實則單向度的意識形態頭腦在愛慾的「內在經驗」（逾越了可言說向度而展現的暴力／迷惑／恐懼／騷動之異質性的聖世界維度）前顯得單薄而可笑。

如果張愛玲的〈色，戒〉引來愛國主義與道德主義者的嘲諷（易／王=胡／張=漢奸=色情狂），則李安的《色｜戒》對號入座，完全套用以上公式。但識者不明的是：

> 張愛玲的原著就是淡淡幾筆，隱諱得很⋯⋯她的文字帶著一股悠悠仙氣，讓人打不到摸不著，也像一縷精魂，沒有起沒有落⋯⋯其實她是挑剔自己到沒有人可以再挑剔她的地步，我們隨著文字底閃爍的光芒下探，才發覺那麼短短一篇小說竟然黑到深不見底，文字的後勁更是震動了我們的五臟六腑。[58]

張愛玲仙氣不見底的文字隱含著「愛慾論」之精義，無奈慧眼者稀。而李安的《色｜戒》則是大開色戒，大開愛慾論，與此同時，反轉過來嘲諷愛國主義者（老吳）與道德主義者（鄺裕民）的單純與荒謬。因為那愛國的

58 王惠玲：〈色戒：專訪王惠玲〉。

鄺裕民以道德之名看低那為了愛國而「犧牲」（失去貞操，那初夜的血同樣是巴塔耶性禁忌目光的焦點）的王佳芝；而不管是鄺裕民、老吳或老易，都走在同一條不歸路上，今日的鄺是明日的老吳，今天的老吳當然也就可能是明天的易先生[59]。筆者想到的是，那被易先生拷打的自己的黨校同學（李安所擅加的角色）其實是鄺／吳／易每一個人切切實實的寫照。

〈色，戒〉中的王佳芝是個犧牲者（失去初夜），但在犧牲之際她以愛慾去換回與取得權力的主導，逾越禁忌（戒）去大開色相，於是她決定放走易，在〈色，戒〉的結尾她在小黃包車上想到的是到親戚家去避一避風頭，越過了禁忌（色）她並沒有想到禁忌（死）的連結，她並沒有想到易會殺了她，她原是以為她避得開的。

然而〈色，戒〉中的易先生懂得這禁忌的連結，破了戒，逾越了色，易先生把死安排在那裡等著王佳芝。比起王，易是更深沉與悲涼的，他並沒有以為他自己逃得過，「他對戰局並不樂觀」，他知道色／死是聯袂等著他的。

然而，在李安的《色｜戒》中，李安鏡頭下的王佳芝更為世故，更為解構。電影中的王佳芝，在逃／不逃間與其說是游移不決，不如說她是更為了然。帶著戒指，握著老吳所給的毒藥，封鎖線被圍了起來，在拉車上王

59 同前註。

佳芝並沒有服毒而死，她選擇落到易先生手中。在李安的電影中，王為了愛國犧牲了貞操（初夜），為了愛慾她犧牲了生命；王佳芝成了自我選擇的雙重犧牲者，黃包車上鏡頭下她漠漠然地神情，乃是「一種對於時代與人性、富貴和男女的頓悟。」[60]

對巴塔耶而言，犧牲（獻祭）有時會引起噁心之感，那是因為神聖的形變並沒有發生，並沒有越界進入神聖世界當中。而真正的犧牲之任務「是使生命與死亡和諧，在生命的高潮給予死亡，開啟未知。在此生命混合了死亡，但同時死亡是生命的信號，是通往無限的道路。」到了《色｜戒》的結尾，王佳芝真是看透了這個俗世界（以道德構成的迴路：國族與男女關係）的虛假與可鄙，在自我犧牲的同時，她真有散發出巴塔耶所說的無限未知之相嗎？

五、結　語

在明末的情色小說中，往往在刻劃色慾橫流的當口，給予警語或勸戒；如李漁的《肉蒲團》乃集淫慾小說之大成，但李漁橫溢的才華卻能夠扭轉其單面相的「色」，從而在故事的結尾讓男主人翁得以了然，一切的放蕩都是為了達到覺悟的必經之路。透過肉蒲團而解脫，故該書也稱為《覺後禪》。陳相因曾說：

60 陳相因：〈「色」，戒了沒？〉，《思想》8（2008.1），頁300。

> 東吳弄珠客於崇禎本金瓶梅序中曾評，書中之情節描寫與情色手法，「蓋為世戒，非為世勸也」。又接著說，「讀《金瓶梅》而生憐憫心者，菩薩也；生畏懼心者，君子也；生歡喜心者，小人也；生效法心者，乃禽獸耳。」……李安理解「戒」的意義已經不同于張愛玲，反而更似笑笑生，因為原著裏的「戒」字停留在「戒色」多於「世戒」的層面。李安的《色｜戒》不僅懂得張愛玲冷眼處理大時代下的男女關係，更進一層地揉合了傳統裏笑笑生的藝術層次與弄珠客所云的悲憫情懷，賦之與新意（義）。[61]

李安在談到〈色，戒〉之「色」時，每每都使用佛教「色相」一詞去形容。色相本指宇宙中無論有情生命或器世間之一切存有的形質相狀，然而色相僅是表象，本體為空。王佳芝因破戒而入愛慾，因愛慾而沾染另一戒（死亡禁忌）；但最後，當《色｜戒》中的王佳芝面對死亡時，李安的鏡頭讓我們看到女主角的臉上神態，彷佛是了悟了雙重犧牲後之「空」，而拍出了原著中所沒有的意象。陳相因說：「不論是電影《色｜戒》還是小說《金瓶梅》，形色與情色僅是一種象徵的手法，而為世所戒才是作品的要旨」[62]。

於是，如果要以巴塔耶的愛慾論來詮釋《色｜戒》，

---

61 同前註，頁 303-04。

62 同前註，頁 304。

則《色｜戒》結尾處的旨意已非巴塔耶式後現代無以名之的內在經驗了。巴塔耶的異質性仍是混亂的狂迷，但《色｜戒》結尾中王佳芝的冷然，卻是一種更深沈的老練，或說世故，屬於東方式的內斂與了悟。

張愛玲當然懂得何謂《色｜戒》結尾的這種意味，她的每句名言都顯露出這類味道：「我不喜歡壯烈。我是喜歡悲壯，更喜歡蒼涼。……悲壯是一種完成，而蒼涼則是一種啟示。」「時代是倉卒的，已經在破壞中，還有更大的破壞要來。……如果我最常用的字是「荒涼」，那是因為思想背景裏有這惘惘的威脅。」「極端的病態與極端覺悟的人究竟不多。時代是這麼沉重，不那麼容易就大徹大悟。」當我們把易先生、王佳芝「人生的來龍去脈看得清楚。如果先有憎惡之心，看明白之後，也只有哀矜。」最後，「因為懂得，所以慈悲。」

〈《色｜戒》結尾處，封街一場戲，李安對原著的描述一字也不肯放過。綠屋夫人服裝、蝙蝠袖爛銀衣裙的木美人、紙紮的紅綠白三色小風車、吹哨拉繩封街……大時代變動中，一切皆在更迭替換著。張愛玲卻讓焦點放在悠悠晃晃的街景與小風車，「對街冉冉來了一輛，老遠的就看見把手上拴著一只紙扎紅綠白三色小風車……踏快了大轉彎過街，一加速，那小風車便團團飛轉起來」，而李安，攝影機跟著風車走，流動了五六秒鐘，世界閒適安逸恍若停格，然卻稍縱即逝。東方式的慈悲與哀矜，原是這樣表達。

快樂的罪行：陳映真救贖三部曲結構中的聖與罰*

本文討論陳映真作品中的基督教救贖思想，選擇〈賀大哥〉、〈山路〉、〈趙南棟〉三篇小說為研究文本。從這三篇作品中，可以見諸陳映真意的牢結的精神狀態，其生命在某種過量與僵化中體現；命中了本書所要討論的主體狀態。主要論證有三：1.鋪陳出這三篇小說的共同結構。2.論述三篇以「犧牲－封聖」之邏輯標榜人之崇高，從而建立陳映真式的「人格等級表」。3.更甚，本文將論證這三篇作品，個別隱藏著陳映真思想的祕密核心，即「快樂的罪行」的荒謬性，與陳映真的社會主義思想實則還是籠罩在基督教的彌賽亞歷史主義底下。本文之分析並非是一種標新立異或文本拆毀，僅是要論證出陳映真隱藏的罪觀與救贖精神，並說明陳映真思想的矛盾，及有時堅持意的牢結的令人匪夷不解之處。

* 本文原刊載於《中外文學》，第41卷1期。並獲科技部計畫「巴塔耶「神聖」理論之研究」（100-2410-H-119-001-MY2。100年度）補助支持。

前言：陳映真評價之爭議

自 1959 年開始創作以來，半世紀時間，陳映真以踽踽獨行的姿態、巨人般堅毅的腳步逐漸地邁向了漢語世界最重要的小說家行伍；他的文學創作不僅在「質」上出類拔萃，在「量」上 — 沉甸甸的六冊小說集 — 於戰後台灣小說家中更是難以望其項背。除了是台灣文學重要的旗手，陳映真還是堅貞的社會主義運動家、報導雜誌《人間》的創辦人。他的卓越成就，不僅配得了無數尊榮的冠冕：「大師級」[1]、「高尚人格」[2]、「烏托邦主義者」[3]……。即便是那些立場與其相左的讀書人，亦無從詆毀其文學貢獻，而稱他是「巨人」[4]、「可敬的論敵」[5]。

然而，陳映真因自身思想所引起的爭議亦頻頻。[6]即便稱讚陳映真人格與創作的評論家，衡諸其政治立場，有些便選擇存而不論或支吾帶過。因為陳「『死不悔改』的老左派」形象實在過於鮮明[7]，他那結合馬克思思想與大中國民族情結的意的牢結，在兩岸三地，堅貞如此的

1 李歐梵，〈陳映真和蕭斯塔可維奇〉，《文訊》287（2009.9），頁 53。
2 楊慧儀，〈陳映真《春祭》的一些外緣脈絡〉，《文學世紀》4.4（2004.4），頁 30。
3 南方朔，〈最後的烏托邦主義者：簡論陳映真知識世界諸要素〉，陳映真編，《陳映真作品集七》（臺北：人間，1988），頁 19。
4 郭力昕，〈永遠的鞭子和提燈〉，《文訊》287（2009.9），頁 74。
5 陳芳明，《昨夜雪深幾許》（臺北：印刻，2008），頁 30。
6 相關論戰可見：陳芳明（2002）與許南村（2002）。或見：龍應台（2006）。
7 楊慧儀，〈陳映真《春祭》的一些外緣脈絡〉，頁 30。

「老紅帽」，恐怕是絕無僅有了。

人們因其堅定不移的信念而稱頌陳映真，但這當中，有人稱頌的是陳的「堅定不移」，對於其「信念」乃存而不論。因此，最簡單評判陳映真人生功過的方式，便是將他無可抹煞的文學成就與在台灣不合時宜的社會主義信念拆開解讀。如郭力昕言：「無論他如何具爭議性，並不減損陳映真在文學、思想與宏觀之政治歷史上，帶給華文世界知識階層深刻的啟迪、影響和典範作用」[8]。但正如王德威所說的：「我們閱讀陳映真的一大門檻，是他意識形態及文學創作間的辯證。我們無法規避陳映真的政治信仰，只談他的『純』創作」[9]。因此，吾人顯然無法截然二分去閱讀並評價陳映真。

然而，陳映真對於自身信念的堅定不移，是出於怎樣的精神防衛機制？吾人又該如何辨析其思想與小說作品之間的「合」與「分」。以上兩點，都涉及著文化診斷及文本閱讀的策略診斷。筆者私揣，這一切，或許可由陳映真耶教信仰上的游移為解答。

以下，將分為四節來逐步探討本文的核心問題：

1.在第一節中，將仔細介紹陳映真思想的兩個支柱：馬克思主義與基督教信仰。前者，在以往談論陳映真之重要性時已多有研究，故本文主要將論證後者之重要性。

---

8 郭力昕，〈永遠的鞭子和提燈〉，頁 74。

9 王德威編著：《臺灣：從文學看歷史》（臺北：麥田，2009），頁 164。

2.第二節將討論陳映真的三篇小說〈賀大哥〉、〈山路〉、〈趙南棟〉，這三篇構成筆者所要探索的陳映真救贖系列之作品。筆者並認為，這三篇小說有著共同的結構性，本文將試圖整理說明。

3.第三節中將論述基督教罪論與救贖論的主張，並將以現代以來的思想家之角度指出基督教談論的矛盾之處。

4.第四節將奠基在前三節的基礎上，論證陳映真的三篇小說在基督教罪論與救贖論背後的矛盾之處。

一、耶教與馬克思主義

（一）陳映真理念的兩個支柱

終其一生，陳映真在多篇文章中不斷自剖剖人，論己理念支柱有二：基督教與馬克思主義，這亦是諸論者耳熟能詳的。[10]

---

10 陳映真毋庸置疑是一位馬克思思想的信徒。但，究竟要以馬克思主義者、社會主義者、唯物論者或共產主義者去稱呼他似乎是個不易精確定義的難題。因為以下這些名詞：馬克思主義、社會主義、左派、唯物主義、共產主義、烏托邦主義、第三世界思想、國族主義者……等等各自在人類思想的演進上有過冗長且繁雜的歷史。並且，有時候陳映真並不嚴格區分使用這幾個詞，如在《父親》中〈後街〉一文中提到自己青年時已信奉「馬克思主義」，而〈生死〉（亦出自《父親》）一文中說他在知識上相信「馬克思的歷史唯物論」。另外，隨著時移事往，歷史事件的演變，如文化大革命和天安門事件後，想必陳映真自己對這些詞彙亦有理解上之修正。90 年代後，陳映真自稱專以「政治經濟學批判」來編譯關於台灣政治經濟學的

1.耶 教

陳映真出生基督教家庭，耶教思想一直深深烙印他心靈。陳少年時在聖教會主日崇拜，即便成年後因馬克思歷史唯物論離開了教會，他仍保持與父母親每週一同做禮拜的習慣。[11]聖教會「是特別強調品格、內在道德與省思的，」故陳映真曾經提過，「很慶幸自己少年能夠在聖教會裡頭每天反省自身的罪孽」[12]。究極而言，

著作，而有了以「社會性質」來對於台灣歷史分期的討論，後來於此更有了一連串與陳芳明的辯論（2000 年）。筆者以為這一系列辯論的文章，不僅屬於陳映真論述的後期，而且亦清楚地表達了他自己的思想系統，可助吾人釐清理解他對於馬克思思想的想法。在該系列的辯論文章中，陳映真概要地以馬克思的辯證唯物主義，即以「生產方式」及社會性質的推移來重述人類的歷史演進，從原始氏族公社、奴隸社會、封建社會、到當前的資本主義社會。並且描述了 19 世紀西歐馬克思主義誕生的社會條件，一路描述到二十世紀，世界資本主義從自由競爭階段發展為壟斷資本主義階段，又發展為晚期資本主義階段，而進入到 90 年代以後，是「世界無產階級運動的一次挫折」參見許南村：《反對言偽而辯》（臺北：人間出版社，2002），頁 87-101。從以上一大段描述而言，陳映真該可說是一馬克思的唯物主義者，而陳映真在該文中亦說：「當敵人對中國對社會主義的選擇發出詛咒，我們就深刻地認識到了社會主義強大的、令一切資產階級反動派喪膽的力量」（頁 102），可見陳映真亦使用社會主義來對應資產階級的二元對立。因此，筆者認為，在本文中最適宜以「馬克思主義者」來定位陳映真，間或使用「社會主義者」來指涉陳映真理想性格的左派思想內涵。

11 在某個面向上陳映真類似一無教會論者，其信仰模式摒棄了做為社會機制的教會組織，透過直接閱讀聖經和祈禱來聽取上帝的意旨。此在其〈生死〉一文中有所描述。

12 康來新：〈講評：獻祭的聖杯〉，文訊雜誌社編：《陳映真創作五十年國際學術研討會論文集》（臺北：文訊，2009），頁 135。

陳心中最理想的宗教形象乃是耶穌基督的模樣：「曾有一個時候，面目黎黑的，飽受風霜的，貧窮的，憂愁的，憤怒的，經常和罪人、窮人和被凌辱的人們為伍的，溫柔的耶穌……成了我青少年時代的偶像」[13]。這樣的耶穌，與其說是神性的聖子，毋寧更似活在真實世間的、人性的與低下者為伍的人子。即便陳映真自覺已非耶教門徒，但人子耶穌那受苦、背著十架、贖罪者的形象早已內化到陳映真的心靈裡。65 歲那年，經歷一場「出死入生」的心臟外科手術搶救後，陳又如虔誠的信徒一般，病床上生澀操練起每晚的禱告，追問著救贖之事：「我認罪；我讚美、感謝；我思想著基督走向各各他的十字架的漫長苦路時所受的百般凌虐、拷打和羞辱，而那無罪者所受的鞭打和糟蹋，卻無不是為我的一身重罪的代贖……讓我這軟弱卑污的罪人活下來的祢的旨意是什麼？」[14]。由此可見，在進行社會主義運動幾十年後，耶穌贖罪的思想仍影響陳映真甚深。

2.馬克思主義及「中國民族主義分子」[15]

---

13 陳映真：〈鞭子和提燈〉，收於陳映真：《父親》（臺北：洪範，2004），頁 12。

14 陳映真：〈生死〉，收於陳映真：《父親》，頁 199。

15 「中國民族主義分子」這個稱呼是陳光興的用語，他指的是在台灣一般人對陳映真的評價。陳光興說：「台灣社會 1990 年代後，在統獨爭議激化的條件下，一般將陳映真理解為台灣本土主張統一的代表性人物，將他視為中國民族主義分子，或是馬克思主義者，這樣的理解沒有錯誤，也跟他作為左統的代表性人物有關，但是站隊青年之後的陳映真「出走」了教會，但「卻是為了一個更為入世的理想及理由」[16]，即：社會主義實踐。[17]從初初閱讀的年紀起，陳映真就從 30 年代的左翼作家那，浸潤了社會科學的左派哲學。即便因馬克思信仰入獄（陳後來自言，那是「幼稚地走上幼稚形式的組織的道路」；見〈後街〉），或真實見到了文化大革命及天安門事件，都無法動搖他老左派的信心。

然則有趣的是，陳映真 — 這位出身台灣鶯鎮的子弟 — 竟從魯迅的小說那延伸出一「充滿信心的、理解的、並不激越」的大中國情結。[18]他說：「應該全心去

式的認識，以『政治的陳映真』高於一切，其實關閉了陳映真思想與文學豐富性與複雜性的討論空間」參見陳光興，〈陳映真的第三世界：狂人／瘋子／精神病篇〉，《臺灣社會研究季刊》78（2010.6），頁 218。筆者引這段話只是來說明一般人對陳映真的見解。但下文中，我們便會見到，以簡單的民族主義者來為陳映真貼標籤實是過於簡化。

16 關曉榮的發言，參見黃詠梅：〈陳映真和知識分子的人道關懷座談會紀實〉，載於臺文訊雜誌社編：《陳映真創作五十年國際學術研討會論文集》（臺北：文訊，2009），頁 414。

17 陳映真自己說：「我之所以離開教會，原因其實是簡單的：60 年代初期開始閱讀了 30 年代文學及社會科學的作品，受到作品背後哲學的影響，使思路和價值整個顛倒過來了」轉引自黃詠梅，〈陳映真和知識分子的人道關懷座談會紀實〉，頁 414。

18 引文出自陳映真：〈鞭子和提燈〉，頁 12。「陳映真對大中國的愛來自魯迅的啟發」。的確，陳映真說：「他在魯迅那吃了很多飯」參見魯迅著，楊澤編，《魯迅小說集》，頁 1；「魯迅給我的影響是命運性的」（轉引自錢理群：〈陳映真和「魯迅左翼」傳統〉，《現代中文學刊》4（2010.1），頁 27。）尤其在〈鞭子與提燈〉一文中，陳映真熱烈闡述了魯迅小說集對他及心中中國形象之影響：「隨著年歲的增長，這本破舊的小說集，終於成為我最親切、

愛這樣的中國 — 苦難的母親，而當每一個中國的兒女都能起而為中國的自由和新生獻上自己，中國就充滿了無限的希望和光明的前途」[19]。也因此，讓 1989 年以後的陳在台灣顯得愈發不合時宜。

3.兩段解讀陳映眞思想祕密的重要文獻

於是乎，耶教與馬克思思想在陳映真的一生思想中並行不悖。青年時代，陳映真就把這兩條信念加諸到已身創作中，根據他的〈後街〉自述：「他把抑壓到面目曖昧不明的馬克思主義同對於貧困粗礪的生活的回憶，同少年時代基督教信仰的神秘與疑惑，連同青年初醒的愛欲，在創作的調色盤中專注地調弄」[20]。即便到了 80 年代後，面對文化大革命，陳映真切實認識到革命中國的腐化和墮落，他仍是深沉地重新思索這兩條他所關心的路線。在社會主義關懷方面，他強調他的民族主義是

最深刻的教師。我於是才知道中國的貧窮、的愚昧、的落後，而這中國就是我的。」陳映真又說：「幾十年來，每當我遇見喪失了對自己民族認同的機能的中國人；遇見對中國的苦難和落後抱著無知的輕蔑感和羞恥感的中國人；甚至遇見幻想著寧為他國的臣民，以求取『民主的、富足的生活』的中國人，在痛苦和憐憫之餘，有深切的感謝 — 感謝少年時代的那本小說，使我成為一個充滿信心的、理解的、並不激越的愛國者」（陳映真：〈鞭子和提燈〉，頁 12。）這也是錢理群先生所斷言的那般：「陳映真作出這樣的選擇和定位，魯迅無疑是他的重要精神資源和榜樣」（錢理群：〈陳映真和「魯迅左翼」傳統〉，頁 28-29。）

19 陳映真：〈鞭子和提燈〉，頁 12。

20 陳映真：〈後街〉，收於陳映真，《父親》，頁 57。

「人民為主體的愛國論」，是愛國愛人，而非愛共黨、為政權（陳映真說這是「無神論者、馬克思主義者」的國家觀）。另一方面，在基督教的影響下，他進而發展出一種簡明深刻的福音，雖仍是無神論，但他卻堅持那種基督為弱勢為苦難中的人所努力的那種福音（陳自言這是「秉持非常簡單卻又深刻的福音」）。[21]陳映真說：「永遠要以弱者，小者的立場去凝視人、生活和勞動」[22]。這種悲天憫人的情懷，無疑是他始終和魯迅相契合之處，亦是他轉而結合基督教精神之處。

以下兩則陳映真的重要自述，特別展現此兩條路線的結合，筆者以為，這是解讀陳映真思想祕密的兩段重要文獻：

（1）1976 年陳映真在〈鞭子與提燈〉中，自述他 70 年遠行坐牢時，來探視的父親鐵窗外的一句勸勉：「你要好好記得：／首先，你是上帝的孩子；／其次，你是

---

21 關於 80 年代陳映真對基督教的反省與馬克思無神論之間的融合同異，賀照田爬梳了許多文本，作出極精闢的闡述。如「兩種路向的比較問題，就是：『一種是從教會中走出來，成為無神論者、馬克思主義者；另一種是秉持非常簡單卻又深刻的福音，去從事抵抗』。前者是他過去毅然選擇的道路，後者則是他重構理想主義的 80 年代中所深切共鳴的道路。所以，〈萬商帝君〉中的瓊，看到『許多無神論者都視為滔天的罪行的，教會卻噤默不語……』，卻並沒有像早年陳映真那樣成為無神論者，而是仍留在耶穌基督和上帝內探索，實和陳映真遭遇社會主義危機後對馬克思主義的反省，和他因應這危機的理想主義重構，及因理想主義重構所引發的對基督教意義的再定位都有著密切關係」（2010：164）。

22 轉引自錢理群：〈陳映真和「魯迅左翼」傳統〉，頁 31。

中國的孩子；／然後，啊，你是我的孩子」。[23]飽含熱淚的陳映真將父親勉勵話語中的「上帝」詮釋為「真理」與「愛」[24]。「上帝」、「真理」、「愛」、「中國」：這四個信念一直都是理解陳映真小說的重要概念。

（2）1985 年，《人間》雜誌的發刊語上，發行人 — 一個堅定不移的社會運動者 — 是這樣說的：「在一個大眾消費的時代裡，人，僅僅成為琳琅滿目之商品的消費工具。於是生活失去了意義，生命喪失了目標。我們的文化生活越來越庸俗、膚淺」[25]。於馬克思主義的批判原則下，陳映真希望這本刊物，能夠：「使塵封的心，能夠重新去相信、希望、愛和感動」[26]。這便是以新馬路線的商品化與工具化去批判消費社會、同時高舉耶教「信、望、愛」的兩條路線；無疑，這一直是陳映真自我鞭策所說的「嚴厲的鞭子和腳前的提燈」[27]。

而本文將經過一連串論證，直要到第四節的總結，才將會申辯出這兩段文獻何以是解讀陳映真思想的核心文本。

（二）以基督教「救贖論」定論陳映真之功過

如前所述，本文將著重討論陳映真作品的基督教精

---

23 陳映真：〈鞭子和提燈〉，頁 13。

24 同前註。

25 陳映真：〈因為我們相信，我們希望，我們愛……〉，收於《父親》，頁 35。

26 同前註，〈因為我們相信，我們希望，我們愛……〉，頁 36。

27 陳映真：〈鞭子和提燈〉，頁 14。

神；並將論證焦點聚集在基督教精神的最重要核心：即罪與救贖上。事實上，從早期作品開始，陳映真的小說便無一不涉及罪的意識，〈我的弟弟康雄〉、〈鄉村的教師〉、〈故鄉〉、〈死者〉、〈加略人猶大的故事〉、〈六月裏的玫瑰花〉等皆是如此。陳映真原生家庭所印刻的「救贖」觀，貫穿其大部分作品，由個人罪惡、社會實踐、實踐中與上帝之對話而達救贖，再再成就了陳映真小說真摯動人之處。蔣勳說：「他所有的作品，從康雄到吳錦翔，從賀大哥到蔡千惠、宋蓉萱，似乎是再清楚不過的『自白』。那裡面，理想的、贖罪的知識分子的頹放自苦到宗教熱狂式的自我犧牲，似乎是近代所有中國優秀的知識人註定的一張『罪狀』罷」[28]。因此，數落人的罪狀，拯救人的墮落，成了陳映真許多作品的原型。陳映真確實相信，人有「兩面性」，即人有聖與俗、利他與自私、縱慾與奉獻、高貴與墮落、信仰與虛無……等二元論。

事實上，如果除去作品中的馬克思主義因子，要定論陳映真的成就功過時，基督教的「救贖論」反成了最好之印記。[29]確然，如張誦聖所言，在 70、80 年代那些

---

28 蔣勳：〈我的老師陳映真〉，載於陳映真編：《陳映真作品集 8》（臺北：人間出版社，1988），頁 24。

29 2009 年在一系列向陳映真致敬的活動中，吾人看到了救贖論這個主題被放大提出成了焦點。2009 年 9 月，適逢陳映真創作滿 50 年，財團法人趨勢教育基金會為了向陳映真致敬，和多個單位合作舉辦了一系列的致敬活動，如「陳映真創作 50 週年國際學術研討會」，

貢獻卓越的小說家中，只有陳映真「浪漫氣息的理想主義」、「基督教道德哲學」、及「靈魂超越」[30]，使得陳映真和同時代的優秀作家如王拓、宋澤萊等那麼的不同。筆者深切以為，就是因為陳映真心中那川流不息的基督教道德哲學，「質問人性沉淪與扭曲的問題、罪與罰的問題、懺悔與救贖的問題，或沈鬱低迴，或義憤悲憫」[31]，讓他的作品顯得那麼超絕而真摯動人。是的，「聖」與「罪」，「獻祭」與「救贖」，陳映真文學的功過彷彿成就在宗教的花朵上。在該場座談會上，南方朔說，現在還不是能準確定位陳映真的時候，也許廿年、卅年過後，才會對他有更寬廣的理解；南方朔更說：「基督教情結將是決定他歷史地位的最後一把尺」。[32]

二、陳映真救贖系列的小說

（一）〈賀大哥〉、〈山路〉、〈趙南棟〉

陳映真在 80 年代發表了著名的「山路系列」：〈鈴

或拍攝紀錄片，或進行展覽及文學茶會等。在這些活動中，救贖論成了其中的一項重要主題，此點在以往是未見的。如：（1）紀錄片的題名訂為《聖與罪：陳映真文學與人生的救贖》；（2）研討會時座談的主題訂為：「擁抱一切良善與罪惡：陳映真的文學世界」；（3）會議中亦有數篇論文關乎救贖，如楊翠之〈獻祭的聖杯：陳映真小說中的女性救贖意象〉。

30 張誦聖：《文學場域的變遷》（臺北：聯合文學，2001），頁 188。

31 王德威編著：《臺灣：從文學看歷史》，頁 164。

32 南方朔，〈定位陳映真的時候未到〉。《中國時報》9 月 28 日，2009。

噹花〉、〈山路〉、與〈趙南棟〉三部。此三篇被稱為「政治小說」，雖言及政治，情節卻不折不扣是透過「犧牲」與「奉獻」的精神來刻畫。葉石濤先生嘗言：「山路系列」是「這三篇小說之所以打動我們的心弦，主要來自小說強有力地透漏出來的訊息 —— 愛與犧牲。愛與犧牲是人類所具有的最高貴的情操……陳映真在〈山路〉和〈趙南棟〉的人際關係裡，意象鮮明地呈現出來的，正是這愛與獻身的訊息」[33]。

本文依基督教救贖論的路線，將試圖提出並解讀三部陳映真的小說。若將「山路系列」裡啟蒙式的成長小說〈鈴鐺花〉去除，增補陳映真出獄後的第一篇小說〈賀大哥〉。則〈賀大哥〉（1978）、〈山路〉（1983）、〈趙南棟〉（1987）乃構成筆者所要探索的陳映真救贖系列之作品。本文論證選擇這三篇小說，基於兩大原因：（一）筆者認為，這三篇小說內部有著共同的結構性；（二）更甚，筆者認為這三篇小說，每一篇作品都隱藏著陳映真思想的祕密核心。

（二）簡述三篇小說之情節

以下，先論這三篇小說的內在結構性。[34]於開始分

33 葉石濤著：〈論陳映真小說的三個階段〉，高信疆編，《陳映真小說集一：我的弟弟康雄》（臺北：人間出版社，1995），頁 12。

34 筆者並非立意要以結構主義之理論來解析陳映真作品。然則，這三部小說有太多框架雷同之處，可供吾人整理出一結構表來，而此結構表又恰恰得以體現陳映真的「救贖觀」。

析三篇小說前，請容筆者贅文簡述這三篇作品：

1.〈賀大哥〉

故事以第一人稱女性視角敘述：女大學生小曹在暑期的育幼院服務中，結識了愛心滿懷的美國青年賀大哥。賀大哥是個無神論的人道主義者，他那對悲苦、低下、貧困者的愛心深深打動了少女小曹的心。然而，小曹後來才發現，賀大哥實則是個精神病患，患有人格分裂與精神性遺忘症。一切，皆肇因於賀大哥越戰服役時期於梅萊村犯下的罪行。

2.〈山路〉

少女蔡千惠 50 年代初假冒政治受難者李國坤在外的妻子來到桃鎮，付出自己的青春，為身處貧困底層的李家去勞動。她甘願成為煤炭工人，將李家小兒子國木拉拔長大。國木成了有為的會計師。30 年後，蔡千惠原先的政治犯未婚夫黃貞柏終於出獄。一方面，透過故事的進展，讀者終於明瞭了蔡千惠假冒的原因。她的親二哥背叛了盟友黃貞柏與李國坤，千惠感到「無從排解、近於絕望的苦痛、羞恥和悲傷」。[35]她假冒為李妻，希

35 本文中所引用的〈賀大哥〉、〈山路〉、〈趙南棟〉三篇小說文本，皆出自 2001 年洪範版的《陳映真小說集》（詳見引用書目），因次數繁多，以下引用處不再一一註明頁數。

冀狠狠地打碎自己，[36]祈求贖回「家族的罪愆」。另一方面，已經習於資本主義生活的蔡千惠，不齒於如今已被商品馴化了、飼養了的家畜般的自己。最終，她在懺悔中完全失去生之意志而離世。

3.〈趙南棟〉

相對前兩篇小說，〈趙南棟〉已是中篇長度。故事大致可分為三段：

（1）趙慶雲與宋蓉萱夫婦因50年代初的政治大整肅入獄。獄中宋蓉萱生下腹中子趙南棟，同牢難友許月雲與葉春美一同照料新生兒，彼此間建立了深厚情誼。宋蓉萱判死從容赴義前，將兒子託孤葉春美。

（2）少女葉春美受愛慕的思想青年林慎哲連累入獄。

（3）三十年過去後，趙慶雲、葉春美相繼出獄。外面劇變的世界已遠非他們入獄時模樣。趙家的大兒子爾平自小孤苦長大，艱苦砥礪終有所成，爬上大藥廠的業務經理。然而他的心靈，卻受資本主義深深侵蝕，成了為利為益的資產階級。而在政治牢房裡出生的趙南棟，長大後男女關係複雜，成為純粹靠感官存活的新人類。小說最終結束於，趙慶雲逝世的那日午後，趙南棟如一具僵屍遊魂似地跟隨父親遺體來到太平間。但他一走出醫院，即在院外樹下吸食起強力膠。而受託之人葉春美，三十年

36 「打碎」，多麼基督教的字眼。

後終在這樹下與之重逢，接走了她始終掛念的小芭樂。

（三）三部小說的共同結構

在這三部小說中，有若干共同的結構成其框架，若吾人將之並列攤開，則可逐步揭露陳映真救贖觀所隱藏的核心架構。以下，分項簡述三篇之共同結構：

（一）三則故事都指向同一情節：知識青年的導師（兄長）與愛慕的少女。在三篇故事中，都有一位扮演著知識優位者的青年，少女往往受其啟蒙而情竇初開。最終，後者被捲入不可逆的事件中。

賀大哥	賀大哥 vs.小曹：暑期慈惠社服務隊裡，小曹邂逅了賀大哥。小曹說：「賀大哥使我重新認識了『美麗』、『幸福』和『愛』等並不罕見的辭語」。
山路	黃貞柏、李國坤 vs.千惠：少女千惠崇拜未婚夫黃貞柏「和國坤大哥素常所表現出來的，您們相互間那麼深摯、光明、無私而正直的友情」。
趙南棟	慎哲大哥 vs.葉春美：少女葉春美在幫傭的醫師家認識了少爺林慎哲。林教導只有小學學歷的葉讀《辯證唯物論之哲學》、《母親》等書。但兩人的感情終不被祝福，被迫離開林家時，慎哲大哥狠狠地要她「不要被打垮啊！」
這些思想上、戀愛上的啟蒙兄長，最終都以死告終。	

（二）政治事件家屬之力爭上游：三則故事中，受政治受難事件牽連的家屬，最終都脫貧而擺脫父輩們的悲慘命運。

賀大哥	小曹的律師祖父雖曾為「思想犯」辯護，但不久就妥協。他的兩個兒子只能唸理工科，最終家族擁有了紡織、餐旅、建築的龐大資產。
山　路	蔡千惠狠狠地勞動栽培李國木，他最終翻身為成功的會計師：「經過大嫂為了貧困、殘破的家的無我的獻身，形成了一股巨大的力量，驅迫著李國木『回避政治』、『努力上進』……取得會計師的資格，在台北市的東區租下了雖然不大，卻裝潢齊整而高雅的辦公室，獨自經營殷實的會計師事務所。」
趙南棟	生為長子，從小寄人籬下的趙爾平刻苦奮發向上。他以「立業濟世，答恩報德」為圭臬，嚮往「進德修業的生命情境」。師專畢業後，終而能夠達成「早日自立，成家立業帶著弟弟長大」的願望。拜別養育之恩的林榮阿叔阿嬸時，帶著趙南棟雙雙跪下，「涕淚滂沱地磕頭謝恩」。但趙爾平並不滿足於師專畢業後的小教師生涯。即便未能留學，最終他還是以優異的外語能力進了跨國大藥廠。
然而，陳映真這樣的安排卻又往往暗藏矛盾諷刺。因為這些力爭上游的後代都隱然象徵資本主義之惡，有些人最終被資本主義所吞噬。	

（三）以醫病或瘋狂為轉折：三則故事的轉折，情節的啟動點都是從醫病（或瘋狂）事件開始。從而去揭露政治事件的謎團，挖掘出故事背後的真相。

賀大哥	故事的轉折，即在於賀大哥，由聖人之姿轉為精神分裂者。
山路	故事開始，便是女主角蔡千惠無法解釋的生病事件。隨著情節鋪陳展開，讀者才逐漸清楚這無以名之的病象之因。負責診斷的楊教授說婦人千惠是「完全失去生的意念的病人。」而最終，蔡千惠在「無法解釋的緩慢的衰竭中死去」。
趙南棟	全文以父親趙慶雲因心肌梗塞住院，逐步帶出故事之梗概。而小說最後以趙慶雲病逝醫院作終。
值得探究的是，為何陳映真如此迷戀「醫院」這個場景？這應該與陳映真長久在醫界的職業有關（但也影射著魯迅「大病文人醫」的寓意？）	

（四）高潮為懺悔／贖罪：這三篇小說，情節的高潮與震撼人心，都在於主角人物之悔罪與尋求救贖。

賀大哥	故事的高潮，即在於為讀者揭示了賀大哥的瘋狂。其意識之遺忘，乃為了懺悔他在越南犯下的軍人殺人罪行。
山路	為贖兄長的罪過，蔡千惠毅然來到李家。三十年後，因黃貞柏出獄，猛然驚醒自己物化的下場與墮落，以生命懺悔著被資本主義馴化的自己。
趙南棟	當趙爾平逐漸在外商公司站穩地位，他的嗜欲也逐漸於心中寄宿肥大。從金錢、各樣財貨、到女人。他也「狎養情婦」，將女人當成「玩物、配件、道具」，只是滿足他「自私、驕傲和野性的活工具」。和自己那貧困的師專時代相比，對照起父母親那一輩人為理想而犧牲，趙爾平亦能懺悔起他那「成功入世」、「自己心靈的腐化」。

（五）結尾於今昔之比與頓悟：陳映真的小說結構中都有一前後參差對照之比。在時間的推移中帶出一「人格等級表」（詳下），背後都投射著社會主義優、而資本主義／後現代劣的意圖。

賀大哥	賀大哥由聖人之姿轉為精神倒錯病人。終於認知到賀大哥精神分裂的小曹，也由此頓悟並更深刻認識了真實世事。故事結尾，走在「煦和的陽光」中的校園，小曹已覺得自己和同學並非同一代人了。
山路	故事前半段最顯明的對比與人格高低，落在革命同志間的高貴與卑賤，如李國坤、黃貞柏 vs. 蔡漢廷。而後半段，當吾人讀到自以為墮落的蔡千惠自我生存之放棄後，亦有深深的嘆息湧出。
趙南棟	由故事中段，遭資本主義腐化的趙爾平，一直推衍到末節吸膠的趙南棟。父與子，理想的社會主義對比著後現代的感官生存，的確會引發不勝唏噓之感。

（四）三篇小說所可能隱含的思想秘密

1.三篇小說的結構總表

將上節所分析之共同結構做一彙整，可得出此表，直行列的從 1 到 5，是故事進展的共通結構，代表著故事推衍的矛盾衝突與敘事順序。而橫列乃此結構在三篇小說中個別出現的故事元素。[37]

	賀大哥	山　路	趙南棟
1. （1）知識青年的導師（兄長）與 （2）受其啟蒙因而生愛慕的少女	（1）賀大哥☆[38] （2）賀大哥引領小曹	（1）黃貞柏、李國坤 （2）黃貞柏、李國坤帶領蔡千惠	（1）林慎哲、趙慶雲、許月雲、宋蓉萱、葉春美。 （2）慎哲大哥與少女春美
2. 政治事件家屬之力爭上游	（小曹父輩的成功）◎[39]	李國木成為會計師	趙爾平進入跨國藥商

37 筆者在此使用的方法論乃是模仿李維史陀（Claude Lévi-Strauss）在《結構人類學》一書中展現其神話敘事結構所最為人熟悉的古希臘中伊底帕斯家族的例子，參見 Lévi-Strauss, Claude. 1963. *Structural Anthropology*. Trans. Claire Jacobson and Brooke Grundfest Schoepf. New York: Basic,pp. 206-31.

38 此表中的三個星號，乃本文所要特別探究的三點問題之所在，將在下文中處理。

39 此點中的小曹父輩，與其他兩則小說的結構並不相同，屬於一變相的情節，故以圈號標示。

3. 轉折：醫病／瘋狂	賀大哥精神性遺忘症	蔡千惠無名病	趙慶雲心臟病
4. 高潮：懺悔／贖罪	賀大哥內心的罪懺	蔡千惠為兄為己的原罪懺悔☆	趙爾平自覺墮落。而趙南棟毫不悔罪☆
5. 結尾：今昔之比與頓悟	小曹的枉然與成長	李國木（讀者）明瞭了兄嫂那一輩人的偉大	讀者見識了歷史潮流中兩代人的理想與墮落

（1）在第一層結構中，偉大心靈的前輩，可說是陳映真理想人物的原型（亦是陳映真追求超我的形象？）。並且，其中的導師／少女關係。體現了陳映真小說對於智識體系的長兄／父親／老師／男性的優位價值。這或許是陳映真不自覺的時代與男性侷限，表露了以父權為主的精神意識結構。

（2）第二層結構通常拿來與第一層相較，這是陳映真上一代（高貴）vs.下一代（低落）的二元論。

（3）第三層結構的醫病／瘋狂關係，是陳映真寫作小說時最常用的核心衝突（矛盾）事件，由這一點去扭轉故事的走向，從而轉折情節來導向陳映真所要闡明的意念。

（4）於是，當有了前後事件的對照，事件衝突的結果往往引發小說中人物的罪咎感與懺悔。這通常就是陳映真寫作小說最要表現的題旨 — 在悔罪中祈求救贖，從而讓讀者得到憐憫與洗滌。[40]

---

40 何以是〈賀大哥〉、〈山路〉、〈趙南棟〉這三篇小說為「救贖系列」？其他如〈我的弟弟康雄〉、〈某一個日午〉、〈六月裡的玫瑰花〉等篇沒有相似結構或同樣的耶教思想嗎？

筆者認為，雖然這些小說中有著救贖的聖與罪的思想，但：1.這些篇小說無法扣合此處筆者所整理出了五項共同結構；2.既無法扣合這五項，亦無法由其中見出陳映真的思想秘密。以下，筆者一一述說為何這四篇小說無法置入拙文的結構討論之中：

1.在〈康雄〉一文中，弟弟康雄因為通姦的敗德而自裁，姊姊因為財富而婚嫁，葬禮與婚禮都在教堂中舉行，兩人都陷入罪的懺悔中。但實則〈康雄〉一文，只見到筆者救贖系列中的第四點：懺悔。該文中並沒有偉大人格者的角色，也就沒有真正聖與俗的對立，因此，其懺悔之頓悟也就不夠深刻。總的來說，〈康雄〉一文缺乏筆者所整理的結構表的其他各點。

2.〈鄉村的教師〉一文，與〈康雄〉雷同，只有懺悔，而且是對於戰時的吃人肉的行為的懺悔。雖然是出於大歷史的無奈，但同樣也不見偉大人格者那樣的隕落之頓悟洗滌。

3.另外，〈六月裡的玫瑰花〉不屬於救贖系列。的確，〈六月裡的玫瑰花〉和〈賀大哥〉有著驚人的類似結構（越戰、精神病、女性）。但，〈六月裡的玫瑰花〉仍缺乏偉大的人格者之懺悔這樣的角色情節，也就不夠深刻。我們只見一個黑人大兵對自己戰行的悔恨，但那就只是平常人的內疚而已。故〈玫瑰花〉一文缺乏筆者所整理的結構表中的 1～3 點。

4.相對的，〈某一個日午〉在某些層面上較為接近筆者所論的這三篇小說之結構。小說中有房處長及他兒子的懺悔，兩人都曾經著迷於理想主義，父親早遺忘了，但兒子卻無法忽視而自裁。因此在此文中，第五點所帶給讀者或房處長的頓悟，比較以上三篇，是較為深刻的，但總的來說，此文還是沒有筆者所整理出來的那樣完整的結構。

總而言之，這四篇小說，在陳映真作品中仍屬較早期的作品（先不論陳映真的小說該如何分期），在篇幅上較小，仍有許南村（即陳映真自己）所說的「契訶夫式的憂悒……感傷和力竭、自憐的情緒」（1975: 26），而所能表達的思想意涵較少。我想，不論是那一位評論家，都不得不承認，〈康雄〉或〈鄉村教師〉，跟〈趙南棟〉

（5）於今昔的對比中，主角或讀者因見識了人的理想與墮落而頓悟。

2.人格等級表

誠如陳映真自身所說，他遠行之後書寫親身見識的左翼知識分子，主要出於「歷史的反省」，寫作的目的為要呈現，曾經一個時代有一群人，「精神水位曾經這麼高過」[41]。

如同陳映真自述，〈山路〉的源頭來自他綠島監禁時期中所遭逢的1950年代入獄的難友，他說：「〈山路〉大概是一九八四年寫的……要把那段被湮沒的歷史時期的人、時代，當時一些熱血青年對生命、生活的懷抱寫出來……那是活生生的一段歷史」[42]。如實刻畫第一層結構中「聖者」的高度，則可印證出不同水平的人性，讓世俗（資本主義或後現代）之人顯得「墮落」而不堪。

這「聖／俗」的二元論分野從何而來？來自「封聖」。封聖的機制即是通過陳映真基督教思想中慣用的犧牲（sacrifice）策略而得。透過為崇高理想（社會主義思想）的犧牲，陳映真式的「人格等級表」於焉建立，讀者也

或〈山路〉相較之下，是顯得那麼的生澀，甚或造作。就某方面而言，筆者之所以選擇〈山〉、〈趙〉、〈賀〉這三篇小說，也是因為它們的體制較大，陳映真的思想較能完整地表現於其中。

41 廖玉蕙：〈讓所有受侮辱的人重新得到尊嚴：訪陳映真先生談小說創作〉，《文訊》287（2009.9），頁99。

42 同前註，頁97。

往往被其中聖人般的人物所憾動。

（1）最高級成聖之人

於是，最高級的人，乃是為理想而奮鬥犧牲之人（某方面亦體現耶穌殉道之精神）。在這三則故事中，則是「蔡千惠、李國坤、黃貞柏、葉春美、趙慶雲、許月雲、宋蓉萱、林慎哲」這一群人配得封聖。依陳映真的描述，這群人更是社會主義樣貌下的勞動使徒，犧牲之後，他們都可以「穿著白衣、戴著紅花的自己，……彷彿要一道去接受像神明一般的勤勞者的褒賞」（〈山路〉，蔡千惠語）。

（2）平凡人

次一等之人，則如李國木、小曹之類。他們努力生活在資本主義社會，卻也不失為善良勤奮之人。如李國木是勤學上進的會計師。而小曹亦有慈善濟世的行動。

（3）資本主義之人

更次一等之人，乃如趙爾平、莫葳、蔡漢廷之流。這干人等沉溺在富裕嗜貪的金錢世界。如趙爾平，早忘了師範時代「立業濟世，答恩報德」的砥礪精神；他知道自我的腐化，是「滑入這『成功入世』的，貪欲而腐敗的生活之後產生的性格」。按照〈山路〉一文的觀點，他們就是生活在美帝主義下商品化的人類。

然則，這一類的人在聖與俗、在道德與敗德之間，仍有良心的掙扎。如若無良心的拷問，他們又何以煎熬苦痛。

（4）後現代之人

（i）再次一等之人，是如同莫莉與趙南棟這樣的新人類（於 1987 年發表的時代語境中，時年二十多歲的莫莉與趙南棟確是「新人類」）。因為按兄長趙爾平的觀察：這兩人「按照自己的感官生活」，「只是被他們過份發達的官能帶著過日子」，他們要吃就吃，要穿就穿，要不憂愁就去找樂子去快樂，要做愛就做愛。莫莉的姊姊莫葳（她仍是屬於上一層，受資本規則支配但心靈腐化的舊人類）不知是出於欽羨還是出於感嘆地說：「他們有什麼欲求，就毫不，毫不以為羞恥地表現他們的欲求。」

（ii）然則，莫莉與趙南棟還是有等級之別。莫葳說：「莫莉。沒有趙南棟那麼……那麼純粹吧。」茉莉還知道要去工作且不自殺（她是還受資本規則支配，仍知勞動的新人類）。相對於莫莉，趙南棟則是真真切切後現代式的人物。

且讓吾人關注此點 — 趙南棟無疑是陳映真全部作品中唯一出現的後現代人物。本文將在第四節中詳加討論此點。

3.三篇小說的秘密與蹊蹺

經過以上評比、列出小說中的人格水平結構後，筆者認為這其中有三點蹊蹺。於「犧牲－封聖」之結構，似乎透露陳映真思想的某些心理機制。先以〈賀大哥〉

為例：

（1）〈賀大哥〉

在最高等級的聖者行列中，賀大哥無疑是倒錯的例外。賀在小說中，是充滿理想性的聖人形象。陳映真其實為他刻畫了耶穌的模樣：賀大哥有「日曬得發紅的臉，瘦削的、濃眉的臉，蓄著彷彿聖誕卡上的耶穌的鬍子的臉」，而育幼院的修女也形容賀大哥「真是有一顆基督的心」。

在並未被發現精神性遺忘與分裂症之前，賀大哥便以先知的樣態向小曹宣揚著那「美麗的新世界」，他對少女小曹虔敬地說（以一種社會主義信徒的口吻）：「讓我們去愛，讓我們去相信……愛，無條件地愛人類，無條件地相信人類……讓我們相信……那美麗的、新的世界就伸手可及了。」說著這「信望愛」的宣言，賀也隱然列位於陳映真排序中的聖者之位。只不過事後證明，這種「理想性的對人類之愛」乃是瘋狂之果。所以，此例顯示出「倒逆之聖」的例子，故以星號標示。筆者將在第四節論證出這其中的深藏之意。

（2）〈山路〉

〈山路〉一文中，吾人見識了蔡千惠兩次的懺悔。首次是為兄長賣友之罪的懺悔。第二次則是為自己的資本化懺悔而死。兩次認罪的行動，恰恰凸顯出〈山路〉一文在「犧牲－封聖」結構中的荒謬之點：因為蔡千惠實則沒有犯下任何的罪行／行動。她的悔罪其實是對已身沒有任何動作的認罪。

（i）難道陳映真以自己的原罪情結強加在蔡千惠身上？蔡千惠本該懺悔，因為她身上背負著一種政治上的原罪（陳映真在此將基督教賦予人的那種原生的罪惡巧妙地轉移到他的政治信仰／小說藝術中）？

（ii）抑或蔡千惠的悔罪有著其他內在意涵？所以，此例顯示出「原罪」與「為無懺罪」的例子，故以星號標示。筆者將在第四節論證出這其中的深藏之意。

（3）〈趙南棟〉

在〈趙南棟〉中，趙家父子三人的人品結構是非常清楚的：恰成「父、兄、弟」之「上、中、下」三品。這其中，最值得深思地恰恰是題名「趙南棟」的這號人物。因為如他的兄長趙爾平這等自覺墮落之徒，在陳映真的作品中其實不斷改名變身出現（如莫葳），但趙南棟卻是個絲毫不悔罪的角色。故，筆者以為，趙南棟是真正的後現代的動物，故以星號標示。筆者將在第四節論證出這其中的深意。

三、「罪論」與「救贖論」

從以上兩節的結構分析，足見陳映真不論其思想或若干作品都游移於耶教信仰內外。他仰慕基督的心，渴望美麗新世界，以「罪－罰」模式刻畫人的軟弱與罪行，以「犧牲－封聖」來標榜人之崇高。因此，筆者自忖有必要交代耶教信條的罪論與救贖論。

本節中將論述「正統」與「非正統」的對耶教信條的談論，[43]前者出自一般新教教派的思想（尤其說明了陳映真主日禮拜的聖教會的信仰），後者則言及19世紀末以來的思想家以非信徒的角度對罪論與救贖論的考察。

（一）正統的基督教「罪論」與「救贖觀」

基督教思想在兩千多年來的歷史中，經歷無數次論戰，發展出無數的派別系統。雖各派之間立論不一，但「罪」、「恩典」與「耶穌救贖論」等相關信條早已成為基督教宗派間的普世信仰。但若要在一篇論文中細究各宗派間對「罪論」與「救贖論」之論述同異是不可能的，因此本文僅將簡要交代這些義理之概要。

救贖論即是討論贖罪的理論（theory of the atonement），而這即是基督的工作。簡言之，基督信仰中，救贖論與耶穌是分不開的，這奠基在兩點上：（一）「救贖是根植於耶穌基督的生、死、與復活」；（二）「救贖的特殊性是由基督形成的」[44]。在兩千年的教義演進上，早已將耶穌生死之自然生物性意義，與基督信仰上

43 此正統／非正統之分，乃筆者自身之定義。筆者主要要釐清兩方面的思想：（1）正統的基督教思想：主要是由新教、由信徒的角度出發來檢視的罪觀與救贖觀；（2）非教會內部的觀點：由非信徒的思想家的觀點角度出發考察。關於後者，筆者選擇的皆是十九世紀末以來的思想家，因為鑑於基督教對西方的深遠影響，十九世紀之前少有思想家能由基督教內部對其產生批判。

44 麥葛福著，劉良淑、王瑞琦譯：《基督教神學手冊》（臺北：校園書房，1998），頁395。

最核心的人類救贖命運緊密結合。於是，基督教義便逐步創造出人類賦有「原罪」的思想。人因為生來帶有原罪，因此需要耶穌的寶血以「贖罪」，以血潔淨人的原罪。

人若有原罪，本該自己受罰付代價贖罪，但人／神子耶穌為我們上了十字架，即祂的義為世人贖罪。因此這種古老的、以牲為祭的模式，在基督教信仰中因為耶穌之死而產生了無限的新意。於是最終耶穌的身份被認定是真正的彌賽亞，稱他為耶穌基督[45]。而耶穌之以人身獻祭成了傳統以來的基督教救贖歷史與理論。

此後，在歷代教義的演進中，耶穌身上逐步被賦予了三種身分，即「基督三重職分」（munus triplex Christi）。耶穌除了是「先知」（先知是來宣告神的旨意）、「君王」（即祂統管祂的子民）外，他還是那最大的「祭司」，即祂來，是為了世人的罪獻祭[46]。因為「彌賽亞要帶來的救贖或救恩，是使罪人脫離罪與永死，進入義和永生。而脫離罪必須先有贖罪祭，所以也需要有祭司」[47]。耶穌是那信仰中扭轉一切的中介，如：「奧古斯丁運用獻祭的意象，說基督『為罪成為祭物，在祂受苦的十字架上，將自己作為完全的燔祭』。為了使人類恢復與神的關係，中保必須以自己為祭；沒有這個祭，關係

45 同前註，頁399。
46 同前註，頁400。
47 同前註，頁401。

就不可能恢復」[48]。

於是後世的基督徒，不僅其身上的原罪因此中保之犧牲得赦免。新生的基督徒亦將要在信仰中摹仿耶穌的生命和基督犧牲的樣式，這是兩千多年以來真正的基督徒對過去現在未來的承諾。另外，值得一提的是，耶穌受死到受難形象的改變，與早期使徒保羅的事工大有關係。保羅一方面強調耶穌的復活，一方面說他的死打開的深深的維度可救贖人的罪。保羅在耶穌的受難中，賦予了信徒信仰、希望、與愛，這即是信（pistis／Faith）、望（elpis／Hope）、愛（agape／Love）。在〈歌林多前書〉十三章中，這愛最終成了愛那超越、無邊、無限的絕對者。再由對神的愛，轉回到對人的愛，以俾使信徒們成為信望愛的共同體。

這信望愛的終極關懷，亦形變出現在陳映真的文本中，本文將在第四節詳加論證此點以見其深意。

（二）聖教會的教義

另外，鑑於陳映真本人是聖教會的信徒，從聖教會重要的信條切入，亦可約略掌握陳氏基督教思想的基本想法。

上文已提及，陳映真雖青年後不再篤信基督教，但仍保持著每週和父母一同上教會做禮拜的習慣；[49]筆者

48 同前註，頁 399。

49 陳映真仍同父母一起做禮拜的習慣，乃出自於「陳映真創作 50 週

可以推斷，陳映真只要每週都參加教堂的主日崇拜，即便他不再隨眾口唸信經或隨領聖餐，但他亦是週週耳聽其他信眾口唸〈尼西亞信經〉的告白。在台灣一般聖教會的禮拜中，〈尼西亞信經〉是每週日信徒崇拜中領聖餐禮時所要告白的，而一般信眾更為熟悉的〈使徒信經〉則是聖教會信徒早晚禱告中常使用的禱文。〈尼西亞信經〉是基督教傳統三大信經（creed of faith）之一，是有關基督教信仰的一項基本宣言。西元 325 年於尼西亞所召開的大公會議制定了此信經，整個基督教最核心的信仰都濃縮其中。〈使徒信經〉亦同〈尼西亞信經〉，在結構上分為三大段，逐步宣言上主之全能、耶穌之為基督的人子及神之身份、並耶穌之赦罪與復活。除了「父子靈」三位一體卻又獨立的位格外，為拯救赦罪而來的人子之受死與復活，審判與永生的盼望……都清楚地表達這兩大信經當中。

另外，聖教會的信仰教義亦很明確地定義耶穌的救贖，如「從人類的始祖亞當、夏娃犯罪之後，人類就受到罪的詛咒……神卻差祂的獨生子耶穌基督來到世上，為了我們眾人的罪，被釘在十字架上。祂沒犯罪，卻為

年國際學術研討會」中的談論，見康來新：〈講評：獻祭的聖杯〉，收入文訊雜誌社編：《陳映真創作 50 週年國際學術研討會論文集》（臺北：文訊雜誌社，2009），頁 135。台灣聖教會乃日據時代由日本的國際宣教會（前身為遠東宣教會）傳來，國際宣教會乃高滿（Cowman，或譯考門）夫婦（即著名的《荒漠甘泉》的作者）所創。在台灣與聖教會緊密相關的機構為國際宣教會與中台神學院。

我們的罪而死」[50]。因此，從這聖教會最基本的信經與聖教會內部的信仰要道，可以推斷陳映真對於基督教義中整套的耶穌救贖理論是非常熟悉的。

（三）罪論與救贖論：非信徒角度的考察

以下探究現代以來的思想家以非信徒的角度對罪論與救贖論的考察，並耙梳論基督教神聖性及耶穌之死的相關文本。救贖論之完成乃在於耶穌十架上之死，但由長遠宗教史的角度看來，這乃是所謂的「快樂的罪行」（Felix culpa），亦同時顯現十架之死救贖論與罪論之無法解決的內在矛盾。本節由非信徒的角度來考察的主要原因便在於試圖考察出此矛盾之處。[51]

---

50 謝明昇：《我們的信仰》（臺北：士林聖教會，2002），頁 8-9。

51 以下所引用的非信徒的思想家文本，包括了克莉斯蒂娃（Julia Kristeva）、巴塔耶（George Bataille）、與尼采（Friedrich Nietzsche）的若干論點。這三人在思想脈絡上有相互承接之處（如克莉斯蒂娃著名的思想概念「賤斥」（abjection），乃奠基在巴塔耶的思想上發展的。而巴塔耶的逾越精神，與尼采的權力意志息息相關）。本文選擇這三位思想家，並不意味他們的哲學體系恰好得與陳映真小說絲絲相扣，乃是因為這三位思想家深刻理解基督教的罪觀，通達基督教救贖論的功與過。且在基督教的救贖論議題上，克莉斯蒂娃的《恐怖的力量》、巴塔耶的《愛慾論》、與尼采的《敵基督》這三本書有脈絡相承之處，因此可以引用三人之學說來談論基督教的罪論與救贖論。但筆者絕不認為，可以直接引用這三位思想家的論點來權衡陳映真的小說。

1.基督教十字架的犧牲只剩下全然潔淨那一面

當我們要論述基督教的救贖論時，其實當從一更大的視野進入，由人類總體出現過的宗教現象為進路而討論。因為在人類歷史的早期，有過大量人祭與動物獻祭的遺跡，[52]由大量的血與殺戮、犧牲與逾越來表現出宗教的神聖性。「原始宗教之基礎在逾越，而其不潔淨與潔淨的面向同樣神聖」[53]。

然而，在正統基督教的傳講裡，基督宗教已不見其神聖性之殘酷與黑暗那一面。例如十字架，原本是一殘酷的刑罰，然而在基督教後世之彌撒禮中，我們卻很難從中得到血淋淋的意涵。基督教已失去原始宗教中逾越的精神了，從而將原本的黑暗殘酷全都淨化了。在後來的基督教中，殘酷已不具神聖性，而只剩下世俗性。故：「基督教排絕不潔淨的。基督教排絕罪，但沒了罪，神聖性是不可能的，因為只有禁忌的打破才能開啟通往神聖之路」[54]。因此在基督教中，存在著一種最基礎的矛盾。即基督教不斷想抹去不潔淨的一面而只留下潔淨的一面，它希望將骯髒罪惡黑暗完全排除在自身之外。然而，宗教就其本質而言，不能完全抹去這中間不潔淨的一面；因此基督教就夾縫在這潔淨／不潔淨之中擺盪。

---

52 如殷商與阿茲提克帝國中繁複大量的人祭。

53 Georges Bataille, *Erotism:Death and Sensuality*, trans by Mary Dalwood, (San Francisco: City Lights, 1961), p.120-21.

54 *Ibid.*, p.121.

2.快樂的罪行（Felix culpa）：十字救贖論的完成與矛盾

原始宗教中的神聖（the sacred）同時具有聖潔與殘酷的兩面性與歧異性，因此耶穌的犧牲不能僅就正統基督教的觀點來詮釋，僅就「彌賽亞要帶來救贖與救恩，使罪人脫離罪與永死，進入義和永生」這樣的邏輯來信仰。因為，當耶穌死在十架上時，他自身就是那被犧牲的受害者（victim）。這即是一種犯了死亡禁忌的逾越，且是對人子而施，應當是一切當中最大的「罪」。耶穌是啟動基督教精神的真正關鍵，他是真正的中保與中介。當強調所有人的原罪的同時，唯基督卻是一「異質的軀體」(a heterogeneous body)[55]：基督是無原罪的，耶穌擁有無罪的肉體。耶穌以「人子」的身份受死，卻是為了要完成「救贖」的事業。因此，若耶穌不以己身獻祭，則基督教的救贖與救恩皆無法彰顯。當耶穌在十字架上流下鮮血時，血的意涵同時有兩面性，即血既是骯髒污穢的，同時在基督教義中又是神聖寶貴的，如此便符合了原始宗教神聖性向度之兩面性。這是以人為牲中的一種特別的宗教向度。然而，巴塔耶曾說：「首先以十字架上之死為例：這是項犧牲，此犧牲中，神自己就是受難者。然而就是這項犧牲救贖了我們，這就是教

---

55 Julia Kristeva,.*Powers of Horror:An Essay on Abjection*, trans by Leon S. Roudiez, （New York:Columbia UP, 1982）, p.120;可參閱克莉斯蒂娃著，彭仁郁譯：《恐怖的力量》(臺北：桂冠，2003)，頁152。

會歌頌著這弔詭的快樂罪行」。[56]這就是「快樂的罪行」！這難道不是矛盾嗎？謀害了神（人子）本該是最最萬惡之罪，然而這殺害的作為卻是基督教理念的核心之核心。

但吾人須要深切思索的是：基督宗教必然且也必須要歌頌，要快樂地稱讚這項犯錯。因為神（人子）之死是為了救贖、為了洗淨人類的罪。「以罪（殺神之罪）洗罪（人類原罪）」！這確然是基督教偉大的發明。巴塔耶說：「對基督教來說，禁忌是絕對的，而任何一種逾越無疑都會遭到譴責。然而，在最該被譴責的最大錯誤中，最能夠被想像的錯誤之逾越發生時，這譴責卻縮手了」[57]。這也是為甚麼尼采稱基督徒為病態動物。尼采嘲諷，基督教的整個救贖系統就是為了讓人生病，教會的最高理想就是建立天主教的精神收容所，把整個地球當作瘋人院。[58]人們先要生夠病，才會信仰基督教。他說：「上帝獻出了他的兒子，作為寬恕罪人的犧牲。福音的終結立刻開始！為了罪孽的獻身，甚至採取了最

---

56 Georges Bataille, *Erotism:Death and Sensuality,* p.261-62.

57 *Ibid.*, p.262.

58 尼采是如此地憤恨基督教派，他說他敵基督的談論是：「只要有牆，我就要寫在所有的牆上，——我要讓寫下的字母，即使瞎子也能看得見」（尼采著，吳增定、李猛譯：《敵基督者》，載於劉小楓選編，《尼采與基督教思想》（臺北：道風書社，2001），頁 78）。本文所引用尼采的《敵基督者》主要出自吳增定、李猛的譯本（尼采 2001）。另可參考陳君華的譯本（尼采著，陳君華譯：《反基督》（河北：河北教育，2003）），英文本見 Julia Kristeva, *Powers of Horror:An Essay on Abjection.*

有害、最有名的形式：無辜者為了欠罪者的罪而獻身！多麼駭人的異教信仰！」。[59]在一般的死亡禁忌經驗中，死亡之逾越與逾越之後固然是一種犯規和暴力，但逾越會帶來一種極致的經驗。然而，由以上的分析，我們看到了這一套基督教發展出的倒錯的暴力機制。

3.罪之內化

如若依循救贖論之邏輯，則世人必是罪人：帶有罪性的出生，乃是基督教兩千年來對其信徒的教導。無疑，罪咎感乃是抽象的精神性建設。罪在人的精神主體之內外被排斥與吸納，最終，罪成了一被內化的東西；精神分析學家克莉斯蒂娃將此稱為「卑賤的內化」（interiorization of abjection）[60]。「罪」對克氏而言，乃是一種排斥／吸納的賤斥過程。[61]

---

59 尼采著，吳增定、李猛譯：《敵基督者》，頁 43。

60 Julia Kristeva, *Powers of Horror:An Essay on Abjection,* p.113；克莉斯蒂娃著，彭仁郁譯：《恐怖的力量》，頁 134。

61 克莉斯蒂娃著名的賤斥（abjection）概念，乃奠基在巴塔耶的思想上發展的。巴塔耶認為人的禁忌、尤其是死亡禁忌，是伴隨著死亡禁忌而來的，有對經血、糞便那些被排除在人類體外的低賤之物的恐懼。但更多的是跟著文明而來的、在現代化的過程中建立起對某些事物的排拒，而這排拒也即成了禁制與規範。這些想法，都與巴塔耶思想息息相關。若以精神分析理論而言，克莉斯蒂娃認為在前伊底帕斯階段（即辨認出父親而有弒父戀母情結出現之前），此時的母／子仍是融合而未分離的。即自我尚未透過整個鏡像觀看而把自己從母／子合一的認同中解放出來，自我仍是將母／子視為一體而尚未辨認出自我。而賤斥，就某種意義而言，即是將母親從自我克氏認為整部新約全書，把「潔淨／不潔淨」（pure／impure）的二分模式轉換成為「外面／裡面」（outside／inside）之二分，這即是一種內化的體現[62]。她舉了一段耶穌自己的話語來說明；在《新約・馬可福音》中，耶穌說：「從外面進去的，不能污穢人；唯有從裡面出來的，乃能污穢人」（7:15）。[63]耶穌說完這段話後，門徒續問夫子之意思，耶穌便又說：「從人裏面出來的，那才能污穢人。因為從裏面，就是從人心裏，發出惡念、苟合、偷盜、凶殺、姦淫、貪婪、邪惡、詭詐、淫蕩、嫉妒、謗讟、驕傲、狂妄。這一切的惡，都是從裏面出來，且能污穢人」（7:20-23）。於是乎從耶穌自身的談論中，便很清楚表示這「內」、這「心」、這「裡面」，潛藏著所有罪惡之流。

4.贖罪的模式：口說懺悔

既然罪已經內化，基督教就發展出一套除罪的模式，其中一項是領聖體。十字架上的耶穌身體已成了除罪的象徵，他的肉與他的血可以洗淨人的原罪。除了象徵的意義外，在後世門徒的禮拜中，領聖體也已是這象

排除出去的一種過程。在《恐怖的權力》一書中，克莉斯蒂娃乃是藉由賤斥衍伸到罪的分析，她主要在該書的第四、五章論述聖經裡關於「罪」的談論。

62 Julia Kristeva, *Powers of Horror:An Essay on Abjection*, p. 113-14. 克莉斯蒂娃著，彭仁郁譯，《恐怖的力量》，頁 135。

63 本文中所引述的聖經原文，皆出自中文和合本，故僅標示書卷章節。

徵情結的重複性儀式。因為基督的身體「能夠淨化，贖回所有原罪，它定時地、也臨時地通過聖餐禮帶回無瑕（innocence）」[64]。

另外一種重要的除罪化模式則是口說懺悔。罪，就在人的內部，認罪和赦免只要透過「言語」：說，就得赦免。原罪是指向著赦免的——「原罪乃是自我消解的——在言語中，並通過言語去赦免」[65]。因為罪已是在這內在之中，因此透過說／吐出之後即可得到出口，即赦免。然而有趣的是，懺罪／得救這一連串過程，並沒有任何的實事與中介添入。因此克莉斯蒂娃便追問了：

> 並非是出於罪的，而是出於信仰的對他人的言說，乃是一種痛；如此乃架設出一真實的溝通行為，大聲宣告的行為，在其中設下了迫害與定罪。溝通將我最深處的親密的主體性帶給對方……這是否是說，我的言說，也許是所有的言說，已經在自身當中帶著一死亡的、有罪的、卑賤的某物呢？[66]

這難道不是呼應尼采所說的：

> 在基督教中，無論道德還是宗教都同現實毫不相干。它僅僅提供想像的原因（上帝、靈魂、自我、

---

64 Julia Kristeva, *Powers of Horror:An Essay on Abjection*, p.119. 克莉斯蒂娃著，彭仁郁譯，《恐怖的力量》，頁 163。

65 Julia Kristeva, *Powers of Horror:An Essay on Abjection*, p.127. 克莉斯蒂娃著，彭仁郁譯：《恐怖的力量》，頁 165。

66 克莉斯蒂娃，彭仁郁譯，《恐怖的力量》，頁 129-30。

> 精神、自由意志……），提供想像的結果（原罪、救贖、恩典、懲罰、寬恕罪人）……，一種想像的心理學（……懺悔、良心折磨、魔鬼的誘惑、上帝臨在），一種想像的目的論（天國、最後的審判、永生）。這一純粹的虛構世界漏洞百出。[67]

相對地，尼采認為，真正的福音書（即耶穌所要傳講的道理）中完全沒有「罪」與「罰」，故而這些想像的產物都是猶太教歷史上的教士階層創造出來的。尼采說：「整個福音書的心理學都沒有罪與罰的概念。……福音書所要廢除的，恰恰是包含『原罪』、『原罪的概念』、『信仰』、『通過信仰獲得拯救』等概念的猶太教」[68]。在後現代思想先行者的尼采筆下，他既否定原罪與耶穌救贖論，則快樂的罪行不折不扣是虛構不實之想像。

5.聖　者

因為基督宗教已不見神聖性之殘酷與黑暗那一面，因此基督教不再強調犧牲暴力之血淋淋的超越之感，使得它的神聖連貫之感的獲得必須重估或繞道而行。其轉圜之路乃是投射到上帝身上，那狂熱的神聖之愛只能由無保留無算計的對上帝之愛的投射中展現。在神聖的精

---

67 尼采著，吳增定、李猛譯，劉小楓選編，《尼采與基督教思想》，頁 14-15。

68 同前註，頁 35。

神連續性狀態中受到轉化的人們，將會被提昇到上帝之中與他人相愛。基督教永遠都是希望將自私的斷裂的世界提升到神聖的愛的國度。

同樣地，在基督教中，一個理想的人格乃是具有這種崇高與奉獻、無算計無保留的人格。既然在基督教中，逾越是罪，因此一個虔信的基督徒無法從逾越中得到任何一絲滿足。巴塔耶說，基督教卻另闢途徑，它所設想的另一種與逾越相似的死亡感受是：禁慾（renouncement）。基督教中最能夠達致禁慾之人稱為「聖者」（saint）。聖者所可以達到的極致經驗，則稱為「聖潔」（sanctity）。巴塔耶說：「基督宗教的聖潔在某方面為我們開啟了通向極致經驗的可能，雖然這最終是將我們引導向死亡」[69]。基督教的聖潔恰恰有趣的地方是，極端的禁慾之中的狀態將會類似死亡，但聖潔所追求的卻是基督徒的真正企求：永生。

（四）由救贖論、罪論詮釋陳映真救贖三部曲

1.快樂的罪行：犧牲

神聖性乃是由奉獻／犧牲而來。如在宗教祭儀中，當逾越了死亡之禁忌，即達神聖性。因此看到蔡千惠、黃貞柏、李國坤、賀大哥……一干人等為理想而犧牲，這乃是基督樣式的變種與複製。按正統基督教的教義，

69 Georges Bataille, *Erotism:Death and Sensuality*, p.262.

一個新生的基督徒該要在信仰中摹仿耶穌的生命和基督犧牲的樣式。但陳映真小說中第一等人類之「捨己從人」，雖仍是為「信仰」，但其信仰之樣式已是新時代的社會主義理想。

2.懺　悔

有了罪感，就會產生對罪的懺悔。如上文所言，懺悔的形式是透過改變這罪惡的內在以求取懺悔：這通常是透過勞役或苦濆肉體以求取贖罪。在賀大哥與蔡千惠身上都看到這種模式。

賀大哥在小說開始便以育幼院志工的形象出現，這固然和實際上犯了殺人罪的他形成偌大反差，某方面亦可視為是他潛意識裡贖罪的象徵行為。而在鶯鎮荒蕪的日子裡，走在蒼鬱的相思林旁狠狠地踩著台車軌道勞動自己的少女千惠，亦是為了贖罪而為。

而另一種悔罪形式即是口說懺悔。認罪和赦免只要透過「言語」，即得消除。在賀大哥與蔡千惠身上都看到這種模式。

〈賀大哥〉、〈山路〉二文，陳映真皆在文本中置入大篇幅的「病例資料」與「信件」的書寫模式。病例中賀大哥的口述與蔡千惠的最後一封信，毋寧說是精神分析的言談治療，亦是懺罪。蔡千惠在事件過後三十年，自一種幸福的惆悵中娓娓道出事件的真相。就在她那「絕望性的，廢然的心懷」的懺悔絕望之中，婦人蔡千惠緩緩死去，難道這不正印證了克莉斯蒂娃所說的：「這是否是說，我的言說，也許是所有的言說，已經在自身當中帶著一死亡的、有罪的、卑賤的某物呢？」[70]

3.良善之聖者

因基督教已失去原始宗教中的逾越精神了，將原本的黑暗殘酷全都淨化，故基督教的理想人格乃是潔淨的，具有崇高奉獻、無算計保留之心。因此在陳映真潛藏的基督教性格之下，充滿了博愛之心的「李國坤、黃貞柏、葉春美、宋雲、趙慶雲、賀大哥」這一干人等雖是神聖的聖者，但卻是單面向的良善的、專一無私的原型。

在這一群聖者中，最極致展現與最值得深究的還是「蔡千惠」。如前所說，基督教中最能達致禁慾之人稱之為「聖者」，蔡千惠之禁慾，無疑是陳映真小說中演繹聖潔之最極致的角色。〈山路〉一文中，蔡千惠「自苦、折磨自己、不敢輕死」，最終，為了僅僅是擁有了資本主義世俗上最平凡的物件：「地毯、冷暖氣、沙發、彩色電視、音響和汽車」，蔡千惠「感到刺心的羞恥」而喪失生之意志。尋常讀者，無論是否為基督徒，當他一旦於閱讀中認同了蔡千惠之犧牲，又如何不為這樣水平的人格神傷落淚呢？但蔡千惠是否亦展現一快樂之罪行下的犧牲呢？本文將在下一節剖析此點。

---

70 Julia Kristeva, *Powers of Horror:An Essay on Abjection*, p.129-30.

4.罪之內化

若「罪」是在人的精神主體內外排斥／吸納賤斥的過程，則套用在陳映真身上，罪的內化（interiorization of sin），不僅由自小的生活、每週的禮拜內化到陳映真的意識當中，當成年之後的陳映真將基督教信仰排斥在外時，亦是將此罪咎感向外排除。然則，實質上此罪咎感已深深地內化到陳的心靈裡，顯而易見的是，亦蔓延進陳映真的小說作品當中。

套用到〈賀大哥〉、〈山路〉、與〈趙南棟〉中的人物，賀大哥的罪咎感來自殺戮，而趙爾平的罪感來自於生存中的墮落、背離了少年時代的光明理想。這兩人的罪惡愧疚，都來自於「外在」，他們的負罪來自於自己錯誤造做，此罪咎仍己身作為（但賀大哥已內化為一意識上的精神疾病）。但蔡千惠就全然不是這麼一回事。蔡千惠的自責、她的罪咎感，並非來自於「外在」或己身作為。因此，她的受罪與受難並非自作虐造成。那她的「罪的內化」究竟是由何而來的呢？本文將在下一節剖析此點。

四、三篇小說中的矛盾與秘密

以下，將處理第二節末以星號標示的三個質問。而這三個質問與第三節所整理出救贖三部曲中人物之罪的內化、懺罪、及十架救贖論的內在矛盾緊密關聯。首先，是賀大哥的「倒逆之聖」。其次是蔡千惠在「犧牲－封聖」結構中顯示出「原罪」與「為無懺罪」的荒謬之點。最後，於後現代情境中討論趙南棟的墮落之意。

（一）陳映真的賤斥與遺忘情結

〈山路〉一文，蔡千惠為理想犧牲，乃是基督教聖人樣式的變形與複製，是為新時代的社會主義理想「捨己從人」之模式，故展現神聖性。然而，蔡千惠的罪感，並非來自於自身「外在」行為造作。她寧願為罪感而死，不願苟活，可見此罪感已深深內化到她的心靈意識中。然而，其「罪的內化」究竟是由何而來？

〈山路〉一文中，蔡千惠贖罪的對象有二。第一，當然是她那背叛盟友的二兄蔡漢廷。然而，犯罪的是漢廷，並非千惠。蔡千惠根本沒罪，於是，蔡千惠的犧牲，仍是一種基督教「快樂的罪行」的翻版？其神聖性更貼近無罪的中保耶穌？

陳映真曾經不厭其煩地說道，〈山路〉是一則真正的史事[71]。其意證明，他要為這些五〇年代偉大的人格者作傳。但筆者可舉《柏楊回憶錄》中的一小段文字來回應陳映真的「理想化」，柏楊曾回憶他在火燒島時的日子：

> 陳映真先生，政治犯中少數的小說家之一，他以《將軍族》一書聞名文壇……陳映真是中國共產

71　廖玉蕙：〈讓所有受侮辱的人重新得到尊嚴：訪陳映真先生談小說創作〉，頁97。

> 黨最熱烈的崇拜者，既激情而又浪漫。一九七八年，台北《讀書人雜誌》社長陳銘磻先生設宴招待陳映真夫婦和我們夫婦，想聽一下政治犯監獄生活情形。陳映真首先發言，他說：「我們坐牢的朋友，一個個都有高水準政治素養，相親相愛，互相扶持，沮喪時，大家唱歌鼓舞士氣，都是親密的夥伴。」這段話引起在座年輕朋友們欽敬的眼光，只香華大為驚愕，因為她從我這裡聽到的是，難友們往往各有各的政治信仰，壁壘分明，甚至互不交談，互相敵視。……這一切跟陳映真所講的完全兩碼子事，但陳映真講時，卻是那樣的誠懇溫馨，彷彿一篇動人的革命小說。[72]

如果柏楊的談論為真，可見陳映真某種程度上美化了政治犯的人格與情操，而柏楊的談論無疑指涉了更為真實的人性。（一）於是吾人可以合理懷疑，〈山路〉一文，蔡千惠所贖罪與心儀的，是否真是「美化了」的政治犯與政治理想？（二）更甚者，吾人可存疑的是，陳映真在他的整體意識中，是否不斷進行排除的工作，[73]

---

72 周碧瑟：《柏楊回憶錄》（臺北：遠流，1996），頁 302-03。

73 此處之精神機制的排除，乃與賤斥之概念息息相關。另外，筆者也必須指出，陳映真這失憶／失語／否證的精神模式，在其生命的許多重大片段中一再重現。例如面對六四的屠殺，除了陳若曦有特別談論此事外（2009: 61），陳映真在公開場合也要求以亞洲人的角度來看待六四（陳光興 2010: 225）。另外，在 2006 年與龍應台、李弘祺的文章辯論中，陳映真也對「自由」、「民主」、「新聞自由」等議題提出了他自己的詮釋。這些論爭都非常複雜，或許也可以便完成他「理想烏托邦」（南方朔語）的完整性？（三）陳映真在上一輩的文人中，其姿態一直是偉岸的父親形象。於是面臨二十世紀末葉以來一連串的弒父情結，陳堅定不移的父親聖者形象，須靠無止盡的賤斥來防堵而成？

（二）陳大哥與賀大哥之映照

〈賀大哥〉是陳映真作品中較少受到關注的文本。表面上看來，這只是一篇控訴越戰之殘酷與精神性悔罪的小說，放在 1978 年的時代氛圍中，確是切合時宜。當故事中賀大哥從遙遠的越南戰場回來之後，他成了精神性遺忘症者與改宗之人 — 他成了表面上背離了基督教的、人道主義信徒。

但筆者認為這是一篇隱藏著陳映真本人精神秘密的結構之作，並且需要經過上文以來一連串的分析與論證之後，才得以一窺這心靈秘密的縫隙。且讓筆者重複賀大哥的美麗新世界宣言；在尚未被發現精神性遺忘與分裂症之前，賀大哥對少女小曹虔敬地說：「讓我們去愛，讓我們去相信……愛，無條件地愛人類，無條件地相信人類……讓我們相信……那美麗的、新的世界就伸手可及了。」因著「信望愛」的宣言，賀也隱然列位於聖者行伍。依照上文的闡釋，這樣的理想表面上無需宗教性，

用以中國人民為主體的詮釋模式去解釋陳映真在這些事情上的立場。但不論如何，陳映真在捍衛自己的政治或思想信仰時是有自己的精神機制的。

卻仍是基督教犧牲論的變形。這難道不是〈歌林多前書〉十三章中，保羅最著名談論的翻版嗎？

> 我若能說萬人的方言、並天使的話語、卻沒有愛、我就成了鳴的鑼、響的鈸一般。我若有先知講道之能、也明白各樣的奧秘、各樣的知識。而且有全備的信、叫我能夠移山、卻沒有愛、我就算不得甚麼……。愛是永不止息……。如今常存的有信、有望、有愛、這三樣、其中最大的是愛。（13:1-13）

只是這般說著「信望愛」之人，已是經歷戰爭之殘酷、手染婦孺之血、犯了強暴罪行的、精神性遺忘與分裂症的「病人」、「瘋人」、或「失憶症者」。

在 1985 年《人間》雜誌的發刊語上，堅定不移的陳映真這般宣言著：在越來越大眾消費的時代，就連人也成了庸俗化與商品化的工具，那麼，「陳大哥」希望這本人間刊物，能夠使塵封的心 ──「重新去相信、希望、愛和感動。」「陳大哥」宣揚著與「賀大哥」一般的福音，故「賀大哥」難道不是另一種「陳大哥」內在人格的形變嗎？[74]那麼：

（一）當 1976 年陳映真從遙遠的太平洋火燒島（亦是充斥著殘酷殺戮罪行、宛如戰場的監獄）遠行回來之後，他是否亦如賀大哥，成了精神性遺忘症（由前述《柏

74 「陳大哥與賀大哥之映照」此一論點，得自某次與楊澤老師之談論，特別在此向他致謝。

楊回憶錄》看來，陳大哥亦選擇了某方面的失憶症）與改宗之人（表面上離開基督教，堅定的社會主義信徒）？

（二）於是乎，吾人是否可以合理懷疑，在「生病」、「失憶症者」、與「基督教信望愛理想形變的社會主義者」之間，陳大哥又游移著幾重角色呢？

幾十年來，堅守著一種踽踽獨行、堅定的馬克思主義信徒的巨人角色的陳大哥，當吾人對於他的馬克思思想存而不論，而只給予他的作品無上評價的同時，是否亦默認著陳映真失憶的心理而給予同情呢？

（三）透過上文「犧牲－封聖」之結構分析，陳映真本人亦隱然是他自己封聖榜上那最高級的成聖之人。因為「李國坤、黃貞柏、趙慶雲、許月雲、宋蓉萱、林慎哲」這一連串為崇高的社會主義理想而犧牲奉獻的使徒們，就是陳映真本人精彩人生的形變（參與讀書會被捕、火燒島的政治犯生命、大病文人醫的運動模式、堅定不移的社會主義信徒等等）。這樣的理想當然無需宗教性，卻仍是基督教犧牲論的變形。

然而，本文已經論證，透過「信望愛」宣言，賀大哥雖然在故事之初也列於聖者之位，但事後證明，這種「理想性的對人類之愛」乃是瘋狂之果，顯示出「倒逆之聖」的例子。〈賀大哥〉是陳映真遠行歸來後的第一篇力作，是否就真切呼應著賀大哥遙遠的戰場歸來後的心理，一路鋪陳到陳大哥 1985 年《人間》雜誌的「信望愛」宣言，亦是否透露著蹊蹺，有著「倒逆之聖」的連結呢？

（四）1985年《人間》雜誌的發刊語上，陳映真抨擊人類庸俗化與商品工具化的話語，其實就是〈山路〉一文最末蔡千惠的懺悔之詞。於是乎吾人可以合理懷疑，在陳大哥堅守他的社會主義信仰的同時，亦讓這「倒逆之聖」的毒素，悄悄地蔓延到他的每部作品當中……。

（三）後現代主義信徒：趙南棟

接著，本文將討論最後一個星號標示的〈趙南棟〉。趙南棟在陳映真全部的小說裡是個絕無僅有的人物，他是個絲毫不悔罪的角色，擺脫了所有意識形態（毫無上一輩沈重的政治折磨與重擔）與罪的虛假性。故他無疑是陳映真全部作品中唯一出線的後現代之人。

趙南棟英偉倜儻，有澄清但微酣的眼睛，薄薄的胭脂似的紅色嘴唇。他吸膠、搞同志、男女關係，但他不使大壞，不打架，不算計，不訛詐偷竊。他只是被過份發達的官能帶著過日子。陳映真甚至說，趙南棟是「善良的」。吾人理當可以用一般的詮釋來評價趙南棟，如：「在小說中趙南棟是終生信仰社會主義的革命烈士的遺腹子，長大後卻成了一個資本主義消費文化的化身，他的生活愈放蕩形骸、漫無目的，也愈反照出當年受苦受難的先一代人的高貴理想和節操」[75]。然則，陳映真無

---

75 李歐梵：〈陳映真和蕭斯塔可維奇〉，頁54。

意透露出這般的字眼：趙南棟「按照自己的感官生活……要吃，他們吃；要穿，他們就穿；要高興、快樂，不要憂愁，他們就去高興，去找樂子，就不要憂愁」，身體要做愛就做愛。重點在於：趙南棟「是讓身體帶著過活的」、他「毫不以為羞恥地表現他們的欲求」。

在大談身體性與感官的後現代，趙南棟絕不會被視為一負面的角色；相對地，他是真正能體現實在存有感的一員。經歷尼采以來的思想解構後，西方的在場形上學、抑或觀念論意識形態（無論唯物與否）、信仰的原罪與救贖等，早就被拆解一空。

雖然陳映真對於後現代情境不抱好感，但他還是有意無意給了趙南棟一種美好的身體感實踐之描述：「他們找快樂、找滿足、找青春美麗、健康……就像原野上的野羊，追逐著青翠的草地和淙淙的水流……。」

無疑，趙是後現代主義者如巴塔耶、傅科筆下的那等人。如果這則故事改由後現代主義小說家來寫，則將會在趙南棟身上大書特書。例如在巴塔耶著名的中篇小說《眼睛的故事》（*Story of the Eye*）中，作者描繪一對喜愛激情骯髒放蕩暴力的男女主角，他們儼然就是陳映真所沒有描寫的趙南棟／莫葳的身體感官那一面之化身。他們的確被「過份發達的官能帶著過日子」，「毫不以為羞恥地表現他們的欲求」。《眼睛的故事》中的女主角席夢（Simone），在神父的聖餐前進行褻瀆，在死人身邊交歡，在彼此身上撒尿做愛；然而，在極樂底下，又潛藏著不安焦慮無意義的氣息。席夢是女版的趙南棟；[76]無怪乎 87 年陳完成了〈趙南棟〉後（他下意識地寫到了自己意識形態與時代的終結界線的後現代人物了），要過了十多年才又發表小說創作〈歸鄉〉，但議題又是走回沈重歷史意味的政治小說了。

（四）基督教的彌賽亞歷史主義

然而，自言不搞理論的陳映真並未領悟到，其實不論是表面上他已背離的耶穌救贖論、抑或他真切服膺的社會主義思想，骨子裡，這些思想都還是籠罩在基督教的彌賽亞歷史主義底下。

陳映真真切地相信歷史唯物論、線性的歷史進程、及唯物主義的歷史時間表。但實則，就如同當代神學思想家洛維特（Karl Löwith）所說的那樣，馬克思雖然堅決反對宗教，他甚至反對自己的猶太傳統與信仰。但歸根究底，馬克思仍受《舊約》所侷限。擁有數千年傳統的猶太彌賽亞主義和先知主義之幽靈，不僅仍籠罩著十九世紀，亦隨之飄散在我們這個時代。洛維特不僅認為共產黨宣言在結構上是一種末世論的福音，也是一個先

76 傳統上對〈趙南棟〉一篇的評價是：陳映真寫出了 50 年代革命分子的高貴，並對比出下一代趙南棟的墮落。本文提到趙南棟與諸如巴塔耶小說人物席夢的後現代性，並非是要高舉此類人物而翻轉對於〈趙南棟〉的解讀。筆者只是要說明：趙慶雲與趙南棟，分別是革命的一輩與後現代主義小說中所該有的主角類型。筆者言趙南棟是一後現代人物，不僅與本節有相關連，也和下節所論的虛無主義有所相關。

知主義的文本。他更這樣斷言：「共產黨宣言所描述的全部歷史程序，反映了猶太教 — 基督教解釋歷史的普遍圖式，即歷史是朝著一個有意義的終極目標的、由天意規定的救贖歷史」。[77]於是乎，陳映真 — 這個仍懷著末世悲願的傳教士 — 他相信的社會主義烏托邦裡雖然沒有神（此種無神論並非尼采式的上帝已死），但在無產階級者終將專政的未來國度裡，雖高舉著無神論與唯物論的信仰，仍將是一上帝之國，如洛維特所說的：「一個沒有上帝的上帝之國 — 馬克思的歷史彌賽亞主義的終極目標」[78]。

除了洛維特之外，還有許多思想家詮釋了馬克思主義與彌賽亞救贖之間的關係。最有名的當然是班雅明（Walter Benjamin），其歷史哲學便是將馬克思唯物主義與猶太彌賽亞主義相結合。其〈歷史哲學論綱〉（*Theses on the Philosophy of History*）之開端，便描述一機械棋盤裝置上有個戰無不勝的木偶，名為歷史唯物主義，此裝置背後則有一駝背侏儒操縱者，稱為神學。無疑，班雅明乃召喚著歷史唯物主義來為神學效命。於此文中，班雅明的時間觀非常神秘，他認為每一段過去都沒有消逝，而所有的歷史進程都是巨大時間觀中的每刻當下，

77 洛維特著，李秋零、田薇譯：《世界歷史與救贖歷史》（臺北：道風書社，1997），頁 56。

78 同前註，頁 52。

彌賽亞的救贖不知會從哪段吉光片羽中閃身進來。[79]

也因此，陳沒有見出馬克思思想背後隱然的耶教色彩，亦即，其所真切擁抱之物（馬克思主義），終究未脫離其所背離的信仰。於是耶教的救贖精神能不斷地在他生命作品中迴旋也就不令人為奇了。

（五）蔡千惠之快樂的罪行：為無懺罪

前文已探問，無罪的蔡千惠其犧牲是否為一「快樂的罪行」？[80]即，蔡千惠本該懺悔，因為她身上背負的

---

79 自有馬克思思想以來，已不知凡幾的思想家、神學家試圖彌合或詮釋馬克思主義與基督教之間的衝突與同異。譬如，以神學本身而言，受馬克思主義影響所及，當代就有解放神學的運動：對那些尤其是第三世界弱小與貧窮的國家，用馬克思的理論來分析國家貧窮的原因、對資本主義進行控訴、強調平民百姓的解放和平等，並重新再對傳統基督教義作解釋。另外，當代哲學家阿岡本在其著作《剩餘的時間：羅馬書註疏》（*The Time that Remains: A Commentary on the Letter to the Romans*）中，也對馬克思主義與彌賽亞精神之結合有一番辯證。而德希達在《馬克思的幽靈》一書中，也不斷論述，馬克思主義中的解放與自由的精神，使得它不僅不會過時，在今日還比任何過去的時刻都顯出其重大意義；德希達說，彌賽亞主義不再是神學或宗教式的，而毋寧更是一種召喚，對解放與自由的召喚（見該書第五章：Jacques Derrida, *Specters of Marx:The State of the Debt, the Work of Mourning, and the New International*, trans by Peggy Kamuf,（New York: Routledge, 1994）。

80 「為無懺罪」一點，有個疑問是：蔡千惠意識到晚年的自己已陷入到資本主義的物質化中，這不是罪嗎？陷入於物質享受，的確可稱為耽溺或罪，但那也端賴是哪一種思想體系認為耽溺是罪。如果是以效益主義、個人主義、或自由主義的立場，恐怕答案為否。認為「耽溺物質享受」是罪，恐怕是出於某種「苦行」的想法；亦即，若不苦行，則是有罪。因此，維持苦行的狀態，乃是人格者的典範，

是一種政治上的原罪？雖然蔡千惠早已為自己的兄長付出三十年的苦行贖罪。然〈山路〉一文結尾時，她仍陷入更深的罪咎之感而不願苟活。這乃是因為她有更深的懺悔的內化意識。在文末的信中，蔡千惠除了娓娓道來面對更為全家畜化的世界時，她那「絕望性的，廢然的心懷」的懺悔之意外，她其實更清楚地了解，在時移事往中，這個世界的人們早已把「人應有的活法」忘得一乾二淨，不僅是那資本主義中的商業人，亦包括早年那曾懷有「生命的森林」的她自己。因此，在黃貞柏不在的三十年中，「人們兀自嫁娶、宴樂，把其他在荒遠的

這也是筆者所推論的。蔡千惠說「自苦、折磨自己、不敢輕死以贖回我的可恥的家族的罪愆的我的初心」，就是她苦行心態的展現；這不是近乎一種家族原罪的想法嗎？
另外，亦有質疑，在東方中國文化裡，血緣關係者可代償家族罪愆，所以「代為贖罪」並不特別崇高。然而，筆者認為，陳映真小說不只是「代罪」的問題，還更在於「自甘為苦」的重點，即拙文所要展現的「犧牲－封聖」結構。故更近於某種「原罪」，這也是為何說陳映真的基督教情結在小說中透露出來的原因。劉再復在其《罪與文學》書中主張，中國文學在《紅樓夢》之前，都缺乏靈魂的維度，即缺乏罪感文學。太多中國文學的作品都沒有生命內部的緊張，缺乏內心靈魂的對話和人性的衝突，皆非具有懺悔的罪感文學。在該書中，劉再復特別引了魯迅的一段話：「凡是人的靈魂的偉大的審問者，同時也一定是偉大的犯人。審問者在堂上舉劾著他的惡，犯人在階下陳述他自己的善；審問者在靈魂中揭發污穢，犯人在所揭發的污穢中闡明那埋藏的光耀。這樣，就顯出靈魂的深」（劉再復：《罪與文學：關於文學懺悔意識與靈魂維度的考察》（香港：牛津大學，2002），頁 8。）筆者雖然對該書的評論或作品分類不甚苟同，但大抵同意劉再復對中國罪感文學的說法。蔡千惠的那種高度，絕非代罪而來，而是她自苦的犧牲所帶出來的靈魂的深。

孤島上煎熬的人們，完全遺忘了。」接著，蔡千惠說出她那意識深處懺罪的內化感。在這三十年內，因著未婚夫黃貞柏與景仰的李國坤大哥的社會主義的理念，蔡千惠始終沒有放棄讀報的習慣。因為她深切地關心著中國大陸的變化，是否真的朝黃與李的努力方向前進，因「不為別的，我只關心：如果大陸的革命墮落了，國坤大哥的赴死，和您的長久的囚錮，會不會終於成為比死、比半生囚禁更為殘酷的徒然……」。這便是蔡千惠真正的絕望之感。墮落的不僅是被資本主義家畜化的她自己，墮落的恐怕還是「社會主義的革命自身」。當她背負著非己的家族原罪來勞役自己的三十年中，支持著她的，恐怕還是那黃、李之間所透露出的，也是她與他們一直持續願意為之付出且犧牲的理想。但若有一天，這理想本身也成空無，在天翻地覆的變化後，那艱難崎嶇的戰鬥恐怕是「理想墮落了」或「理想本是錯誤」的「空無」。於是，蔡千惠的第二個悔罪對象，她那失去生之意志，恐怕才是真正的「為無懺罪」。[81]

恐怕更隱含的是，從 50 年代的老政治犯到 80 年代初出獄的陳映真自身，在時移事往當中，從新中國的初初成立到文化大革命的政治終結，然後來到了後現代的

81 張誦聖說：「然而，最嚴重的背叛並不是來自任何個人，而是來自歷史本身。蔡千惠在信中婉轉地表露，困擾她最甚的迷惘在於：在過去二十五年的時間裡，歷史似乎已經明白揭示，左派知識份子為之拋棄生命，並將國家的未來賭押於其上的共產主義理想，已然宣告失敗。」參見張誦聖，《文學場域的變遷》，頁 190。

當口，中國共產實踐已自我證成了自身的失敗與空無。於是，如同尼采在 19 世紀末的預言一般，虛無主義已來到家門口：「虛無主義佇立大門口，一切客人中最可怕的客人從何而來？」[82]。於是，蔡千惠「為無懺罪」的意義，不僅是第一層的背負著政治上的原罪，恐怕更讓吾人驚駭的，還是第二層意義的「為虛無主義懺悔」。在蔡千惠的懺罪之信中，此點並未清楚點出，但或許如同寫作的陳映真自己一般，此點自覺只隱約地暗藏在陳與蔡的意識當中，但陳映真畢竟不自覺地在寫作中讓此虛無主義之感流露出來了。寫作蔡千惠的陳拆解了他自己的信仰，卻不願承認真正的虛無主義已然來到。由此，筆者亦可推測，陳映真這三十多年來不斷地論爭筆戰，不斷地賤斥理念上不同的他者，亦是為了和他心靈結構中這隱然暗藏的「理想自我破滅的虛無主義」戰鬥著吧！走筆至此，筆者不禁想到尼采在《善惡的彼岸》一書中一段著名的談論：

> 從前人們把人類獻給自己的上帝……現在，在人性的道德時代，人們把自己擁有的最強烈本能、自己的自然（Nature）獻給上帝……最後，還有什麼可供奉獻的？難道人們不可能把自身獻給上帝？難道人們不可能出於對自己的酷虐……從而供奉重負……命運……虛無？把虛無獻給上帝

---

82 Friedrich Nietzsche,.*The Will to Power*, trans by Walter Kaufmann. Toronto:Random, 1968）, p. 7.

——這種悖論的秘密留給了現在剛好來到的物種。[83]

此段談論中指涉三個時期：（一）以人獻祭的時代，[84]（二）以人性獻祭的時代，於是我們見識了一代代為理想、為心中的本能和本性所奉獻的烈士們：李國坤、黃貞柏、趙慶雲、許月雲、宋蓉萱、林慎哲……當然，還有陳映真自己；（三）接著，吾人來到了虛無主義的現在，在虛無主義的時代，人們只能獻上虛無給上帝，尼采不早這麼說了嗎？

（六）〈趙南棟〉隱含的社會主義迴光返照之姿

1.〈趙南棟〉第三節感人落淚的魅力

最後，讓我們再次回到文本之中，再次感受陳映真小說的魅力。〈趙南棟〉第三節「趙慶雲」，於前兩節故事鋪陳後，陳映真於此整節描繪趙慶雲臨終的景況。

一九八四年九月十二日上午九時，將死的趙慶雲躺在病床上，他看見了他的妻子宋蓉萱——他那三十年前已行刑於保密局的妻子，安安靜靜坐在病床旁讀書。她那「一張花瓣似的光細的，少女的臉」，讓趙慶雲瞬間意識快速轉換在福州三元監獄、襁褓中的小芭樂（即趙南棟）、與福州老家之間。

83 轉引自洛維特著，李秋零、田薇譯：《世界歷史與救贖歷史》，頁 203。

84 《舊約》中亞伯拉罕獻子的故事是最好的例子，本文所提及的思想家中，巴塔耶無疑是最佳的人祭研究者。

隨之，趙慶雲看見了張錫命，他那三十年前同囚保安處的獄友；出身台南佳里，留日學音樂的，後到遼寧抗戰的指揮家張錫命。張正捏拿著竹筷，宛如手握指揮棒，忘情地指揮著蕭斯塔科維奇降 C 大調第三號交響曲 "May Day"（勞動節）。陳映真這麼描述著：在樂章中，「豎笛流水似的獨奏，彷彿一片晨曦下的田園」，「小號的朗敞剛毅的聲音，像是在滿天彤旌下，工人們歡暢地歌唱，列隊行進。他感到了音樂這至為精微博大的藝術表現形式，是那樣直接地探入人們心靈，而引起最深的戰慄。」李歐梵這麼說：

> 我是一個樂迷，也是一個「蕭迷」，近來每次聆聽這首交響樂，就不覺想起陳映真小說中的字句，於是也學著張錫命用筷子指揮起來，小說中的趙慶雲落淚了，我也幾乎落淚。這就是陳映真小說的魔力：他可以把這首蕭氏作品中並不偉大的作品拉進小說世界中，而使得它聽來崇高偉大。[85]

接著，病床上的趙慶雲又看到兩位舊獄友：蔡宗義與林添福在牢房裡對奕著。那是兩位「公認在當時的押房裡頭腦最好的人，從軍監的日子開始，就和歷史對奕了四十年。」恍惚的意識狀態下的趙慶雲，臨終之際終究也了然這場歷史的對奕已持續四十年之久。描繪到此

85 李歐梵：〈陳映真和蕭斯塔可維奇〉，頁 54。

節最末處，趙慶雲便要離開人世了。宋蓉萱、蔡宗義、和林添福坐在病床沙發上，僵直地、失神的、流著熱淚看著張錫命指揮時一身淋漓的汗。張開始演奏起《勞動節》的終場合唱聲部：

> 趙慶雲聽見管弦樂部份，在轟隆的打擊樂背景下，以高亢、激動的齊聲宣敘中結束。中板合唱聲部於是展開了。女高音、女低音，男高音和男低音渾厚寬宏的合唱聲，從地平線，從天際，帶著大讚頌、大宣說、大希望，和大喜悅，從宇宙洪荒；從曠野和森林；從高山和平原；從黃金的收穫；從遮天蔽日的旗幟，洶湧奔流，鷹飛虎躍而來。

指揮的張錫命熱淚滿眶，臉上滿是漉漉的汗水。讀者如李歐梵和你我，是否也感受著「陳映真小說的魔力」，「也幾乎落淚」呢？

2.〈趙南棟〉第三節中社會主義「迴光返照之姿」

然則，如若〈趙南棟〉一篇真是要反映革命兩代之間的大落差，那麼，陳映真愈不自覺地由其潛意識中讓社會主義的革命理想成為一種「迴光返照之姿」。

宋蓉萱、張錫命、蔡宗義、和林添福一干人，同樣都列位於陳映真聖人榜的最頂端，他們是真正的人格者。筆者亦可猜測，宋蓉萱、張錫命、蔡宗義、和林添福等人，都是陳映真親眼見識過的，或親耳輾轉聽聞的，那批在五〇年代初就消逝了的義士。

但我們看見這批聖人們，這位演繹著音樂形上藝術——指揮著蕭斯塔科維奇的降 C 大調第三號交響曲「勞動日」——的張錫命，與那兩位辯證著歷史之棋的思想家，卻是在故事結尾之際，在將亡之人趙慶雲躺在病床上、於迴光返照中召喚而來。交響樂雖有激勵戰鬥之態，但卻是在彌留之際的幽靈一般的存在。那交響樂雖然激勵，但卻讓人感傷落淚，落淚之因恐怕不是因為振奮受激，更多應該是惋惜哀嘆。在將亡之事將亡之人的死亡意識中，這批召喚而來的封聖之人，恐怕只是後現代中一群如馬克思幽靈般的存有！透過臨死的老政治犯趙慶雲彌留之際所想的，陳映真畢竟自己問了：「這樣朗澈地赴死的一代，會只是那冷淡、長壽的歷史裡，一個微末的波瀾嗎？」[86]

五、結　論

本文已另闢蹊徑，提出一截然不同的陳映真作品之

---

86 在歷史中喟嘆與哀憐人之命運，這不禁讓筆者想起尼采兩段著名的談論與其中的深意。一是：「人是一根繫在動物和超人之間的繩子，深淵上的一根繩索。越過去危險，停駐其上也危險，向後望危險，顫抖也危險」（Friedrich Nietzsche, *Thus Spoke Zarathustra*, trans by R. J. Hollingdale, (Baltimore:Penguin, 1961), p.43.）；與：「在人類身上我所企求偉大的公式是，熱愛命運（amor fati）：即，不要求任何事的改變，不論在將來在過去在永恆之中都不求改變」（Friedrich Nietzsche, *Ecce Homo*, trans by Walter Kaufmann (Toronto:Random, 1969), p. 258.）。

詮釋模式，選擇〈賀大哥〉、〈山路〉、〈趙南棟〉這三篇小說作為陳映真救贖三部曲，經過以上之論證，本文將提出以下之積極結論：

（一）這三篇小說有著內部的共同結構。

（二）這三篇小說以愛與犧牲的情節打動心弦，體現了陳映真思想中最重要的耶教理念。這救贖小說之建立，乃是透過基督教慣用的「快樂的罪行」犧牲策略所得。以「罪－罰」模式刻畫人的軟弱與罪行，以「犧牲－封聖」來標榜人之崇高，從而建立了陳映真式的「人格等級表」。

（三）這三篇作品的每一篇，都個別隱藏著陳映真思想的祕密核心；透過此結構之開展，可以逐步觀之。

後現代歧義與斷頭執迷：論舞鶴小說《餘生》*

一、前　言

本文討論舞鶴小說《餘生》，《餘生》事涉著名的霧社事件。歷來，日／台政府以政治語言操弄霧社事件，其中的歷史解釋之歧義／異質性甚高；於是，文學家舞鶴以「出草性」及後現代小說筆法詮釋了霧社事件之始末。本文第一部分將先處理小說《餘生》的後現代性。

然而，檢視《餘生》的情節鋪陳後，筆者發現有兩點是舞鶴極為著迷的。一是舞鶴對斷頭的執迷。一是舞鶴極端依賴性／情色來推展故事。因此，「斷頭／出草（死亡）」、「性」的狂騷同是《餘生》之特點；舞鶴把做愛同出草等量齊觀，是他解構歷史微言大義下恍惚的美感。而性與死便落入了巴塔耶禁忌理論的兩大面向。本文的第二部分將檢討此點。

* 本論文之研究，獲科技部計劃「自虐／虐人的犧牲劇場：魯迅 — 從「頭」講起」（NSC104-2410-H-119 -011。104 年度）補助支持。

最後，本文將整理出本世紀才被聽見的賽德克餘生族人自己的詮釋，是真正的餘生之聲。他們的語調誠懇包容，迥異於舞鶴對餘生族人狂亂的解讀，本文將一併反省各個視角的詮釋差異。

二、出草性，以小說解歷史

2000 年，舞鶴發表了讓人驚豔的小說《餘生》，是他繼 1995 年的《思索阿邦・卡露斯》後又一部關於台灣原住民的作品。餘生之地是霧社事件餘族 30 年代被迫遷居的川中島（今南投縣清流部落），舞鶴在 97，98 年秋冬兩度租居清流部落進行他所謂的個人式的文學田野，從而寫下了對於霧社事件及其遺族的虛構之作。該小說除了討論莫那・魯道發動霧社事件的適切性外，也兼及第二次霧社事件；並且論及了舞鶴在部落所訪見之餘生。舞鶴說：

> 我在 90 年尾決定離開業已半都市化的小鎮，往島國的深山內部走，……到了現在九九年春，我持續進入深山內部，經由感覺我了解存在島國內部還有豐富的內涵……我發現「存在於原始的存有」在這小小的島國文明近了世紀末是可能的，它的內涵物在長遠看來足以抗衡都市文明……。[1]

「存在於原始的存有」是值得關注的話語，顯然舞

1 舞鶴：《餘生》（臺北：麥田出版，1999），頁 140-141。

鶴是走往深山去尋找南島民族之中尋找異於當代文明的存有。當1997年舞鶴來到川中島時，他不僅面對著史冊記載中的霧社事件以及流傳影像的紀實記錄，與一般讀者或觀者不同的是，他真實面對著霧社事件的餘者，那些「被砍頭顱者」之後代及同輩，這些餘生者已經在川中島又生活了數十年之久。與《思索阿邦・卡露斯》比較，《餘生》處理的霧社事件原住民議題甚為複雜，其核心的議題是著名的霧社事件。1930年發生的霧社事件震驚中外，是至今國人最為熟知的原住民歷史史實事件。事件發生起因眾說紛紜，迄今各方詮釋仍餘波蕩漾。1931年，當事件安定之後，日人將之定調為番人野蠻反抗情事。但二戰之後，國民政府將莫那・魯道之抗暴解讀為抗日英雄，符合其八年抗戰史觀，1953年，國民政府立廟祀奉莫那・魯道，封為烈士。1974年，國民政府又建立紀念碑，厚葬莫那・魯道。然而，日台兩政府對霧社事件的解讀，都是政治意識操弄下的論述。

若仔細分析，雖然《餘生》背景是1930年的霧社事件，但就舞鶴訪談所摘錄之結果，對1930年事件本身著墨甚少，而是多面向談論了第二次霧社事件（其出草性）及餘生後代的生存情境。比較起來，第二次霧社事件在90年代末是較少為人知的史實，而舞鶴在這段歷史上著墨甚多。「二次霧社事件」是歷來對此事經過的通稱。1931年日人平定賽德克 Tkdaya 六族的反抗暴動後，將倖存的兩百多名抗暴餘人安置在收容所中，卻遭到同屬賽德克亞族的 Toda 族人在一夜之間砍殺了一百多人。[2] 舞鶴在書中所虛構的清流部落族人，皆是二次霧社事件後 Tkdaya 殘餘者的後代。

「二次霧社事件」是日本官方既定的通稱。若「一次霧社事件」在日本人眼中代表著野蠻番人對文明領主國的反叛，則「二次霧社事件」也接續著前一次而代表著第二次的反叛嗎？然而，所謂的二次事件是同為賽德克的 Toda 人在日人的慫恿利誘下所發動的族群內部屠殺？此一命名只代表了日方統治者的觀點，卻抹滅了事件族人自己的聲音。90 年代後，來自賽德克本族的聲音開始出土，又因為賽德克亞族彼此之間對事件解讀之分歧，而使得霧社事件之詮釋更莫衷一是。

但值得一提的是，90 年代末述說霧社事件的舞鶴，採用了原住民祭儀上的「出草」觀點。《餘生》以出草來討論霧社事件，的確是一大突破，舞鶴自己也意識到這點，他說：「在 1997 年，幾乎沒有研究者以『出草性』來研究霧社事件。」[3]

一二次霧社事件中的砍頭爭議，究竟那是殖民的反抗還是原初的出草？大型的斷頭模式既關乎到東亞政治之下的殖民政治，即帝國主主義／殖民主義以現代化之

2 賽德克族又可分為三亞族，分別是：Tkdaya（德固達雅）、Toda（道澤）、Truku（德路固），其中 Tkdaya 的六部落群起反抗日人，發動了霧社事件。礙於漢語翻譯殊異，本論文中談論到此三亞族時，統一採用羅馬拼音。

3 舞鶴：《餘生》，頁 180。

名，對被殖民者（台灣的高山原住民）施加的「肢解技術」。但也牽涉到南島原住民自身的原初的犧牲祭儀模式。因此，《餘生》雖為小說，內容卻離不開複雜的歷史爭議。正因為舞鶴知曉這其中詮釋之爭議，因此《餘生》之寫作，以敘事者「我」第一人稱說話；由「我」讀來看似紀實，然而真真假假虛實交錯，故事似幻似真；切實反映了事件因果解讀之多樣貌。在歷史詮釋、殖民政治、與稗官野史的爭議中，舞鶴以「小說」形式切入，卻不採用現代主義以來的小說筆法；《餘生》一書，幾乎沒有情節可言，只是幾個角色間彼此互動對話，或是舞鶴文學田調後的筆記整理；顯然舞鶴是以後現代小說形式對治著歷史爭議，也是他的餘生策略。

三、後現代敘事

《餘生》之寫作，延續《思索阿邦・卡露斯》以來的風格，通篇不分章節不分段，僅有標點符號分隔文字（刻意去結構與去中心）。無疑，舞鶴深闇現代主義到後現代小說間的路數拆解，《餘生》時斷時續，多樣雜沓，刻意在字詞與敘事（脈絡）的表層、皮相間來回摩挲，操演著意義消融的遊戲。這樣的作品在 90 年代後結構／解構的千禧年世紀末前誕生，並非偶然。

上文已提過，歷來霧社事件的解讀有三：

1.日據時期日人將之視為番人野蠻反抗情事。

2.二戰之後，國民政府解讀為抗日行動，符合其八年抗戰史觀。

3. 90 年代後，賽德克本族聲音出土。

《餘生》中，小說出現了眾多的報導人（這些報導人或真或假，或本國或外籍，或出家眾或在家眾，或男或女，老或少，漢人或原民），他們眾聲喧嘩談論了多樣餘生情狀，並同時對第一／第二次霧社事件做出了分歧之詮釋（雖，全書不分章節，仔細研讀還是可按一個個報導人的訪談實錄切割而界定出其結構性）[4]。

從舞鶴刻意反抗宰制論述，企圖裂解符號體系看來，《餘生》僅僅要讓繽紛的無拘束的文字／敘事雜蔓生長，從而愉悅／逾越出（第一／第二次）霧社事件之強力詮釋。例如，《餘生》中論及了清泉部落的一位天主教白人神父，從聖經的角度來解讀霧社事件，認為文明在馴服野蠻的進程中，犧牲本難免。日人在霧社事件中的犧牲是換得野蠻的取消；且莫那•魯道之所以起義，是因他那時心中無上帝。這種談論，無疑是赤裸裸白人式西方帝國主義的觀點。神父說：

> 一切都由於天父的旨意，天父派日本人來馴服泰雅人的野蠻習性，因為有清一代二百年間太放縱了他們野蠻人，日本人作了小小的犧牲，換取野

---

4 雖然舞鶴是興之所至隨意安插書寫，但若將全書仔細整理，可發現舞鶴在二次事件中個別放入正反合三方（分別在全書的開頭、中段、與尾聲）的立場，較諸書中對其他事件的評論，可見舞鶴蓄意要以虛構情節表達他對第二次事件的見解。

> 蠻人的歸順……我不界定莫那・魯道的行動是否得當合宜，也不考慮這種現世的問題，但我肯定在行動那時天父並沒有在這個人心中。[5]

書中提及了另一名仍居住在川中島的泰雅武士宮本三郎（繼西方神父後，舞鶴安排了日方代表），仍認為事件雙方都誤用了「尊嚴」。日本軍方用武士刀對付番人，是不入流的行徑。莫那・魯道面對強權則太過追求尊嚴。宮本三郎說：

> 霧社事件是一件莫須有的事，莫那・魯道誤用了尊嚴，而當時的軍方是下三流的武士，竟以武士刀對決番刀……兩者同樣慘敗，同樣在歷史上留下污名，同樣的馬各野鹿……尊嚴只是暫時，太過於注重或強調它就會誤用了它，面對優勢強權，尊嚴稍作屈身其實是對「實際」屈身，並沒有失去尊嚴，莫那・魯道只需如此就可以度過，無須事件。[6]

舞鶴甚至在書中安排了一位父母皆在霧社事件中罹難的賽德克馬赫坡人，這位道地的餘生者，長大卻成了

5 舞鶴：《餘生》，頁 49-51。牧師說：「事件最大的影響還是歸之天父的旨意，讓他們賽德克人自高山惡地遷徙到四圍山谷的川中島來，有足夠的耕地，有特別設計的教育，在日本人時代就成了部落全國的模範村。」這切切實實是舞鶴對西洋基督教的嘲諷。

6 同前註，頁 126-127。武士甚至說：「我完全體認宮本泰雅『禪之美』『道之美』可以泯無了尊嚴，但這種本質上屬於個人性的體悟，可能擴大到成為『群體性的體悟』嗎？」同前註，頁 131。

埔里元亨寺的住持老和尚，他在寺中參禪打坐，置世事於度外，老和尚說：

> 霧社事件是多此一事……「出草」是迷失方向走錯了路，不知回頭爭相割頭沒完沒了。[7]

於是，在《餘生》的劇場聲音中，有西方殖民主義的宗教觀點，有符合賽德克族人的出草獵首儀式，有似假若真的日本武士與賽德克遺族和尚的言論。或真實或虛構、或官方或野史、或論述或戲謔。[8]在 90 年代末的台灣，這樣對「霧社事件」的詮釋無疑是特立多元，從而也解構了那些一言堂式意識形態下的「霧社事件」。（但若霧社事件是多此一事，則《餘生》是否多此一事？）

從神父／和尚（武士）、日本／原民的刻意東／西對位，二元理肌之裂解，可見舞鶴意圖將大敘事（great

---

7 同前註，頁 220。

8 舞鶴虛構歷史之有趣，他甚至還虛擬了一個莫那・魯道的孫子，名為老狼或老達雅。按舞鶴野史，霧社事件發生幾天後，老狼的母親莫那・馬紅並沒有將他吊死，而是將他擲入深潭。但，幸運地他被老泰雅祖母撈起，送往埔里的長老會之家，隨後輾轉送往台南的太平境長老教會。教會執意要將他訓練成一位泰雅牧師，因此老狼從小同時學習兩種語言：賽德克母語及英文。不料，他 18 歲時教堂外面發生動亂，老狼被送往七股海邊，隨後小船換大貨輪，一離開卻萬里遷移跑去了南美巴西。在南美異鄉，老達雅終日喝酒嫖妓讀邪書，結果和一名拉丁富孀結了婚，浪跡天涯。然而終究，有天他回到了故鄉台灣川中島，部落裡無人不知其母親莫那・馬紅，卻沒有人認可他就是達雅・莫那。在川中島，老狼每一次聽到了母親的事跡就痛哭流涕，最後部落長老只能請他離開，因為餘生族人還須在餘生中正常地活，而「在傷痛中出生的小孩是被祖靈詛咒的小孩」。同前註，頁 63。

narrative）解構之用意。第一／第二次霧社事件，落在不同的權力／國族脈絡，則編織出不同的起源／線性之歷史。後現代歷史敘事本執意要從偶然的、不連續的、多重視角的位置出發，去探索事件／文本／歷史的繁複樣貌。第一／第二次霧社事件，90 年代前已有了日本／國民黨截然相反的史觀，舞鶴以虛構（fiction）解構非虛構（歷史史實），從那些被掩蓋被隱匿的（或僅僅只是被舞鶴虛構出來的）人物傳奇出發，讓「實際的歷史」瓦解，賦予了事件本身模糊分歧但意義繁盛豐富的可能。[9]這的確符合了後現代史學家的工作，如傅柯系譜學所言：「然而，從這些元素，系譜學挽回了不可或缺的約束：在單調的結局外，它必須記錄下事件的奇異點；在最不可能之處，在我們傾向無歷史之處 — 在感傷、愛、良心、本能之中 — 它必須尋找這些事件；對於這些事件的重複出現，它必須敏感，不是為了追蹤它們進

9 王德威說：「對舞鶴而言，唯有讓這些聲音同時湧現，才能對應泰雅族人劫後分崩離析的狀況。對泰雅族的歷史而言，霧社事件是一個永遠回不了頭的轉折點。兩次斬首事件之後，他們深陷長久的恥辱和迷惘。對舞鶴這位傾聽者和傳述者來說，事件倖存者所講的故事是否「真實」已經無關宏旨。重要的是，這些故事都是從同一個創傷源頭默默流淌而出的支流 — 這創傷既是泰雅族人的，也是舞鶴自己的。因此出現在舞鶴筆下的是一連串不同文類的隨機組合，其中有報導、民族誌、人物傳略、軼事、訪談紀錄、雜聞、傳聞、幻象、內在獨白和其他各種文體，敘說著泰雅族人的劫難。這些文字來源各異，猶如斷簡殘篇，但在舞鶴筆下卻匯聚成「餘生」的獨特美學。」王德威：〈「頭」的故事 — 歷史、身體、創傷敘事〉，《漢學研究》29:2 期（2001 年 6 月），頁 272。

化的漸進曲線，而是為了限定出事件在其中扮演不同角色的諸般場景。最後，甚至是那些它仍缺席的例子，那些仍未實現的時刻，系譜學都必須給出界定。」[10]無怪乎歷史學家周婉窈給予《餘生》極高評價：

> 以這本書出版的一九九九年的時點而言，舞鶴對霧社事件、第二次霧社事件，以及川中島餘生歷史的了解，遠遠超過他的時代，甚至比許多臺灣史學者還深入。在這樣扎實的認知基礎上，他的小說起點自然不同，至於他以文學筆法所書寫的當代清流部落的人與事，則屬於文學創作的範疇，若要去追究是否有此等人物、事物存在，那就是責小說以歷史了。《餘生》是舞鶴追尋莫那．魯道、思索霧社事件的生命歷程，他的追尋相當真摯，他的思索相當深刻，給霧社事件的書寫帶來了高層次的藝術面向。[11]

四、「出草性」到「斷頭情結」

本來，「出草性」是舞鶴提出的嶄新的詮釋觀點，但從《餘生》的情節及故事進展看來，舞鶴不將出草全

---

10 Michel Foucault, *Language, Counter-Memory, Practice: Selected Essays and Interviews*, edited by Donald F. Bouchard, translated by Donald F. Bouchard and Sherry Simon,（Ithaca, N.Y.:Cornell University Press, 1977）, p139-140.

11 周婉窈：〈試論戰後臺灣關於霧社事件的詮釋〉，《臺灣風物》60:3（2010.09），頁34。

然解讀為原住民族的原初祭儀，舞鶴個人顯然更著迷於出草砍頭的細節。斷頭本是事實，但《餘生》之鋪陳反倒暴露了舞鶴一定程度執著於「砍頭情結」。因此他虛構了多位人物來勾勒種種出草事件；在論及二次霧社事件與出草性的同時，這些報導人詳細地講述了「事件」與「砍頭—犧牲」（或甚至「砍頭—看客」）細節。由此，吾人可以深入解析舞鶴的砍頭犧牲情結。

（一）Toda 族人的砍頭滋味

《餘生》開篇，舞鶴便介紹了一名 Toda 族人達那夫，達那夫不認為有正義的抗暴，而只有由馬赫坡社頭目主持的「霧社大型出草儀式」。達那夫的父親曾出草第二次霧社事件[12]。舞鶴筆下的第二次霧社事件，毋寧是斷頭劇場的眾聲喧嘩，充滿了舞鶴對砍頭情結橫征暴斂的想像。

> 達那夫說他父親直到晚年談到當時出草大量割下馬赫坡人頭時那種生命的激動和喜悅……「這是我爸，」達那夫指著儀式後的紀念照中人像，達那夫的父親蹲著胯間用手壓著一個面無表情的人頭，他父親從不明白什麼叫「第二次霧社事件」，

12 一次霧社事件爆發後，圍剿莫那・魯道族人的過程中，小島源治引導 Toda 群投入「味方蕃襲擊隊」，而 Toda 社頭目（鐵木・瓦力斯）在率領味方蕃圍剿的過程中，被馬赫坡設計割了頭去。於是有些 Toda 族人認為出草回擊是天經地義的。

當然更不知任何對這事件的史評。[13]

當論及達那夫之父蹲著壓著一個面無表情的人頭時，無疑就回到二次霧社事件所留下的那張珍貴的照片了[14]（照片置於文末。於是這位完全不知道什麼叫第二次霧社事件的達那夫之父，該是照片中站立的哪一位呢？）接著，《餘生》中段，舞鶴第二次去拜訪達那夫時，後者帶他去拜訪一位 96 歲的 Toda 老人。老人額頭與下巴有著黥紋刺青，他也參與了二次霧社事件，那是老者唯一一次的出草經驗。據老者自述，他事後並沒有剝下人頭皮，因砍來的人頭都被收繳了；但砍人頭的行徑讓人激動喜悅，回想起來細節仍栩栩如生：

老人說他對霧社那次記憶清楚，他草了三個頭或四個頭，至少三個吧，第三個頭最難割……割頸就像割雞頸先斷頸動脈，不要斜到骨頭上去就很容易割下去，老人說出草的滋味快樂無比。[15]

於是老人割頸如割雞的人頭，又是置放在二次霧社事件照片中地上的哪一顆呢？更奇妙的是，上文中我們曾提及過馬赫坡後代的開元寺住持，舞鶴也安排他談到了二次霧社事件中被割了的他父親的頭（又是照片中的哪一顆呢？），住持說：

---

13 舞鶴：《餘生》，頁 35。

14 事件後，日本警方、砍頭的 Toda 族人、與被斬首的一百多顆頭顱一同留下了一張令人不忍卒看的照片。（見文末照）

15 同前註，頁 159。

> 他們拿一本書上印的一張照片要我指認，照片中站的人靴前一堆剛草下的頭，至少五六十人，我一眼認出其中一個是我父親，學者要我發表感想，我想無感想，只簡單指認那是我父的頭顱，便只管打坐去，「出草」是迷失方向走錯了路，不知回頭爭相割頭沒完沒了。[16]

住持所見之照片，必然是上文我們所提及的那幀相片。從開元寺住持與 Toda 達那及 96 歲老者的對稱安排（恰好是二次霧社事件中被砍與砍頭對立的二個亞族），可見舞鶴是精心編撰（虛構）著「第二次霧社事件」之始末。[17]

從舞鶴對第二次霧社事件之照的觀看，他的確按耐

---

16 同前註，頁 230。

17 舞鶴還曾講述過一名川中島的雜貨店老闆。這位老闆從舞鶴一到川中島部落，就囑咐他買地娶妻於該地安家落戶。老闆平時只管營生賣酒，儼然只是商人模樣。但，《餘生》田野訪談後半段，老闆終於說出他自己的故事。原來其父從前就是霧社部落中的盤商，但商人本色未真正涉入第一次霧社事件。卻在第二次霧社事件中，在羅多夫保護所經歷了 Toda 族人對他們的殘殺。老闆說：「我爸最恨到死不能原諒羅多夫那次，事前沒有一點徵兆，心裏以為被保護了，大家在槍響聲驚醒時才想到被出賣了，有槍有刀的人殘殺，沒有任何武力的老弱婦孺傷兵，我真替我們賽德克人羞恥，不管我們先祖有什麼『規則競賽』，那樣自己對付彼此自己不是生番是什麼」。舞鶴：《餘生》，頁 175。及「我爸到川中島還罵了許多年，罵那算是哪門子的出草，那樣的出草有什麼光榮值得拍照留念，那樣偷偷摸摸草了一百零一個頭，還不值選舉時當眾斬一個雞頭。」同前註，頁 176。如果老闆之父是來自馬赫坡的聲音，則與 96 歲的 Toda 老人砍頭之愉悅恰成對比。可見這是舞鶴特意之安排。

不住以暴虐痛快的逾越之感去談論那 101 顆被砍之頭。《餘生》中，舞鶴讓一齣又一齣的「砍頭」模式現身，而他就是那看得興趣盎然的看客。出草行徑，在他筆下不僅不恐怖，還是讓斬首者津津樂道之事（堪比斬雞頭）。

對砍頭細節的細膩寫作，恐怕不只是小說家的想像，而是來自舞鶴內心無法克制的慾望過量，舞鶴自己說：「但我必要出門到深山親眼見過『出草的人』活生生在陽光下哼著出草歌，握過他割過人頭頸的手，感覺他手腕的脈動，我的文字才會越過『研究』洶湧而出。」[18]死亡與狂喜之結合，內在經驗的不可能性，鼓動著舞鶴逾越之情。舞鶴已不是那般單純之幻象的施虐者，他的小說創作之幻象湧動，必須由切人頭的那隻手施法蠱惑？由此可見，出草性已不再是原民祭儀之獵首，也不只是政治的反抗事件。對死亡殺人極限之逾越／愉悅，舞鶴儼然導演起巴塔耶式的劇碼，那是本書中所說的主體的黑夜。

在巴塔耶的論述中，「死」跟「性」是人類社會中兩種最重要的「禁忌」。最強烈的「性」禁忌是亂倫禁忌；在「死」中，血與屍體是最強烈的禁忌表徵。巴塔耶認為，雖然性與死成了禁忌，人一方面恐懼著性與死，但人又被這種禁忌深深吸引、誘惑，這是否定的否定。

---

18 同前註，頁 160。

人在這種致命的被誘之中產生焦慮的著迷，焦慮之中又感到引誘，「儘管有讓人恐懼之處，恐懼還是誘人的。」相對於清晰的俗世界，聖世界帶來的是危險。然而，「我們想要的是讓我們精疲力竭並讓我們的生活處於危險之中的東西。」[19]於是當人性被死亡或情色所深深誘惑而越界時，即達死亡的某面向，即犧牲／獻祭（sacrifice）。這其中有宗教上的犧牲也有情色中的獻祭。這也是為什麼巴塔耶一再強調，神聖的狂喜與極度的恐懼，看似全然對立，實則是同一。也即恐懼與宗教的同一，宗教的全體乃奠基在犧牲之上

（二）性：越軌交歡之魅惑

因此，在砍頭（出草）之外，《餘生》通篇無處不充滿著性。我們便毫不意外，舞鶴全完落入了巴塔耶的命題，死亡與性交融交錯。而餘生後代，在舞鶴筆下，則是在原／漢島國情境下的性溢滿中掙扎存活著。

《餘生》全書，舞鶴彷彿以砍頭（死／出草）史實為骨架，但其中的密合黏接都是以「性」：性暗示、性譬喻、性隱喻、性騷擾、性工作者……；舞鶴好似必須以躁動不安的性語言，竭力去增補各樣性事件背後的史實綱要。極端盈滿以致讀來就是舞鶴人到中年的性牢騷謂嘆。在砍頭情結外，舞鶴對性的意底牢結，是異常僵

19 Georges Bataille, *L'érotisme,* p.42.

化（有時性盈滿到讓人乏味）。

通篇《餘生》，舞鶴最重要的報導人就是「姑娘」（她自稱是莫那・魯道的孫女？）。姑娘的經歷傳奇，出場時就已是在川中島山河中遊蕩的鬼魅人物。[20]舞鶴在書中反覆意淫著姑娘的衣著與體膚（如：姑娘有美麗弧度的黑色肩胛，有潔白的大腿肉），那是他在獵頭傳奇外所追索的情色對象。《餘生》中段始知，姑娘雖未滿三十，已是餘生傳奇。她十八歲離開川中島，在新竹與泰雅大霸勇士結縭，共居過建築工地（市郊開發山坡地的大型社區建案）與泰雅山區。生了三個孩子，卻連孩子的爸是誰都不知（因為「大霸山更高，人更原始，根本不懂什麼隱私，男女來去像進來放個小便一樣平常」）。[21]後來，姑娘毅然離開了大霸山區。一下山，就入了色情行業。憑著姣好身材（「異族的臉廓」／體重四十九腰瘦二十三／「多是奶子的重」），馬上成紅牌。同酒店中有另名高山族男子「黑 V」，來客男女都接。姑娘自然與黑 V 產生性關係，那一夜，她在床上嚐到了「文明原始人溫柔甜蜜又暴力野獸的曠世滋味」。[22]

《餘生》一書，不僅是在姑娘身上，部落各個族人都被舞鶴輾轉反側追索出他們的床上之事，連山川自然都蒙上了性的元素，「文明奶子可以穿小衣蹦到沿路的

20 不似那些部落中的知識份子或按常規生活的族人。

21 舞鶴：《餘生》，頁 147。

22 同前註，頁 149。

花苞忍不住紛紛爆開，那麼原始的奶子無拘無束的風光叫峰峰羨慕到山形的造型像奶形如大奶頭」[23]。但舞鶴一方面歌頌性之美好與曠世滋味時，卻也意味著性之歧義性。因為祖先在霧社留了那麼多血，「想不到，子孫在飯店床上賣」[24]。那是原住民雛妓的悲慘過往歷史，七、八〇年代，在臺北寶斗里妓女戶的夜晚，有多少亮眼漂亮的泰雅少女呢？舞鶴說：「我曾經在寶斗里某個泰雅少女的眼瞳中看見莫那・魯道了嗎？」[25]

（三）性與斷頭（死）之結合：「斷頭觀性交」劇場

關於性與斷頭（死）之結合，舞鶴還在《餘生》中段導演了一齣頭顱與性愛的劇場，為「出草」與「性」做了一番媒合。這幾乎是《餘生》全書最精彩之處，與任何史實均無關係，純粹是舞鶴自己的創作演出，無中生有地演繹出霧社事件的另類番外篇。他說：

> 出草之成為歷史的必要其實是為了「性」割下人頭的血腥的恐怖可以刺激性上腺當夜男女夫妻就有蠻野的性交媾……那些反抗的勇士不想想光捏碩大奶子就足夠餘生管什麼不義什麼尊嚴，美麗的奶子值不得尊嚴嗎……失落了性愛的美好遂轉向割頭戮頭的高潮吧，出草的定義是「出草作為

23 同前註，頁 84。

24 同前註，頁 149。

25 同前註，頁 113。

性愛的主要前戲」。[26]

於是，霧社事件不再是為了生存的尊嚴，出草性的政治意味完全消失，砍頭（出草）僅僅是作為「性愛的主要前戲」，舞鶴執意將性置入死亡的框架，可想而知他會落入巴塔耶的套數，落入了巴塔耶式死亡與性禁忌的二重誘惑與逾越。接著，舞鶴導演了一場出草後的狂歡祭，勇士們獵首歸來後與部落少女們飲酒交歡，奇妙的是，狂歡祭的參與者還包括那剛被砍回的血淋淋的斷頭。於此，舞鶴翻轉了「砍頭—看客」的劇場，而將之化為「斷頭觀性交」劇碼，在被窺癖與被虐狂之間交歡出繽紛的辯證；充滿著意味深長的凝視。而這，幾乎就是巴塔耶理論與拉岡凝視機制的完美結合。筆者大致將之改寫如下：

1.當勇士出草成功，將斷頭（舞鶴稱作是「所愛的頭顱」）迎回部落，族裡美麗的少女湧出接待，圍著所愛的頭顱歌唱跳舞，「直到汗水淋漓流下股溝直到心靈恍惚到失神之境」。當所有人酒酣狂舞，與祖靈與天地與所愛的人渾而為一後，獵人便帶著所愛的頭顱與少女

---

26 同前註，頁 228。出草是性愛的前夕，無關反抗的尊嚴或革命的義舉，光是這樣的定義恐怕就是國族專家或賽德克族人瞠目結舌了。在傳統文獻記載上，對於出草所得之人頭有一些處理程序，如跳舞歌唱慶賀，要餵以米飯、檳榔、和米酒，並告訴頭顱：「帶你朋友前來，給社內帶來幸福。」林徐達：〈頭顱、除喪和「穢」── 南王卑南族「大獵祭」在當代「獵人頭」研究中的想像與論述〉，《臺灣原住民族研究季刊》2:4（2009），頁 67。

回屋。

接著，舞鶴描述的性愛戲碼，竟是詭譎驚人的窺視／被窺視癖。

2.獵人把斷頭緊閉的眼簾撥開（原本死不瞑目的眼瞳用力扳開三、四眶大」），接著與少女性交，因為意識到「所愛的頭顱」正觀看著，就比平常昂奮三四倍，「直到黎明鼠灰畫出一張陌生的輪廓五官才在奮戰到最高昂中洩啦沉睡」。

3.在獵人、斷頭、少女三仨中，舞鶴描繪著三者變態交雜的愛慾紛亂。舞鶴問：「美麗的少女會不會真心愛上親眼看過她性交的頭顱」？而當獵人與斷頭獨處，他會對所愛的頭顱說：「你知道晚上我抱著妻子的時候，想的是你，抱的是你」。

4.最終，在往後斷頭腐蝕的過程中，它真成了獵人的愛人。獵人不僅每天陪愛人頭顱講話，還有做不完的手工藝。舞鶴描寫，獵人一根一根拔光斷頭的頭髮，替斷頭洗澡。當愛人的臉膚開始潰爛，且找一塊溪谷中的聖石，摩挲其臉皮，「如此，兩年後才出土一顆漂亮的頭顱，兩年才完工一張美麗的頭骨。」

走筆至此，舞鶴的奇想之詭譎已讓人嘖嘖。但此「斷頭觀性交」的劇碼卻有著最奇妙的結局，說完斷頭與獵人的戀愛後，舞鶴卻轉了個彎談到自己身上。他說：「我直到近四十歲『拾骨』母親時捧著歷十九年才出土的頭顱才由衷感到頭顱的可親可愛。」在獵人／斷頭的對比上，對稱的是舞鶴／母親拾骨而出的頭顱。[27]於是不再是「斷頭觀性交」或與「斷頭性交」的劇碼，《餘生》高潮，竟是舞鶴自身的亂倫狂想。

此番對出草祭儀的詮釋，或「斷頭觀性交」的劇碼，都已經不是在南島祭儀或日據殖民史實中去詮釋「獵首」的文化人類學，舞鶴的這齣「砍頭 — 看客」（斷頭觀性交癖）的劇場，已完全回應了巴塔耶所說的，宗教與極限經驗之狂喜相結合的哲學；而舞鶴又在其中融入了窺／被窺，或己身與愛慾之結合（自己與母親頭顱）。當與下文中文我們即將談到的拉岡「凝視」理論相對應。

途經一路舞鶴虛構的賽德克族群間對砍頭之迷戀（割頸就像割雞頸、出草的滋味快樂無比），並延伸著舞鶴與斷頭間的愛戀纏綿，這是獨獨屬於巴塔耶／拉岡／舞鶴式的世界。筆者想到巴塔耶的話語，血祭的世界與神聖性之間的關係，死亡開啟了人所能體驗中的異質存在感受，那是神聖性的基礎之所在，巴塔耶說：

> 在時間的歷程中，血祭打開人們的眼界，讓人思考令人厭煩的真實，完全在日常真實之外（思考），它（指血祭所呈現的真實）在宗教的世界被給予這個奇怪的名字：神聖。我無法給這個字一個正確的定義。但有些人仍能想像（試著想像）神聖意味著什麼。無疑地，看此書的那種讀者，

27 這讓吾人想到舞鶴的小說〈拾骨〉。

> 面對這些照片時，會試著將這個意義（神聖的意義）與這些影像的意義，即獻祭的血腥真實、動物於獻祭中死亡的血腥真實對他們所代表的意義做連結。死亡本身的真實在影像中，或也許在一種結合令人暈眩的恐怖與酒醉的困擾感當中，有了比生命更沈重的一份意義，更沈重—且更冰冷。[28]

五、真正餘生者的聲音

以上，本文大致說明了

1.第一次第二次霧社事件之始末及事件發生之詮釋爭議。

2.並且說明了舞鶴《餘生》以後現代寫作的脈絡來談論霧社事件的「政治出草性」（並由此延伸了舞鶴之巴塔耶式的愛慾狂暴，展現在《餘生》的斷頭情結及情色施虐上）。

以下，我們將再回到霧社事件之始末討論，90 年代後，賽德克本族的聲音開始出土，這也是某一向度的餘生情狀，讓吾人終於能從台灣南島民族自身的觀點來考察此事。

（一）中山清的信件：凝視機制

---

28 Georges Bataille, *Œuvres complètes X*(Paris: Gallimard, 1987), p. 608.

先論一則戰後餘生者的信件。且讓吾人讀一段 1936 年，來自川中島餘生族人信中的一段文字：

> 最近很溫暖起來了。想必課長先生日益健康。日常照顧我們，真是感謝。託您的福，我和內人及初男都很健康地每天努力於工作。又社眾一同也都很健康地服從駐在所各位職員先生的指導，白天到田裡耕作，晚上集合到教育所學國語。因此田裡到處是青青的稻波、粟野。吹來微風飄香，大家都很高興。……遷居當時出生的初男，昨天滿三歲。遷居當時從課長領受很多錢，以後漸漸長大，現在已會用國語說話。今後我要培育他出眾，做一個川中島社的先覺青年。請您放心，再見。[29]

寫信的主人翁日名中山清，是 Tkdaya 族人。霧社事件時他才十二歲，倖免於難卻被日人指派去清點罹難族人的頭顱。後來遷居到川中島，在島上，他接受了日人強烈嚴苛的皇民化教育，這封信是他十八歲長大成人成為川中島警佐時，為感念警務局課長所致之信。信中描述的青青稻波的田園景緻的確是台灣人所熟悉的北港溪上游風貌，但讀來卻令人毛骨悚然。

中山清的妻子是再嫁的高山初子（族名娥賓・塔達歐，初子本是花岡二郎之妻）。花岡二郎與其兄花岡一

29 周英雄，劉紀蕙編：《書寫台灣：文學史、後殖民、後現代》（臺北：麥田，2000），頁 45。

郎都是受日人教育培訓的賽德克人。霧社事件發生當時，二郎追隨了族人自縊的方式了斷，但了斷之前他要求懷有遺腹子的初子逃離。初子則再嫁中山清，一直到國府遷臺之後，兩人皆是霧社地區著名的人物。但寫於一次二次霧社事件短短數年後的這封信，究竟是怎樣的心理遺忘與精神警衛機制，使中山清能夠說出這樣「合宜」並「健康」的話語？

拉岡曾言凝視之機制，是其精神分析理論的重要主題。他說，當吾人在世界中觀看時，我們已進入到在世存有之他者的觀看之中了，拉岡說：「我只從一點看出去，但在我的存在中，我是從各面向一起被看。」[30]此即拉岡所謂的「凝視的前存在」（the pre-existence of a gaze）。由此延伸，拉岡提出了「想像的凝視」，即，吾人總是想像著世界當中有他者的凝視正在凝視著(自)我，如鏡像理論之母凝視著子一般，這是符號象徵所欲穩固出的系統。更進一步，拉岡透過動物之擬態現象(the phenomenon of mimicry)來說明。有許多的動物及生物，都會經由改變膚色體態來融入自然避免被掠食。這其中，有著想像的凝視。動物想像著在世存有中牠所不見的一切正凝視著牠，牠看著周遭環境，牠或許看著生存環境的一切細節，但牠看不見他者的凝視，牠想像著他

30 Jacques Lacan, *The Four Fundamental Concepts of Psychoanalysis*, edited by Jacque-Alain Miller, translated with notes by Alan Sheridan, (New York : Norton & Co Inc, 1998), p.72.

者之凝視正在凝視著牠。如此，標定出「看之既定被看的前存在」（the pre-existence to the seen of a given-to-be-seen）[31]。於是，我以為我（自我）是清晰明辨的，但自我無時不在被凝視之中，有著那看不見的他者之凝視才使得主體之我被建立起來。同時這環視之凝視亦是被主體自我所想像出來的，仍是一種幻覺。用拉岡的術語來說，凝視的他者終究是不可能性，是來自於實在界[32]之凝視。

綜合以上，中山清可能出於自願而寫出對殖民主的感戴之詞，但也可能是震懾於高壓的殖民統治所虛擬的違心之言，無論那一種，都是在殖民主的監視／觀看之凝視機制之下所寫出的文字；無論哪一種，都讓後人讀來毛骨悚然。我們也知道，一次二次霧社事件十多年後，不少的川中島（餘生遺族）青少年就自願投入終戰，成為投效日本殖民主的皇軍的一員。這是在帝國／日方／

31 Ibid., p.74.

32 拉岡有著名的三界結（The Three Orders）的談論，分為實在界（the Real）、象徵界（the Symbolic）以及想像界（the Imaginary）。若要簡單說明，則現實乃是透過象徵界的意指活動來界定的，而無法收攝入內的，則是本來如是的實在界。可參考邁爾斯一個很好的說法：「有一瞬間，媽媽看到了山而沒有想到伐木，沒有想到滑雪聖地和雪崩，被馴服的野生動物，板塊構造地質學，微氣候，雨影，或陰陽的位置。她看到了沒有語言框架的山。沒有聯想的牢籠。她看到了山，但不是通過她所知的一切關於山的真實事物的透鏡。她在那一瞬間看到的甚至不是一座『山』。它不是一個自然資源。它沒有名字。」邁爾斯，白輕譯：《導讀齊澤克》（重慶：重慶大學出版社，2014），頁9。

殖民主／現代啓蒙者的凝視下，所造就的話語，凝視下的人性。[33]

（二）餘生族人第一手口述

上述已提及，2000 年之後，開始有賽德克族人發言，享有政治正確的身份，對霧社事件之始末給出來自內部的聲音。如果說，舞鶴的後現代敘事乃是眾聲喧嘩式的繽紛呈現，是因為要打破對照著日、中殖民／國族主義下的意識形態籠罩，則當族人底層開始說話了，則是否就能清除掉後現代雜亂式的歷史解釋，而對霧社事件作出一合宜正統的解釋？

2000 年以前，別說未有「賽德克」此一族群之正名，第二次霧社事件，也無從有從賽德克族人自身之考證。然而，千禧年之後，賽德克的遺族們對父執先祖當年的行動做出不同的解讀。詮釋的報導人來自賽德克的三個不同亞族—Tkdaya, Toda, 與 Truku 三方面。這三個亞族中，Truku 亞族因地處位置不近霧社，大多未實際參與 1930 年的事件。而 Tkdaya 亞族中的六部落當年曾直接參與起義，Toda 則在事後加入日方的征伐軍。於是，三亞族對 1930 年事件的解讀完全分歧。更不用說與傳統官方一言堂的詮釋背反。例如兩位 Truku 族人的口述：

33 如果用拉岡凝視理論回應上文的「斷頭觀性交」劇場，則身為執意要解構歷史混淆敘事的舞鶴，在「斷頭觀性交」的劇場中，那凝視，是來自（所愛的頭顱）最荒野原始的凝視。

> Mona Rudaw 致所以成為英雄人物，因為他殺死了日本人，因此，他就成為一個很偉大的人物。其實，我們每一個部落都有意見領袖，Toda 和 Truku 都有他們自己的意見領袖。Mona Rudaw 殺了日本人，雖然已經死了，可是他成了後代所傳頌的英雄人物。國民黨高舉 Mona Rudaw 成為英雄人物。他們高舉 Mona Rudaw，站在賽德克部落的立場，我們並沒有這樣的想法。我們以前是沒有跟他們在一起，我們也沒有一起舉行農業生產的各種儀式。……我聽過 Toda 部落的一些老人說：「不要去，他們是我們的敵人。」[34]
>
> 我們 Truku 部落的人對於霧社事件的看法，我們並不認為它對我們有什麼意義，所以，霧社事件跟我們沒有關係，因為他們發動抗日行動，等於血洗了我們族人的生命，因此，我們並不是很高興。他們在進行抗日過程，有一些非常不人道的行為，就是殺害日本小孩與婦女的生命。……因為 Mona Rudaw 不是一個很好的人，我們交惡的關係由來已久。[35]

Truku 兩位族人的談話，1.否認莫那・魯道是英雄，2.認為霧社事件只是帶來對賽德克族的殺戮，3.莫那・

34 姑目・荅芭絲，《部落記憶:霧社事件的口述歷史》（臺北：翰蘆圖書，2004），頁 305。

35 同前註，頁 307。

魯道的神話是黨國製造，4.莫那・魯道起義者的行徑不容於傳統，因為那些殺害日本小孩婦女的行為是不人道的。川中島後代郭明正肯定從事歷史口述工作者姑目牧師所做的努力，只是，當他聽到 Truku 人說莫那・魯道是「Mona Rutiq」（骯髒的莫那）及「莫那・魯道是歷史的罪人，因為他血洗了很多族人的生命」時，看到這樣「汙穢不堪的罵名」，郭氏的反應是「無法掩飾情緒上的憤怒」，「英雄就是自己部落的頭目，不容外人信口誣衊」。[36]而 Doda 族人則提到日人以重金懸賞他們在事後追殺 Tkdaya 人頭之事：

> 日本人帶著 Truku 和 Toda 部落去搜尋他們，希望活獵他們的人頭回來，日本人有給酬金，男性頭顱是一百元，女性頭顱是三十元。[37]

原來，在日本人口中支援日方討伐馬赫坡族人的所謂的味方番，他們僅僅是為了「貨幣」服務。如此實話實說，看在同族 Tkdaya 人眼中，卻是無比的傷心，川中島後代邱建堂說：「依 Gaya 同族不可互相馘首，論所馘取之首級行賞更是空前，至今族人相信那是日人威逼唆使所致。」[38]。郭明正也證實，在他對 Tkdaya 耆老的口述訪談中，從未聽過霧社事件之前，Tkdaya 先祖曾與

36 郭明正：《又見真相：賽德克族與霧社事件：66 個問與答，面對面訪問霧社事件餘生遺族》（臺北：遠流，2012），頁 259-260。

37 姑目・荅芭絲：《部落記憶:霧社事件的口述歷史》，頁 58-59。

38 郭明正：《又見真相：賽德克族與霧社事件：66 個問與答，面對面訪問霧社事件餘生遺族》，頁 285。

Doda, Truku 兩方發生過任何相互獵首的行為[39]。周婉窈認為：「這種由警方（國家代理者）動員『味方蕃』，協助擁有新式武器的軍警隊伍討伐『兇蕃』的現象，前所未有。這樣的獵首文化已經和傳統『異化』了，霧社事件中用人頭換取金錢，更是徹底違背 Gaya（傳統規範）。」[40]於是，進入了現代（西方／日方）的啓蒙，神話思維的消逝之異化，毋寧說是落入馬克思的命題：被貨幣異化。

在川中島的後代中，霧社事件無非是在日本中統治下，容忍了二十年後的 Gaya 大出草。川中島後代邱建堂（餘生諸人之一）語重心長地說：

> 霧社事件犧牲了我千餘族人的生命，財產、土地盡失。事件後日人雖改變了統治的方式，並以「高砂族」稱呼原住民族，但本族（霧社蕃）的部落已完全消失於霧社地區。人類進化、發展的立足點不同，各民族的生活方式、文化習俗、價值觀差異頗大。當本族的 Utux 與部落面對日本的天皇與國家機制，各自執行自已 Gaya 的結果，事件的發生是必然的。與事件倖存的族老共同生活三、四十年，祖父母輩從沒教導子孫輩任何事件後的仇恨，只說「日本人太過份」，本族三個方言群在日人離開後，忘卻過去受日人操弄所發生

39 同前註，頁 139。

40 同前註，頁 20。

> 的不愉快事件，依然通婚頻繁並攜手共創未來。[41]
> 因為我的父執輩、懂得一些日文的長者們，他們最在乎、最憤怒的，是外來者殖民時代竟視台灣為「無主之島」或「無主之地」；換言之，當時的殖民者將台灣原住民分類為「非人」的屬性。多年來依恃在事件遺老與部落族老身旁聆聽、請益的時日裡，男性長輩們總是語重心長地囑咐我……：「Niqan ka dheran si ma, uka seediq mesa.」（台灣有土地，但沒有人）。[42]

1.首先，餘生族人最在意的是，在西方／中國／日本／殖民主尚未到來時，台灣並非「無主之島」。在列強的凝視下，原住民被視為「非人」（台灣有土地，但沒有人，"Niqan ka dheran si ma, uka seediq mesa"）。列強看見了「台灣南島族人」，但他們沒有看見「人」。他們的凝視中空無一人。

2.其次，賽德克三亞族雖然在事件中彼此殘殺事後怨懟，但三亞族仍通婚頻繁並攜手合作。

3.最後，回首霧社事件與日人的對抗，邱建堂說：「當本族的 Utux 與部落面對日本的天皇與國家機制，各自執行自已 Gaya 的結果，事件的發生是必然的」。且餘生兩代族人，從未教導子孫「仇恨」。餘生族人，將

41 同前註，頁 289。
42 同前註，頁 274。

第一次霧社事件之殘殺與第二次霧社事件之血腥屠殺，解讀為南島賽德克民族中祭儀式的 Gaya 對抗。即，將現代啓蒙／列強入侵／增補沾染／文明野蠻等等從西方／中國而來的那種進步史觀的觀點一併抹去，而單單只回到 Gaya 的立場。如果出草在非南島民族看來血腥殘酷，但身在其中者看來也只是祭儀之事，如神話般天地始以來便視為平常之事。[43]因此，日方／賽德克之對抗只如平等的 Gaya 之執行（在此立場下，舞鶴的出草性

---

43 獵人頭是野蠻的嗎？這種想法其實也弔詭地暗示著殖民主義戰爭與獵人頭同樣在行動上是本質一致的暴力。林徐達：〈頭顱、除喪和「穢」— 南王卑南族「大獵祭」在當代「獵人頭」研究中的想像與論述〉，頁 64。
南島民族許多都有獵首的習俗。例如，當歐洲人庫克船長的船隻，第一次來到紐西蘭時，見到原住民毛利人有吃人肉的習俗，真是訝異極了。但庫克等人進一步追問原住民：有吃人頭嗎？因為「頭部是人體最神聖的部位，有些人就連被食物或者手碰到都是一大禁忌。」毛利人則「帶來了四顆經過妥善保存的人頭上船，那些頭被他們稱為『mokomokai』（經過煙薰與風乾處理，上面有刺青的頭）。……只有貴族的頭會被保存下來。把部落酋長與其親戚的頭保存下來，目的是為了禮敬他們，保留敵人的頭則是為了辱罵他們，但是保存的過程都一樣，每個階段都必須禱告，吟詠適當的咒語。」瓊・楚特（Joan Druett），陳榮彬譯：《了不起的圖帕伊亞：庫克船長的傳奇領航員》（臺北：網路與書出版，2015），頁 285。後來庫克船長的船隊甚至想要用毛瑟槍來和原住民交換人頭。
但，即便出草是賽德克的 Gaya，但原住民本身也未必都喜愛此事，根據政略婚姻之子林光明（日據時代日本警察山下治平與泰雅酋長之女貝克・道雷結合之長男）的記載，他泰雅族的母親自幼就不喜出草殺人之舉。下山一著，下山操子譯：《流轉家族：泰雅公主媽媽、日本警察爸爸和我的故事》（臺北：遠流出版社，2011），頁 205。

之解讀是正確的），餘生諸人沒有怨懟，不帶有仇恨。這是身在現代性／進步史觀／啓蒙理性之下的吾人所難以體會的，也難以企及的。

從這一代的邱建堂之口，或他所轉述的上一代餘生族人的口中，筆者得到了現代性觀照之下完全不一樣的視野。在本文一路的追索中，舞鶴筆下的《餘生》族人多是虛無在愛慾論情色的莽動下。但真正的餘生族人——邱建堂告訴我們的完全不是這樣。反倒是採用後現代敘事的舞鶴，其主體精神結構完全是虛無躁動的。

六、結　論

（一）舞鶴自己的餘生情境

舞鶴寫下《餘生》這部特異的小說，原是想藉著寫作，在他自己多年的擺盪間作誠懇地思考，也許那是「不可能確認的確認」，在誠懇思索盡力思考之際，舞鶴說，他如此盡力思考，乃是為了達至最終「不思不想」。[44]的確，舞鶴說自己在餘生之年來到餘生之地，儘管考察的是歷史事件，但背後的心境充斥著他自己的餘生情境，[45]這中間有其主體頹廢荒涼之感。

44 同前註，頁 64。

45 餘生情境，按舞鶴自己的說法，他不只是考察霧社事件遺族的餘生，也是在思索他自己剩下來的人生。「我在餘生之年，來到餘生之地，重新評估「霧社事件」，史料、田野調查、思索是評估的主軸。」舞鶴：《餘生》，頁 245。

（二） 蒙／神話之間的辯證

然而，這其中亦有現代性之下啓蒙／神話之間的焦慮辯證。舞鶴在霧社事件的砍頭中看到暴力文化的源遠流長。甚至，日軍以現代武力屠殺了一整個民族，這豈不更為暴力。但舞鶴知曉，文明的本質背後仍只是暴力。那麼，文明／暴力，不過就是一體兩面。

於是，《餘生》美學的確饒富深意。在原始的存有的番人出草事件後，所碰到的文明這一面仍是暴力本身。無怪乎，舞鶴會以虛實之間，一位馬赫坡遺族住持老和尚的話來說禪語：「霧社事件是多此一事。」解構之後，真實／實體已非確認，而是在無盡增補的敘事中構成了餘音繞梁的餘生美學[46]。

---

46 《餘生》一書結尾，舞鶴是這樣描寫的：當他打算離開川中島，午後三點先去向餘生碑道別，隨後穿過小巷準備離去時，卻被一名老者叫住。老人要舞鶴酒要慢慢喝床上的事也要慢慢做，隨後他說起自己的故事。原來老者的父母也是霧社事件的直接涉入人，事件發生時，還是嬰兒的他原本也要被母親吊死樹頭或拋下溪谷。然而，他活了下來，事件後苟活在川中島。老者三十歲時，有 Toda 族人來村落提親。「大約大家都還在事件中沒有臉面對彼此，圍坐的人都在事件中靜默，這樣連續有三天，Toda 的人提不成親走不回去，部落的長老也不准牧師說話，Toda 社的姑娘是頭目的小女兒，我們賽德克人也感到原是同族的誠意，而且不是血仇血報的時代了……川中島歌舞三天，媾和的儀式完成了，當夜新娘送到我破落的家。」「所以幾年後，Toda 長老遠到川中島提親，川中島長老也接受了，『我們同是賽德克人，賽德克人理解賽德克人的一切——』。」兩人成婚後平靜生子終老，老人說，如今有點小積蓄外加兒子孝敬的平地錢，醉眼看山水，Toda 老妻也不嫌棄了，於是

然而，如本文開頭所提及，舞鶴說他往島國深山走，亦希冀能發掘出能在世紀末與都市文明對抗的「存在於原始的存有」，而這「原始之存有」究竟是什麼？[47]1.是如舞鶴大書特書的死亡暴力之感，如他從原住民祭儀中挖掘出的出草性／砍頭情結？2.抑或是「斷頭觀性交」的巴塔耶式的愛慾狂亂？舞鶴以出草性解讀一二次霧社事件之餘，將亞族之間的獵首或真實或虛構、或官方或野史、或論述或戲謔，衍異出巴塔耶式狂暴的砍頭情結（如斬雞頭）；並且在被窺癖與被虐狂之間上演了一段繽紛的「斷頭觀性交」劇碼。這些典型的舞鶴式的筆法，

餘生就這樣過，《餘生》之始是賽德克亞族間的和解（通婚），最後一則故事（報導人）即是這成婚的男女。已垂垂老矣的老者來談餘生（和解），終還是舞鶴擅長的性事，「無思無想床上過」，同前註，頁 264。

47 有一點值得探究，在《餘生》近結尾處舞鶴說：「我在餘生之年，來到餘生之地，重新評估『霧社事件』……，當代並不肯定『霧社事件的正當性』，它以『存有第一義』反駁『反抗的尊嚴』，復以『存有自主』否定『出草的集體意志與儀式』。」同前註，頁 260。若對照書中用語，顯然，「存有」指的是存活下來，活下來為歷史作見證。於是舞鶴說：「當代以『存有』為第一義，當代以為莫那・魯道在某種程度上誤解了尊嚴的『必要性』和『立即性』。……當代肯定事件中的馬紅莫那、花岡初子……，他們避開了『立即性』持續了存有為事件作了第一手的見證，……『當代』不正式否定歷史的莫那・魯道，但不肯定當代的莫那・魯道，『當代』是反英雄的。」同前註，頁 114。我們不知舞鶴的「當代」定義從何而來？當代真的只肯定「活著」（存有第一義）？如果舞鶴的當代只肯定活下來，那麼，餘生諸人是最值得被肯定的了？於是，餘生之年的舞鶴，與餘生之地的遺族者，相較於「一二次霧社事件的犧牲者」乃是更值得被肯定之事？

與其說其說明是屬於賽德克史實的，「存在於原始的存有」倒不如說是屬於舞鶴自身的。尤其是舞鶴那齣「斷頭觀性交癖」的劇場，在窺／被窺之中，與其說是在原始山林中斷頭窺視著性愛場景，不如說是舞鶴被自己過量的主體內在持續凝視著。舞鶴如拉岡所言的擬態生物，不斷變幻著狂亂的文字，以符應其絕爽主體的前存在凝視。

（三）餘生族人的啟示

然而，Tkdaya 餘生者檢討第一第二次霧社事件時，不僅得出與政治見解（日台政府）全然不同的詮釋，也與舞鶴的「出草的政治性」[48]完全無涉。舞鶴以出草性解釋固然是對的，但賽德克亞族間之彼此獵首，是在殖民主（西方／日方）進入之後才被「異化」的。顯然，舞鶴 97，98 年秋冬在清流部落的田野調查，對 Tkdaya 族人被「異化」之說是徹底忽略了。

而，真正的餘生族人（他們是人，他們並非是在被西方／列強凝視下的空無一人）所傳遞給吾人的這種對

48 雖然舞鶴戲謔解構歷史，若細究《餘生》一書，書中他仍舊用自己的語言為霧社事件做出定論。一、從文明的詞彙來說，霧社事件是「反抗的尊嚴」，是「政治性的抗暴」。二、但從原始的「出草儀式」來說，只是千百年來賽德克祖訓下的祭儀活動，是「原始性的出草」。就第一次霧社事件來說，因為涉及對現代性（文明）統治者的反抗，因此可說是政治上的活動；而第二次霧社事件，因為是亞族之間的彼此殺害，以出草界定無誤。三、最後，舞鶴下了結語：「霧社事件最確切的定義是：政治性的出草」。同前註，頁 180。

歷史的凝視（脫離了現代性以來的進步史觀），該是早已遭現代啓蒙洗禮的我們，所該深思吸收且學習的課業。如果當代能重新再思索再面對這種神話思維下的世界觀，則身處後現代的主體或許不會如此時時帶著生命過量的狂躁與虐待不安。

（第二次霧社事件後所攝之相）

原初的完美／再增補：
夏曼‧藍波安作品再思索

一、前　言

本文，我們將考察另一位原住民作家夏曼‧藍波安如何論述其本族紀事，且探索其意識狀態在後殖民情境下的掙扎。

歷來，關於蘭嶼的各樣書寫與研究甚多，早期的蘭嶼書寫者，多是華語使用者／台灣漢人／外於蘭嶼的文化精英（文人、作家、傳教士），儘管他們對於蘭嶼，在風景、習俗、文化上有著詳盡且有趣的觀察，但，這些精英們在描述蘭嶼這遺世一蓬島時，還是帶著對奇風異俗的想像力，於島嶼風情中訴說著自己的新鮮感／優越感。在這個時期，外來者與本地者仍是互為他者。

但 80 年代後，已不再是底層無聲音，逐漸有達悟本族人提筆寫作。三十年過去，現在，蘭嶼文學的頭號人物，非夏曼‧藍波安莫屬。夏曼‧藍波安的書寫有如海浪的推展有波峰波谷之異。早期的施努來，志在典冊本族神話，近來的夏曼‧藍波安，則以小說形式，為一個個被現代性拋棄的族人作傳。早期施努來的書寫生澀；

近來則直接大膽，中期原漢混雜，語感豐富生命力勃發。早期的他，受制於憋腳的漢語表達，原漢語法的混血困惑；現在他則南島 — 漢語雙聲帶演出，奇妙地魔幻了現代中文的詞彙與句式。他開創了海洋文學的新頁，將華文書寫推向了更寬闊的界域。孤島荒陬，為蘭嶼隔絕保留了更道地的雅美文化；這一切，仰賴著夏曼・藍波安及其寫作族人們的妙筆為世人留下。

夏曼・藍波安的確已意識到自己在文學史的位置。然而，成名也成熟得多的他，下筆與日常生活中，為何仍是一脈滄桑糾結的模樣？筆者以為，夏曼・藍波安終究命定纏惹在現代性的魔咒之中。走出小島，提筆為文，是現代性中「有用」的展現；然而他引人矚目的題材，終究是現代性之外「無用」的島人及海人技藝。而若回歸傳統達悟的價值，這「有用／無用」卻直接對反互換。即便今日的夏曼・藍波安兩端都擅長，但其中的拉扯必然比他那來自原初社會的父母還要劇烈。本論文之論證主要分為兩部分。

（一）第一部分，重新探究蘭嶼在「人類／世界文明史」中的位置及被殖民狀況，筆者以為，釐清楚這兩點後，更能清楚看見夏曼・藍波安書寫之意義。另外，夏曼・藍波安的作品有一固定之二元論，若將其生命斷代，以中年回歸蘭嶼作為中介，則前後期截然可為卑下／高尚的區分；蘭嶼／台灣、小島／大島是顯而易見的二分，那是野俗／文明，善良／邪惡，自然／社會的二元對立。

（二）本文的第二部分，除了將論述這二元對立外，更將說明夏曼・藍波安之書寫已讓自己的二元論出現縫隙；筆者將借用德希達《書寫學》之解構論剖析之。最後，筆者將指出，夏曼・藍波安當可有更大的胸懷與氣魄，去揉雜他生命中獨特的兩種成分：石器時代的原初記憶、後現代之際星球化的殖民現代性思維；將會是華文文學中更寬廣的後殖民書寫。

二、文明史中的蘭嶼與夏曼・藍波安之書寫

少有人注意到近年夏曼・藍波安在「政治」上的指控。2000年後，夏曼・藍波安以較強的力道，控訴國民政府幾十年來在蘭嶼的統治。第一本著作[1]開始，夏曼・藍波安就對漢人政府語多批評，但千禧年後才火力爆發：民智漸開外，該是夏曼・藍波安接受了更多思想與文學理論訓練的成果。另外，夏曼・藍波安「政治」上之指控，少有論者注意；理由可能是，其談論近似80年代以來原權運動的主題。然而，筆者以為，在台灣後殖民的運動中，蘭嶼佔據一奇特異常的位置；這奇妙的歷史淵源，從未有學者檢證討論。即便如夏曼・藍波安，亦有意無意碰觸此點而已。有兩個重點值得論證檢討：

第一、蘭嶼在「人類／世界文明史」中的位置。（此點可與蘭嶼同文同種的巴丹島為例對比）

1 指1992年出版的《八代灣的神話》。

第二、蘭嶼的被殖民狀況（即蘭嶼在民族國家現代化過程中的位置）。

筆者以為，只有搞清楚了蘭嶼的文明地位與被殖民景況，才能清楚看到夏曼・藍波安寫作的意義。在這兩點之下，夏曼・藍波安之書寫就不再只列位華語文學中原住民文學的範疇，而該有更寬闊深遠的詮釋意義。

（一）後殖民史觀

80 年代以來，政治高壓鬆動，始可解禁而評論為國族歷程，因而也帶入了殖民／後殖民理論之反省。對於台灣從日據時期（甚至遠推至荷據時代）以來的政治經濟狀態，在殖民／後殖民的論述上有過一番論戰。[2]本文只舉上世紀末著名的陳芳明與陳映真的論戰為例。[3]陳芳明認為台灣近百年的歷史分期是從「殖民時期」（1895-1945）→「再殖民時期」（1945-1987）→「後殖民時期」（1987-迄今）的歷程。而與之對戰的陳映真

---

2 不論如何，台灣島經歷過被殖民的階段。論爭之點在於：被殖民的階段起於何時，轉折於何時，而目前結束與否？然而，此討論端賴批判發聲的主體：漢人（或閩南人、福佬人？）、原住民、外省族群而立場殊異，不同國族情結的漢人對於清治與日據必然有不同的評判；且對於日據結束後，漢人重新當家後的殖民思考也迴異。

3 90 年代有過幾次著名的論戰。如後現代與後殖民之爭，主要爭議在於：台灣是否已經進入了後現代社會（高度資本主義社會）或仍在高壓解禁之後殖民狀態裡。陳芳明與陳映真之論戰，時間往前推衍則可說是鄉土論戰以來的遺緒，主要爭議在於：對於中華／台灣國族主義以及美國資本主義影響之看法。

則持完全不同觀點。如下圖：

	陳芳明	陳映真
1895-1945	殖民時期	殖民地・半封建社會
1945-1987	再殖民時期	半殖民地・半封建社會 新殖民・半資本主義社會 新殖民・依附資本主義社會
1987-迄今	後殖民時期	新殖民・依附性獨佔資本主義社會

二陳所用術語，反映著不同的意識形態。兩位都承認戰後台灣被殖民的事實，但陳芳明以為的殖民來自遷台後的中國國民黨（或中華民國）；而信奉社會主義的陳映真則認為殖民的源頭來自美帝國資本主義。

但，南島民族眼裏，恐怕四百多年前，非南島民族（荷、西、漢）踏上福爾摩沙島始，他們就進入了被殖民的命運。無論如何，數百年來，原住民都是生活在被殖民的狀態下，僅看部族之原初社會組織祭儀何時實際地被外在世界所摧毀改變（吾人所熟悉的日人五年理蕃事業（1910-1915），在二十世紀 20 年代，強力地控制了台灣島上的多數的原住民（少數布農部落除外）。那是第一次，台灣全島完全被政治力所掌控）。筆者在此主張，二戰後原住民族僅是換了另一殖民政權；因為在目前大部份的中文文獻中，少見漢人或原住民自己主張戰後他們仍是被殖民[4]。吾人幾乎從未聽見，原住民或達

4 如若二戰前，原住民族的確受到日人殖民，那戰後他們是被接收／

悟人出來控訴他們被中華民國政府「殖民」。譬如，對陳映真而言，原住民只是台灣這個新殖民地的內部的被壓迫民族，他說：「作為民族，台灣少數民族在台灣社會中蒙受著漢族各種資本和外國新殖民主義資本雙重掠奪和壓迫；作為階級，台灣原住民各族人民，一般地成為台灣『新殖民地，半資本主義』社會中最低層的被壓迫階級中重要的成員。」[5]即便在有高度反省能力的陳映真眼中，原住民仍只是被壓迫者而不是被殖民者。尤其蘭嶼在日人的統治下又極端特例，如果不真正站在達悟族自身的情境脈絡下，很難產生其中的殖民反思。達悟族的情況則非常特殊，它雖被日本人直接管轄，但卻不落入日本殖民政權的現代性計劃當中，而又與其他南島各族的被殖民不同。因此，筆者以為，達悟族一直要到中國民國政府的執政期，才真正落入被殖民狀態。而 90 年代以來，政治高壓解除的結果，持此立場者越來越多，如施正峰、吳叡人等。[6]

解放／光復？還是政權轉換後繼續被殖民？當原住民的語言／書寫文字／祭儀／社會形態／教育／政治制度都完全被國民政府漢文化改造之後，這已然是被殖民狀態。

5 轉引自關曉榮的文字：「而台灣戰後資本主義社會，即台灣『新殖民地・半資本主義社會』內部的山地各民族解放問題，當然就必須成為台灣的反新殖民主義（即台灣〔包括全體少數民族人民在內的〕各被壓迫階級反對美日新殖民主義及其在台灣的代理階級）」。關曉榮：《蘭嶼報告》（臺北：人間出版社，2007），頁 224。

6 吳叡人說：「台灣殖民經驗特徵之一在於：歷時的「連續殖民」經驗 — 清帝國、日本、國民黨，以及並時支配結構上的「多重殖民」

但，如若佔多數的漢人都宣稱 1945 年之後，台灣進入了再殖民或新殖民的時期，則少數的南島族群在此再／新殖民中又是怎樣尷尬局面之自處？該成為「再殖民中的被殖民」或「新殖民中的被殖民」？或成為雙重殖民（國民黨再殖民下又被漢人殖民／美帝資本主義殖民下又被漢人殖民）？即便今日，掌握發言權／權力的政治人物／學者仍多是漢人，他們之中，仍很少會從自我湧起漢人中心主義或大福佬沙文主義的反省。

但，1895 年後，達悟族的政治狀態與島上其餘南島民族有偌大差異；其「被」殖民景況也就全然不同於其他各族。這點，直到二十一世紀的夏曼‧藍波安之書寫，才全面控訴展開。

（二）日據時期

1895 年，日本人進入蘭嶼。日本人為了人類學上研究之需要，特意將蘭嶼封鎖，不讓過多文明事物進入該

── 殖民母國（外來政權）／漢族移民／原住民。」吳叡人：〈台灣後殖民論綱：一個黨派性的觀點〉，《思想》3（2006.10），頁 95。及「從原住民民族解放運動的觀點而言，民族解放 ── 也就是反殖民與去殖民 ── 尚未完成。這個目標是政治的，也是文化的；如法農和 Cabral 所指出，民族解放鬥爭必然是文化鬥爭。因此原住民族解放運動，必須同時進行政治與文化的去殖民，同時建構政治與文化的主體性。如果政治主體性的目標是民族自治（或獨立），則文化主體性的目標是區隔原／漢 ── 去漢化，以建立民族文化。」同前註，頁 97。

島。[7]這從鳥居龍藏所留下的論述中便可見出，[8]鳥居龍藏用現代性的眼睛俯瞰了這座島嶼，用人種學科的知識去測量當地居民的身形體態，記錄族人的建築、服飾，考據他們的聚落及遷移分布。

於是，雖然日本人管轄了蘭嶼，僅是輕度殖民。[9]日人逼迫雅美人服許多勞役，多在建築基礎工事：興建學校、警官宿舍、衛生所[10]、電信局、神社、海軍軍營、氣象站等[11]。日本人實際駐島的行政人員是警察，而一般常駐軍人不到 15 人。警察身兼多職、除警務行政外，還要負擔起學校教師、供銷會職員等工作。日本人雖建有神社，在日人離開後，神社完全頹圮。日本人除留下

---

7 關曉榮說：「日據時期，統治者為了人類學研究上的需要，特意將蘭嶼封閉起來，禁止外界文明事物進入蘭嶼。光復後，國民政府經由山地管制辦法，沿襲日本的封閉政策。1967 年蘭嶼全面對外開放，此後觀光事業對雅美的傳統生活究竟產生多大的衝擊？」關曉榮：《蘭嶼報告》，頁 209。

8 1897 年，鳥居龍藏登島蘭嶼，就是 70 個整天。同行 5 人，沒有一人知曉達悟語，沒有官兵保護。

9 雖說是輕度殖民，但後來夏曼・藍波安還是這樣控訴：「聽說，日本人手上握著一把槍，喝令族人聽話，違抗者是真的立刻被槍舵擊昏，族人也害怕得要命，便也任他擺佈。他們在我們島上的共同點是，帝國主義的代表。」夏曼・藍波安：《航海家的臉》（臺北：印刻出版社，2007），頁 130-131。

10 衛生所醫生也要兼任警察的工作。一般而言，雖不會拒絕達悟病人，但他們只幫日本人看病。也沒有預防傳染病或環境清潔，或義診等工作。

11 因為氣象站地勢較高，在建氣象站的過程中為蘭嶼人帶來了苦頭，讓他們印象深刻。

簡單的基礎教育[12]，少數行政的水泥建築外，對達悟人的生活世界並沒有造成劇烈的影響，從宗教信仰來看最為清楚[13]。

（三）國民政府時期

正因為日本放任的治理政策，使二戰後的政權易轉，為蘭嶼帶來了真正的「殖民」。中華民國政府[14]強權介入，不論是在軍事、行政、司法、教育……上，都可稱是「高壓統治」，更遑論後來的核廢料儲存事件。

國民政府進入蘭嶼的最初數十年，正處於動員戡亂時期，因此軍方的蘭嶼指揮部掌控了一切。影響最大的可能是土地收歸國有[15]；日人不太干涉達悟人的土地使用，族人還可按照傳統耕作方式生活著。林地與耕地都落入了統治者的手中，達悟人造舟耕種的山海傳統必然深受影響。國民政府雖帶來國民義務教育，但派來的卻是素質不佳的教師，並灌輸學童「反共大陸」、「打倒俄寇，反共產」、「三民主義萬歲，蔣總統萬萬歲」等教條。國民政府除了將政治犯送至蘭嶼外，也在島上成

---

12 教授日文、數學、社會、自然、美術、體育等。

13 在警察派出所內，設有物品供銷會，這即是達悟人進入貨幣時代的開始。據資料，日人非常誠實，不二價也不賺不義之財。達悟人販賣他們採集漁獵的農產品，而大致換得幫助生產的器具。

14 夏曼・藍波安比較常使用來控訴的詞彙是：「國民黨政權」或「漢人」。

15 傳統家族各自擁有的土地落入了國防部、林務局、退輔會、鄉公所等手上。

立了管訓隊，把流氓惡霸都送上島來。政治組織，選舉制度也瓦解了族人的親屬家族和諧。

無論如何，當國民政府人員看到「穴居」的蘭嶼居民，他們理當是把堯舜以前的時代套用在達悟族人身上，他們的想法固然沒有「錯」，卻是一種炎黃國族或人類進化史觀的意識型態。無怪乎，當國民政府幫達悟人蓋好海砂屋國宅後，洋洋得意自以為德政。夏曼・藍波安對於漢人的控訴，早在《八代灣的神話》中便已顯露。《航海家的臉》一書，夏曼・藍波安直言不諱地控訴著：

> 蘭嶼為達悟民族的島嶼，而非蘭花的島嶼。自一九五八年後的二十年，當成「偏離的差異地點」用來安置台灣的重刑犯及不適任之教師、員警、公務員等「廢料」。一九八〇年代之後，蘭嶼又作為一個觀光的幻想空間，被形容神秘的島嶼「幻想的差異地點」，住著一群住在地底的「土人」招攬觀光客，滿足他們的好奇心。五十多年來我們被披上中華民國公民外衣之後，我們的族人與生存環境便籠罩在人為蓄意營造的無限輻射的恐懼中，忍受著漢民族中心主義的歧視與次等國民的待遇。[16]

> 一九五八年行政院退除役官兵輔導委員會在蘭嶼徵用了八十三筆土地共計二〇四・一九公頃作為

16 夏曼・藍波安：《航海家的臉》，頁 197。

> 農場用地，包括現在的國家核廢儲存場。……一九五九年輔導委員會委交給警備總部職訓總隊代管，代管土地的經營權以及引進台灣的重刑犯，人數約計一千名左右。此後的二十年，他們目無法紀的橫行在我們的島嶼，姦淫我們的婦女，盜伐我們的林木，以牛隻踐踏我們賴以維生的旱田、水芋田等不計其數的罪狀。[17]

即便夏曼・藍波安的控訴是如此猛烈而沈重，他仍只是指控漢民族中心主義與自嘲是次等國民而已；還是隱忍了殖民二字。土地失去了（家族土地、傳統領域被佔據）；族群不再自治（行政人員、司法人員、教育師資等都是不入流的派遣人員），傳統生活模式被干擾打斷。於是，成為「中華民國公民」不過是淪落成二等國民的待遇。從上世紀 80 年代原權運動以來，原住民權益已大幅提升被重視，但即便到了 2005 年的時空當下，夏曼・藍波安才真正正式地，提出被漢族中心主義歧視與欺侮的控訴。他甚至寫下：「族老沈痛地說：『漢人比日本人看不見的惡靈恐怖千萬倍啊，孩子們。』」[18]

（四）內部殖民主義

如上，筆者以為，戰後，達悟族從被日本「輕度殖民」正式進入被國民政府的高壓殖民，或者說是，在民

17 同前註，頁 193。
18 同前註，頁 194。

族國家中的內部殖民。內部殖民是「同一個國家之內一個種族對另一個種族的支配，被稱作『內部殖民主義』（internal colonialism）」。[19]

根據謝世忠的研究，「內部殖民主義」乃是「建立在一個多族群國家（multi-ethnic state）內之一個『核心』（core）單位與另外一個或更多的『邊緣』（periphery）單位間的互動關係上。這個核心非常明顯地在政治上和經濟上控有這些邊緣。」[20]無疑，這個定義完全適用於台灣島上的諸南島民族與其統治漢民族間的關係。掌握政權的漢族位居核心單位，而相對的南島諸民族則是邊緣單位；核心單位在政治經濟上控制著邊緣單位。

謝世忠認為內部殖民主義還有兩項特點。1.「依族群為界線的勞力分工」，[21]意指邊緣單位的民族容易成

---

19 或者我們可用另一個較接近的詞彙「半殖民」，德里克說：「有一種用法在語義學上講不大通，但是作為一個政治標語卻意義非凡，這就是『半殖民』，用於指由不平等的權力關係表現出來的不完全的殖民主義狀況。」出自德里克著，付清松譯：《全球現代性：全球資本主義時代的現代性》（南京：南京大學出版社，2012），頁171。

20 轉引自謝世忠：《族群人類學的宏觀探索：臺灣原住民論集》（臺北：臺大出版中心，2004），頁82。

21 謝世忠說：「……其一是有一依族群為界線的勞力分工。換句話說，統治族群往往有意地設計好社會角色的配置藍圖，其中上層或優勢的空間多半只保留給自己族群。而即使被統治族群有一些成員被邀請進入統治圈任職，在改變被統治族群的地位的範疇上，也並不具任何意義。」謝世忠：《族群人類學的宏觀探索：臺灣原住民論集》，頁 83。從過往數十年原／漢的政治社會權力位階來看，完全吻合謝氏的論述。

為下層階級的勞工。此點在台灣原住民族中也完全體現；尤其當原鄉的原住民一進入到城市中時，他們往往就成為直接付出勞力的捆工或建築工地的工人（這不就是夏曼・藍波安高中畢業後的西部勞動史？）。2.「族群間缺乏整合的動力」，在國家逐步現代化的過程中，族群之間的差異與矛盾只是越來越凸顯，其不平等尤其在此過程中越加衝突；90 年代以前，此點昭然可見。

而到了宣稱實行自由民主憲政體的漢人政權時，南島諸民族則淪落為其內部殖民體。[22]在過往學者所討論的後殖民狀態中，因學者多是從漢族或福佬人或台灣人的視角出發，因此多只反思戰後台灣人（實則只是漢人）與被殖民之間的關係。縱然他們亦關懷原住民，但從未真正從原住民自身主體性出發，互為主體去反省戰後民族國家內部的殖民情況。的確，過往黨國架構下，多數政府人士常信心滿滿地認為自己是原住民的拯救者與拉拔者，因此，懷有儒家美善理想的漢人無遺就是智慧與仁慈的「模範的民族」（model people），而原住民乃是「被拯救的民族」（salvaged people）。但實際上，對於 80 年代抗爭中的原住民而言，漢人是真正的外來侵略

22 筆者在此使用的漢族／南島民族或福佬／閩客 vs.南島民族的對比，乃是晚近之事。尤其是 1987 年，原權運動興盛之後才有此「族群」上的使用。尤其南島民族被合稱為「原住民」，更並非是這十數個民族在血緣、歷史、或語言脈絡上有完整的統一性，只是因為「原住民」乃對應著「非原住民（的閩客）」而更顯示出其不平等地位。其實，90 年代以來，更一致產生了四大族群這個名詞。

者，「他們造成原住民世界難以彌補的悲劇。因此，漢人是一『邪惡的民族』（devilish people），與它相對的，就是代表原住民的『無辜的民族』（innocent people）。」[23]於是，吾人才會聽到夏曼・藍波安的父親這樣感嘆，2000 年七月，他八十五歲的父親說：

> 但願時光倒流到沒有漢人的時代，這個時候的人已忘了尊重老人。[24]

夏曼・藍波安嚴辭之抨擊，雖未明言「被殖民」，但亦不遠矣。實則，寫作二十餘年的夏曼・藍波安，一直到了 2014 的《大海浮夢》一書，才正式使用了「殖民」一詞來控訴。依上文，則蘭嶼的政治社會時期該重新改寫為下圖：

年代	政治社會時期
～1895	原初的社會狀態
1895~1945	輕度殖民
1945~1980 年代	強殖民
1980 年代~迄今	弱殖民或後（去）殖民

如果 1945 年之後，蘭嶼政治上被（強）殖民。那麼，80、90 年代之後，是此被殖民意識的抬頭；縱然 80 年代後，達悟人自我的書寫出版增多，但唯有到夏曼・藍波安的的書寫之出現（無論是驅除惡靈之核廢料抗議，

23 謝世忠：《族群人類學的宏觀探索：臺灣原住民論集》，頁 85。
24 夏曼・藍波安：《海浪的記憶》（臺北：聯合文學，2002），頁 159-160。

或本土書寫之現身），都可稱為是達悟開始去／解殖民之肇始的重要象徵。

三、石器時代的蘭嶼？

檢討完中華民國史上的蘭嶼定位後，本文將回到更大視野的人類文明史來檢視夏曼・藍波安父母口中的「石器時代」。夏曼・藍波安《航海家的臉》書中提到一句話:「藉此紀念父母親在『舊石器時代』養育我們的恩澤。」[25]「舊石器時代」？這讀來是自我解嘲的笑語?還是現象式的描述句？筆者以為，這句話既是殘酷的經驗語，更有穿透了人類文明角度下的震撼與悲涼。「紀念父母親在『舊石器時代』養育我們的恩澤」，這句話對應二十世紀初的蘭嶼社會應屬適切（夏曼・藍波安的父親出生於 1906 年）。夏曼・藍波安指的石器時代，該是人類發展史中的新石器時代（而非舊石器時代）[26]。一萬兩千年前，地中海近東的智人已開始了農業（不再只是採集

---

25 原文為：「原初的勞動無非就是傳統知識的繼承與再生，同時也藉此紀念父母親在『舊石器時代』養育我們的恩澤。」夏曼・藍波安：《航海家的臉》，頁 77。

26 「石器-銅器-鐵器」之「三種年代系統」（Three-age System）的史前人類時期的分類法，是 18 世紀的丹麥考古學家 Christian Jürgensen Thomsen 所創立，乃根據著主要物器使用而斷定的文明分界法。但，隨著考古資料或海外拓荒的進展，更多的材料與證據被提出，因此這種編年法受到極多的批評：其分界過於簡化或過於歐洲中心主義。幾十年來，吾國的歷史課本都採用此等分類法教學，也因此這樣的物器文明史深植人心。

漁獵）[27]，而有了定居的生活（部落形態出現），他們發展出精細的，能夠幫助農耕或狩獵的工具，但仍是石製的（而非金屬的）。夏曼・藍波安意識到這文明分期的問題，其著作中，都把上一代的社會，稱之為「原初的社會」或「原初的部落社會」，其中的勞動乃是「原初的勞動」，以便與日人、漢人到來後的社會狀態有所區別。[28]

而，當日本殖民政府進入到蘭嶼時，所碰觸而管轄的是「新石器時代的部落」？而當中華民國政府接收了蘭嶼，從而將統治行政權延伸至此時，所管轄的是「新石器部落」？蠻荒的穴居之島？如若吾人都同意二十世紀初的中／日兩國都已進入／或正往現代化／性邁進，那麼，1957 年出生的夏曼・藍波安及其父（時年 41 歲），不就直接從「石器時代」一舉邁入「現代」？而當 2005 年夏曼・藍波安的父親過世之時，他父親不就橫跨了「石器時代」、「現代」、「後現代」（或「高度發達資本主義」或「核子時代」）多個時代？

27 相較之下的舊石器時期，人類仍是非定居的採集漁獵生活形態。

28 在蘭嶼的歷史中，從未有過冶礦的經驗。達悟禮器中有銀盔，但島上不產銀。他們早已考據，白銀來自沉船或偶爾貿易。蘭嶼從未有過黃金時代。在日本人登島以前，族人製造拼板舟都是依靠石斧。日本人之後，鐵器的使用才成為常態。「根據六十歲以上的雅美老人追憶，日據時代以前，大抵還沿用著鑽木取火的方法，當時偶有遭遇海難的船隻漂到岸邊，雅美人從而獲得少數珍貴的鐵器！到了日人統治時期才有火柴傳入，這時鐵工具的取得，時因日人的贈與，或以物易物。台灣光復之後，才有現代漁網傳入，取代了原有植物纖維所製的魚網。」關曉榮：《蘭嶼報告》，頁 167。

人類歷史之軌跡是否有一定式？時間進程是直線抑或循環？在西方哲人的理論中，歷史可能是理念精神自身所自我辯證的結果；在此意義下，歷史的軌跡是必然的，於層層超克中邁進到下一階段。或者，歷史僅是偶然隨機？如若吾人將夏曼・藍波安唯獨點出的石器時代納入考慮，則，蘭嶼的文明演變史當在後殖民狀況中取得非常獨特之地位，即便納入二戰後的後殖民歷史中也是非常獨特。

（一）線性歷史觀

19 世紀末以來，受西方思潮影響（尤其是社會達爾文主義或社會進化論），漢語世界對歷史的進程有了深入人心的「線性歷史觀」概念。「線性歷史觀」主張歷史時間是有意志的、階段性的、朝向一定的目標層層前進的。適者生存的社會進化論帶來的震盪極大，主因在於中國當時於列強欺凌下，充斥著救亡圖強的強烈企圖，希冀政治法制上的物競天擇。清末大儒：康有為、梁啓超、嚴復、章太炎……等都闡發這樣的思潮。

依王汎森整理，清末之後，歷史時間有了一種「進化之公例」，認為西方的歷史發展乃是定理公例，中國按此公例公式前進，在一定刻度上前進，也能契合進化之意志與目的，終成強國。王汎森說：「受社會進化論影響者都宣稱歷史發展的過程有一些公例，其中最有力量的兩種版本，一是認為人類社會都經歷過石、銅、鐵三個時期，二是認為所有社會的進化過程都經過圖騰社會、宗法社會、軍國社會三個階段。」[29]事實上，這些公例的源頭都來自摩爾根（Lewis H. Morgan）的著作《古代社會》（*Ancient Society*），蘇聯就是在摩爾根的影響下提出著名的「社會發展五階段論」：從原始公社→奴隸社會→封建社會→資本主義社會→社會主義社會。[30]

當中華民國政府管轄了台灣島上之南島族群時，筆

---

29 清末常見的歷史分期還有：康有為的公羊三世說，把歷史發展分成據亂世→升平世→太平世三階段。梁啟超的人類文明三分「野蠻→半開化→文明」，梁氏還說「國家」之形成必須經過四個階級：野蠻自由時代→貴族帝政時代→君權極盛時代→文明自由時代。而劉師培說：「近世以來，西人言社會學者考社會進化之次序，分為三級，一曰石器時代，二曰銅器時代，三曰鐵器時代。推之殊方異俗，莫不皆然。或謂中國古籍鮮言石器，實則不然。觀《說文》一書所舉石名，以十百為計，……豈非古代重石之徵乎？厥後舍石用銅，而石器之用日稀，故古籍詳之石類，亦多古有而今無，此則社會進化之秩序也」。以上轉引自王汎森：〈近代中國的線性歷史觀 — 以社會進化論為中心的討論〉，《新史學》19:2（2008, 06），頁21。從清末大儒的這些談話看來，「線性歷史觀」與「石器-銅器-鐵器」三年代系統，都已內化到他們的世界觀之中。

30 歷史唯物論是一徹底的決定論，其探討社會的經濟物質條件，從生產力與生產關係去推衍社會基本結構的演進。不論是「石器 — 銅器 — 鐵器」的三年代系統或後來共產主義鼓吹的五階段，二十世紀上半葉都盛行於中國。然而，馬克思在《德意志意識形態》一書中僅僅談論到亞細亞式的、古代的、封建的和現代資產階級的生產方式之間的演進演化，且東西方各有不同的進路。但到了蘇聯時期，這五階段論卻成了國家欽定的文明進化版本，彷彿古往今來人類文明皆是按此進路演變。而到了中華人民共和國時期，他們更將馬克思所言的亞細亞生產模式拿掉，而採用了蘇聯的五階段論；此正統，隨著中國教育部所頒訂的教學大綱而寫入了各種歷史教科書，影響極大。一般而言，當吾人提到歷史唯物論的史觀時，也是直接聯想到這五階段論。

者揣想，政府的「史觀」與意識形態，應當夾帶了中華民族固有之道統觀與西方之社會進化論的思想，此二者對於歷史時間的看法，都是線性時間的觀點。前者乃「堯舜禹湯文武周公……」一脈相傳，或「夏商周秦漢……」等朝代更迭。

於是，當夏曼・藍波安使用「石器時代」之術語時，我們可見 2005 年的夏曼・藍波安其辭語概念與意識形態，仍受到摩爾根之後種種社會進化論之理路影響（「石器時代」與「石器 — 銅器 — 鐵器」三年代系統，及原初部落、公社內涵）。這些辭語，不僅內化到南島人夏曼・藍波安的心中，也隨著各樣的國民教育，而蔓延於一般民眾的口語辭彙。無論如何，就石器及原初的蘭嶼社會，都處於社會進化論中剛萌芽的文明初始[31]；而

31 以礦物史（「石器 — 銅器 — 鐵器」）來分期，有其一定的文明史衡量的理據。中國歷史上，殷商已能大量採礦、冶礦，並製作成青銅禮器；這代表著一定規模的國家體制已經形成，並由此而能動員大批的人力物力去從事整個礦物開採到製成的過程。如果我們回到環太平洋的大航海時代來看鐵器問題更為有趣，而且可跟蘭嶼相較。以大溪地為例，1767 年。當最早的歐洲人船隊，英國瓦利斯船長所帶領的海豚號初抵大溪地時，船員們只要用一根鐵釘的代價，就可以換得與原住民女子共渡一夜春宵的福利。「他們議定的價格是一根四吋長的鐵釘（在當時被稱為『三十便士釘』，因為每一百根四吋鐵釘的價格是三十便士），過沒多久，很多人都偷拔那種四吋鐵釘，搞得船殼幾乎解體。」瓊・楚特著，陳榮彬譯：《了不起的圖帕伊亞：庫克船長的傳奇領航員》（臺北：網路與書出版，2015），頁 55。但是，當同一批海員更往南航行到紐西蘭時，彼時當地的原住民毛利人因為根本沒看過鐵，而拒絕用任何鐵釘來從事交易。同前註，頁 238。

在夏曼・藍波安父執輩的那一代，一舉邁入後現代。

某方面來說，「線性歷史觀」是從西方傳播而來的重大觀念，但我們極少再重新檢視此一觀念（或面對西方人後來如何自我檢討）。[32]當然，人類（同一的社會基本結構）無論如何不會從原始公社一舉跳躍進資本社會，因為這受限於生產工具與資本規模。可是，殖民擴張的時空錯亂並置下這不是沒有實現過：如十八世紀的庫克船長與夏威夷諸島，如十九世紀的英國人對應澳洲原住民，如二十世紀中葉的中華民國漢人與達悟族人。尤其讀到，夏曼・藍波安那石器時代的父母，一步踏進後現代時，那簡直有如時光機誤入或蟲洞錯亂一般。

（二）與巴丹島之差異

於是，破除「線性歷史」的觀念，只要與達悟同文

---

32 在社會進化論或社會達爾文主義的影響下，吾人皆會有文明直線進展的錯覺。但人類學家早已反省此點，例如，人類學家 Wolf 從二十世紀 60 年代美國的族群運動中有了理論反省。據 Wolf 考察，從南北戰爭結束到十九世紀末，是資本主義的勝利期，也正是社會達爾文主義（Social Darwinism）最盛行的時期。自然選擇，適者生存，彷彿資本主義的社會將要橫掃未來的文明發展。但六〇年代的印第安族群運動，讓原先盛行的社會達爾文主義無所適從。1960 年後的現代美國，突然面對到印第安族群各樣民族自決運動的要求時，讓原始的／文明的，開發的／未開發的，歷史時間永遠是朝進步直線進展等概念，一夕之間手足無措。從那之後，殖民主義、後殖民主義、內部殖民主義等理論，開始讓文明階段決定論的進展有了反省。參考自謝世忠：《族群人類學的宏觀探索：臺灣原住民論集》，頁 29-30。於是，吾人應當重新再來思索夏曼・藍波安石器時代的父母之意義。

同種的巴丹島比較即可。[33]只因在殖民擴張的過程中，蘭嶼與巴丹的地理位置稍有殊異，造就了完全不同的島嶼命運。

巴丹島因為位置偏南近菲律賓，早在十八世紀便已被「國家化」。1687年，英國海盜首領 William Dampier 曾短期居住於此。1782年，西班牙殖民政府宣布將巴丹納入管轄範圍，1783年，西班牙軍隊進駐，與原住民開始了長達七年的武裝抗爭；直到西班牙統治末期，巴丹島仍為軍政省。以上可見，18世紀開始，巴丹島便已正式受到西方之殖民；全然改變了巴丹島原初的部落生活。更不用說，接續西班牙，還有20世紀美國的殖民及二戰時日本短暫的佔領。[34]

在巴丹島早已進入現代社會時，20世紀上半期達悟人（夏曼・藍波安父執輩）仍在新石器時代中。當初仍是原初部落社會的巴丹島與西方之接觸，乃在於工業革命之初期；彼時的西方仍在封建社會與現代資本主義社會的過渡之中。相較巴丹島，蘭嶼脫離部落社會整整晚

33 近來已有不少對於達悟／巴丹之比較研究的成果產出，讓吾人可以有清楚的分界視野。見余光弘：〈巴丹傳統文化與雅美文化〉，《東臺灣研究》6（2011, 12），頁15-45。或楊政賢：〈文化協商與藝術表現的抉擇—臺灣蘭嶼與菲律賓巴丹島的比較研究〉，《台灣原住民族研究學報》4:1（2014.03），頁 61-89。或楊政賢：〈菲律賓巴丹島「飛魚節」慶典的參與觀察與現象詮釋〉，《臺灣原住民研究論叢》14（2013.12），頁19-55。

34 楊政賢：〈島、國之間的「族群」：臺灣蘭嶼 Tao 與菲律賓巴丹島 Ivatan 的口傳歷史〉，頁22。

了兩百多年。在過去五百年來大航海與帝國主義殖民的歷史中，蘭嶼島幾乎是人類文明最末一班進入現代體系的社會。李維史陀《野性的思維》一書中，討論過人類歷史的編年方式。從以數百個千年在編碼；到後來成為一種百年制的歷史。爾後百年中的單年史，到單年中的日史與小時史等。李維史陀說，這其中不應該有先後的概念，因為每一種編年信碼指示著它自己的意指系統。對一種信碼系統有意義的事件並不會對另一個信碼系統有意義。[35]雖然，歷史彷彿可以把這些各自的集合連續起來，但李維史陀說：

> 於是把歷史過程想像為一種連續的發展不僅是虛妄的，而且是矛盾的。……所謂的歷史連續性就只能借助虛假的圖線來得到。[36]

這也符合王汎森所說：「單線進化的歷史思維既規定了「公例」，又定下了進化的「階段」或「階級」，彷彿每一個階段皆需經歷，不可跳越，形成了柏林（Isaiah Berlin, 1909-1997）所說的「歷史的不可避免性」（the inevitability of history）。所以史家往往太過注意這些必經的「階段」，而忽略了歷史可能以各色各樣想像不到的方式在發展。」[37]於是我們應當反省：在吾人所認知

35 李維．史特勞斯著，李幼蒸譯：《野性的思維》（臺北：聯經出版社，1989），頁 327。

36 同前註，頁 329。

37 且王汎森說：「因為預設一個較進步的取代另一個較不進步的，故

中的漢族與南島民族，其歷史連續性從何而來？其歷史，以及鑲入現代史／台灣史過程是如何連續而成的？

（三）社會進化論？

讓吾人重新回顧一下，這一百年多來，「外在」世界對於蘭嶼的影響。日本人輕度殖民，不開發島上山林資源，不教化改造原住民。1950 年代以來抵達的他者有二，白人與漢人；這兩者，都是夏曼・藍波安嚴辭抨擊之人。白人，第一批抵達的是神職人員。不論是 1951 年的長老教會或 1954 年的白冷會，除了帶來物資外，時至今日，西方基督教已一定程度上改變了達悟人的宗教信仰觀。而漢人政權，派遣出來的是軍隊、犯人跟核廢料。1952 年國防部蘭嶼指揮部進駐，成了島上最高的行政司法警政機關。1958 年成立了退輔會的 10 個農場，軍人與重刑犯來到島上。80 年代後，蘭嶼核廢料存放廠，成了達悟人眼中最可怕的惡靈。

在大航海時代，船堅砲利，軍人跟神父都是解放的共同體。軍人以武力解放野蠻的邊界，神父以聖經解放蒙昧的靈魂。曾經，浩瀚的藍色水宇宙是歐洲人先鋒探

一方面可能安排了一條原先不存在的前後扣聯關係，而忽略了不一定是一個扣一個、下一個取代上一個，或歷史現象可能多元並存、多元各自扣聯、或各分子交互扣聯、或有的前後扣聯有的互不相干等各式各樣的狀態，也常忽略了歷史發展中可能出現進而復退。」王汎森：〈近代中國的線性歷史觀 — 以社會進化論為中心的討論〉，頁 42-43。

險的大拓荒時代。回顧 50 年代以來的蘭嶼發展史：神父、軍隊、犯人，其實只是不自覺地重蹈了過去五百年來環太平洋的殖民史。在美洲、澳洲、與大洋洲，此等歷史更是斑斑血淚。的確，在最近的夏曼・藍波安的著作中，他完全自覺到帝國文明對南島民族的傷害：

> 不是在麥哲倫一五二一年被關島查莫洛人發現之後的十六、十七、十八世紀才稱之「大航海時代，這個史觀就是『中心』惹的禍，就是以「文字」強大自己的西方偽史，或是不包括邊疆民族史的中國史觀，霸權的具象就在字裡行間，「當自封文明遇見沒有文字文明的民族」的時候，所謂的「文明」在殖民時代盛行的時候，其實它的意義就是真實的「野蠻」。[38]

筆者以為，1950 年代以來（直接從石器時代踏入現代、後現代），就是直接將人類數千年進展的累積壓在他們身上，不論是工業器物的，抑或精神文明的。設想，他們一方面要面對自詡為泱泱大國的漢文化（貶抑他們為「類太古之民，渾乎渾沌之未鑿」），一方面要面對

38 夏曼・藍波安：《大海浮夢》，頁 120。夏曼・藍波安還說：「相似的中心概念惹的禍就是，歐美文明史的『中心』主義，一四九二年，哥倫布說是『發現新大陸』，這是人類文明史上最大的謬論，正常人的說法應該說是：美洲大陸『發現哥倫布』，其次是，麥哲倫之後的『地理大發現、大航海時代』這是什麼邏輯啊！」（頁 120）。

最為鉅變的二十世紀（核爆、太空船、分子醫學）[39]。

然而，僅就環太平洋的殖民歷史來談論，這已經是蘭嶼何其有幸之處。它偏安在亞洲大陸東南方外的島嶼的外一角。歐洲人的目光起先放在旁邊的大島台灣身上——這就是從安平到淡水大稻程一脈下來三百年的故事。當達悟掉落現代化，乃是這人類歷史上大航海時代的最末期了。當祕魯或加勒比海的原住民早在台灣的安平時期就已被燒殺擄掠一乾二淨，四百年後，達悟才被迫正視它現在的命運。

如果父親（1906 生）那一輩的面容是不可見的，夏曼・藍波安恐怕未能真切地在思想史與世界文明史的層次上捉住這種不可見性。那是史前時代的面容，或史前時代跨越與太空時代碰觸過的容顏，這是蘭嶼特有的歷史處境所生活過的人類景況；很可惜，夏曼・藍波安（及吾輩）對此掌握不多，沒能為「史前／太空」時代相互遭逢撞擊過的人類意識多做記錄保存。夏曼・藍波安曾經用李維史陀《憂鬱的熱帶》中的話來嘗試說明他的體會：

他們（指巴西叢林裡的某部族）就坐在我身邊一

39 在這巨大的夾縫中，夏曼・藍波安說：「孩子們的祖父母生在新石器時代，用他們的標準評斷我的存在價值是理所當然之事。然而，孩子們的母親和我是生在戰後的核子時代，她卻把我丟在『新石器時代』的達悟男人應有的生產力。我被她們的語言擠壓在錯亂的『歷史時空』裡而無法撿拾一兩句片語詮釋自己存在的合理性與撫慰自己『逃避』被傳統勞動生產磨練努力的機會。孩子們的未來是追求貨幣生產的時代，父母親過去的歲月是追求初級物資的生產。」夏曼・藍波安：《海浪的記憶》，頁 213-214。

> 呎的地方，但我感覺到他們卻像是遠在天邊的人，對他們腦海裡想的一切，我是一無所知。[40]

即便是養育他，傳授他族語、文化、祭儀、工藝等傳統文化與技術的父親，夏曼・藍波安仍感受他是遠在天邊之人。然而，畢竟夏曼・藍波安仍親炙過，他所感懷的而未受現代性侵襲的上一代部落氛圍。如若我們借用李維史陀的術語，這上下兩代，恰是圖騰／神話思維與現代思維的截然之別。在殖民全球化的今日，世界何處仍存有圖騰／神話思維的人類呢？他們的意識整體與我們現代人的差異恐怕就遙遠如兩顆恆星之距。但夏曼・藍波安父執輩畢竟逝去了。夏曼・藍波安這般惋惜地說：

> 父母親（1906／7），他們那個世代的前輩，在部落裡幾乎在2010年都已逝去了，他們帶走的不僅是現世的肉體，也捲走了他們與土地、海洋互通生息共生，屬於他們初始科學的密碼，只有語音，沒有一句文字的符號讓後人學習，展演與環境物種相容的樂譜，他們的漸漸逝去，而下一世代的我們，有三分之二的時間與金錢格鬥，或者終其一生耗在存款簿數字的遞減、增加，也構成我們最大的煩惱。[41]

---

40 同前註，頁46-47。

41 夏曼・藍波安：《大海浮夢》，頁403。

四、後殖民理論中的夏曼・藍波安

今日夏曼・藍波安的書寫已經被納入正統／正典的華語文學之中，這種歸化並置即是在華語的文化霸權之下所施展，也代表著華文文化圈對於夏曼・藍波安的書寫進行評核與範疇化。然而本地寫作者能以優勢的主導的語言（華語或羅馬拼音）開始寫下文字，這也代表，進入了後殖民的下一階段，本地者或棄民（outcasts）終將自己發聲。這無疑也代表著蘭嶼的寫作者也進入了文化／文明／他者的教育或教養陶冶之中。但用的卻是「進口」的語彙，拗口地拼貼著自己的母土。其背後亦意味著某種閒情、優雅、或優越（優越／有閒情雅致的夏曼・藍波安？）；其間的矛盾是顯而可見的。

如同所有後殖民書寫，在自我生命書寫的同時，夏曼・藍波安就處理了流離、被歧視與壓抑的命題。說明在被殖民的過程中，自卑感與罪咎感是如何通過被次等統治而建構而成的。但無論如何，蘭嶼書寫／原住民文學仍是落在華語文學（中心）的邊緣位置。是否可以拒絕華語文化圈的霸權地位，其文化標準、美學、規範性及合宜性之政治？後殖民文化，的確對於中心性及純正性的概念帶來瓦解，因為在殖民地的書寫必然是非中心也非純正的，但他們卻是真實的；因此，他們的邊緣（margins）直接瓦解了正統的中心。於是將原先的文化低劣（cultural denigration）與文化霸權（cultural hegemony）

之二分翻轉過來。後殖民直接迎合了後現代與後解構的需求，邊緣性是一切創意與異質性之來源，如今反倒源源補充了漢人的思維與貧乏的自然語言。達悟文學的存在，無疑亦是 90 年代後，眾聲喧嘩與齊聲解構後，本地文學最值得慶賀的文本現身。

如果吾人將夏曼・藍波安的生命斷代，以中年後回歸蘭嶼作為中介，則前後期的夏曼・藍波安截然可為卑下／高尚的區分。生命前期的夏曼・藍波安，因為進入大島求學就業，在漢人的環境下被歧視，產生自卑罪惡感。後期迄今的夏曼・藍波安，回到故鄉，找回高貴的族群部落生活。正因為歧視／壓抑，自卑／自大這樣截然對立的二元區分在夏曼・藍波安的生命史中是如此的絕對，所以達悟／漢族，蘭嶼／台灣的價值對立也在他的作品中昭然若揭。小島／大島是顯而易見的二分二元，那是野俗／文明，善良／邪惡，自然／社會的傳統二分。而蘭嶼小島，可體現夏曼・藍波安心目中真正的自然美善（naturally goodness）。於是，這是否是蘭嶼的「高貴的野蠻人」之版本？以古賤今，用原初社會來輕蔑現代性？

大概永遠是在挪用與拒斥的兩端拉扯著，截至目前的寫作為止，夏曼・藍波安關於臺灣大島的書寫，寫的極少。（小島蘭嶼以外的事他幾乎不願意提）。我們只能在他作品的少數篇章中，窺見他在大島時的悲慘遭遇。原初故事、原初感覺、與原初的信仰都落在實踐的夾縫之中。返島之後的夏曼・藍波安，追尋的就是他父母那一代石器時代原初的智慧。如今，他身上同時流著兩種血液，石器時代的原初記憶，揉雜著後現代之際星球化（全球化）的高度資本主義新自由社會的後殖民思維。這種揉雜，以巴巴的術語來說，即是雜種（hybridity）。

以下，我們將分為兩部分。

第一部分說明，夏曼・藍波安自小成長以迄在台流離的生涯，他是自卑壓抑的，而大島／小島是顯然等同於優質／劣等之分。

第二部分則反轉，說明返島後的夏曼・藍波安，是如何反轉大島／小島之別，兩者在後來夏曼・藍波安的書寫中恰成劣質／優質。

五、污名化的歲月

跟所有後殖民文學一樣，夏曼・藍波安的書寫，源自於遷移與流離。在大島小島及大島各地方之間遷徙，1976 年，夏曼・藍波安如此描述他年輕時從蘭嶼轉換交通工具來到臺北的過程，從蘭嶼坐船 9 小時到台東，轉公路局中興號 4 小時到高雄，再坐 12 小時普通火車到臺北，耗去一天一夜，那是台灣島境內所能想像最遙遠的流離。

國小畢業，夏曼・藍波安遠渡來台，在台東完成 6 年中學學業，是流離的第一時期[42]。高中畢業後婉拒保

42　國小畢業後離島到台東讀書，在夏曼・藍波安成長的年代，是重要的大事。除了仍是年紀太小的青少年外，離島，也意味著與傳統分割而

送，[43]爾後四年的時間，夏曼・藍波安在台灣西部流離打零工，進入補習班重考；當夏曼・藍波安開始走出東部，即成為勞力的低下階層，而被剝削，在大島上成為疏離的個體，這是他流離的第二時期。「西部」，讓他真正地認清了「劣質的正常人（統治者）」與「優雅的文明人」的偌大差異。他不僅貧窮饑餓（他說：「臺北市沒有一條路，一條街曾經吃飽」[44]）。走在西部的大街上，自我／他者的二元對立讓他無所遁形：

> 「山地同胞」象徵智力不足，落後的污名纏身。臺北街頭的路人，他們的眼神對我的輪廓長相、膚色一直讓我不安。[45]

在他者的目光中（以他人為鏡），夏曼・藍波安看見自己的不安。台灣人對有色人種的歧視是直接的，路人不僅用凝視展現他們的俯視目光，夏曼・藍波安還說：「閩南人很會騙人呢！他們叫我『番仔』。」「番仔」其意義何在，我們不知道，在我們的小島，我們沒有聽

進一步接受漢人／現代化的教養。因此夏曼・藍波安對此事描述甚多。

43 夏曼・藍波安拒絕被保送而被培質院的神父重重打了耳光，這段往事已在多本著作中重複提及了。倒是多年後他為「拒絕」一事所提出的解釋值得玩味，他說，他不願進入師範學校接受漢人道統教育而回到蘭嶼成為國族體制下的幫兇，那是「生番轉型為不熟也不生的『番』的養成教育」夏曼・藍波安：《大海浮夢》，頁390。意思是，年輕時候的夏曼・藍波安，就已經意識到，國民教育乃是漢人對「番」進行洗腦與殖民統治的思想機器。

44 同前註，頁14。

45 同前註，頁13。

說過這句話，但我們聽過「鍋蓋」」[46]。

早在半世紀前，法農曾用了各樣精神分析理論來解剖白人殖民下的黑人創傷，不論是佛洛伊德的意識／無意識，榮格的集體無意識跟集體宣泄（catharisis collective），或阿德勒的自卑情結。而正是在拉岡的鏡像理論中，法農論述過黑人所見白人眼中的自我，這樣的自我形象之形塑，與半世紀後南島民族的夏曼・藍波安所描述無異。

拉岡的鏡像理論眾所皆知，自我，乃是在鏡像中透過辨別出我（嬰兒）與他者（通常是母親）之別，而有自我意識之浮現。然則，更進一步，拉岡說，鏡像中他者之目光，他者之凝視（gaze）乃從初始便掌控著自我之認知。即嬰兒在鏡中辨認出母子之別，母親的目光在母／子之別出現時，就已經決定了嬰兒的自我認同。然而，法農更悲觀地認為，「白人真正的他者就是黑人，而且繼續會是黑人。反之亦然。不過，對白人來說，他者是在身體形象的層面上被感知，被絕對地當成是非我，也就是說無法辨識者、無法同化者。」[47]於是，在

---

46 同前註，頁 361。

47 關於鏡像理論，法農說：「借助拉岡的鏡像（stade du miroir）階段概念，值得我們追問的是，年輕白人在一般年齡階段所建構的那個同類的意象（imago），當有黑人出現時，在何種情形下才不會遭受一場想象性的入侵。理解了拉岡所描述的那個過程之後，我們對以下這點再也沒有懷疑：白人真正的他者就是黑人，而且繼續會是黑人。反之亦然。不過，對白人來說，他者是在身體形象的層面上

殖民者白種人的注視下，鏡像中從事「自我」辨識之「我」，都是白臉孔；黑人是真正的非我，是無法被辨識的。是必須在形塑自我認同之同一時必須被排除了。[48]

更重要的是，在中國民國教育體制下長大的他，完成了國小國中高中的教育，活到了二十多歲，有一天，他在臺北街頭，才發現原來自己「不是漢人」：

> 有一天，我發現了自己，原來我跟他們說不一樣的語言，也忽然意識到自己在台灣好久好久沒有吃魚，吃飛魚，也沒有游泳，原來我不是漢人。[49]

夏曼・藍波安走在臺北的街頭，在他人的眼光中，他看不到自己的膚色，自己的黑，他只看到白。他知道自己是漢人的他者，在自我之無法肯認下，甚至是無法辨識的非我。在夏曼・藍波安所不熟悉的他者的語言中，他知道了：自己是「番」（或是奇特的鍋蓋）。

傳統精神分析中，分析的源頭都回溯到家庭，但法農提出，黑人的精神病理之症狀源頭在社會；是社會狀態，構成了黑人的不正常。因為，只要在正常家庭長大的黑人孩子，一進入到白人社會就會不正常起來。一個在殖民地正常長大的小孩，一來到歐洲的白人社會，馬

被感知，被絕對地當成是非我，也就是說無法辨識者、無法同化者。」法農著，陳瑞樺譯：《黑皮膚，白面具》，頁257。

48 因此在妄想的層次，黑人常以色鬼或殺人兇手之形象而出現，如同動物幻視（zoopsia）一般，黑人是那樣的妄想的對象。

49 夏曼・藍波安，《大海浮夢》，頁14。

上就會意識到自己的「不正常」[50]。這的確就是夏曼・藍波安及 90 年代以前所有南島子民的處境。（在蘭嶼島及台東縣境生活了二十多年，夏曼・藍波安都沒有意識到原來自己不是漢人；終究進入臺北街頭後，在他人的凝視中，夏曼・藍波安意識到自己的不正常與自卑。）

如果黑人精神病理之症狀在於社會狀態，那原住民的症狀源頭恐怕就在於國民政府。國民政府接收台灣後，其治理原住民的方式，大致援用日本以來的理番政策。但將原住民各樣待改善的現象，都歸咎給日人的惡劣失敗的治理。70 年代臺灣省政府新聞處的論述中，山胞的生活環境是「一個在警察統治下，長期閉塞，文化落後，生活艱困，並且飽受歧視的山地社會」[51]。台灣省文獻會表示原住民「懶惰迷信，酗酒和保守固執的習氣」[52]，因此，國民政府「山地平地化」的政策下，強制學習國語，要求各住屋必須隔間，所有的陋習惡俗都

50 法農說：「在安的列斯，年輕的黑人在學校不停重複『高盧人，我們的祖先』，他自我認同的對象，是為野蠻人帶來純白真理的探險家、文明傳播者、白人。有認同，也就是說年輕黑人在主觀上採取了白人的態度。」法農著，陳瑞樺譯：《黑皮膚，白面具》，頁 243。法農也曾經提過一些安的列斯黑人的笑話，那幾乎雷同台灣原住民對自己的嘲笑。安的列斯黑人是以白人形象去感知自己的，法農舉例，安的列斯人對自己的描述是：「他們很黑，但是人都很好。」或說：鄉下人家晚上停電時，必須開口笑，大家才會知道他們的存在。原住民以膚色自嘲，台灣人恐怕都不陌生。

51 轉引謝世忠：《族群人類學的宏觀探索：臺灣原住民論集》，頁 78。

52 同前註，頁 78。

必須革除，如「戒絕酗酒滋事，破除迷信，嚴禁巫覡符咒治病，灌輸衛生常識，祭祀不得鋪張……」。而到了1986年時，臺灣省文獻委員會表示，在國民政府的治理下，山胞已然「從貧窮走向富足」，「由懶散進入正軌生活」，「徹底革除婚姻習俗」，以致「接受三民主義文化的熏陶」，於是，「象徵三民主義的新樂園」已經在山地出現了。[53]

從以上所爬梳的官方正式資料中，都可見出官方毫無掩飾充塞著對原住民各樣的歧視。南島子民的自卑與精神被虐，其自我低下的形象，幾十年來已內化成心理的集體意識。夏曼・藍波安不僅意識到自己不是漢人而已，幾十年後，當國民政府決定將核廢料丟棄到蘭嶼時，作為弱勢民族的無奈，夏曼・藍波安甚至自問起：我們是人嗎？他說：「一九七四年行政院決議把核能電廠的廢料運儲蘭嶼的同時，我們具體的觸覺到身為弱勢民族的無奈！……說：『我們是人嗎？』」[54]

在三民主義文化的熏陶下，蘭嶼島的達悟族學童從小被教育母土的文化是罪惡的源頭，夏曼・藍波安這樣回憶：

> 達悟文化是所有「罪惡」的根源，不漢化便背負著一生的「罪惡感」，每天上學的早晨勢必先向蔣中正遺像叩頭，象徵「感恩」與徹底臣服於他的統治。其次，更為荒唐的是，全島所有國小的

53 同前註，頁79。

54 夏曼・藍波安：《航海家的臉》，頁195。

走廊則掛滿漢族歷史上「民族英雄」的畫像。[55]

罪咎之感，隨著官方的正式義務教育，從小為達悟子民洗腦。如法農所說的，「種族悲劇在光天化日下輪番上演，黑人沒有時間將它『無意識化』。」[56]法農在此強調的反而是集體有意識，強調歧視的強度與日常性。有色人種在殖民之下，是有意識的為自己定罪，「罪疚感。黑人的自大情結、自卑情結或是平等感受都是有意識的。」[57]於是，膚色種族成為原罪，這是第三世界有色人種一致的命運。

於是，在《黑皮膚，白面具》一書中，法農藉由阿德勒之心理學理論談罪咎感中的自卑／自大，這完全可以套用在蘭嶼（與其他原住民族）的情境。自卑／自大這組對立的人格概念乃是建立個體心理學的阿德勒終身關注的主題。阿德勒認為，人五歲左右就會發展出專屬於己的人生原型（近似人格）。但因童年時期認知與行為能力之不足，因此人生原型自然內含自卑感。阿氏說，人的一生就是在克服自己的自卑感與補償自卑。但自卑

---

55 同前註，頁 194。在《大海浮夢》中，夏曼・藍波安說：「在我成長的過程中，漢族的太陽下『山』，以及象徵基督宗教的詮釋者神父，你們的『罪』，在我成長的過程中給我最大的人生『迷思』，嚴重支配我的價值判斷，我現在的理解與解釋是，強大民族與白人的『暴力』展示。我們每天上學必須跟孫中山遺像、蔣介石當時的畫像行『三鞠躬』，每星期上教堂向西方的上帝『認罪』，我們在不自覺中認同他者加諸於我們心魂的『暴力』手段。」（頁 15）。

56 法農著，陳瑞樺譯：《黑皮膚，白面具》，頁 246。

57 同前註，頁 246。

感又有其兩面性，一方面是人奮發向上的動力，但又有引發過度補償的壞處，他說：

> 問題的癥結不在於人有自卑感，而是自卑的程度與特質。異常的自卑感稱之為「自卑情結」（inferiority complex）；然而，用「情結」一詞來描述滲入整個人格中的自卑感，其實並不精準。這不只是一種「情結」而已更是一種「疾病」。[58]

達悟族人的自卑情結是昭然若揭的，在夏曼・藍波安筆下，不論是永遠第一名的洛克・馬比、龍蝦王子、或永遠得零分的少年達卡安[59]，即便他們本來在達悟族的傳統領域上是非常傑出，都在漢族統治的思維與教育下成為「沒用的人」。阿德勒另說，「精神官能症患者也同時具備自卑情結與自大情結。這種疾病的顯性症狀通常是自大情結，自卑情結則為隱性症狀。」[60]在社會學者蔡友月多年的調查中，已然證明，達悟人精神失序（mental disorder）的比例是台灣人的五倍，統計上，達悟人患病率是 1.6%，台灣漢人則為 0.3%。並且，截至 2006 年為止的研究，罹患精神失序的達悟人集中在

---

58 阿德勒著，吳書榆譯：《阿德勒心理學講義》（臺北：經濟新潮社，2015），頁 64。

59 夏曼・藍波安說，少年達卡安，國小逃學了三年，國中逃學了一年，國中畢業後終於可以逃離「逃學」的生活；可以遠離煩人的下課鐘與張張零分的考卷。只得到結業證書（而非畢業證書）的達卡安，那是羞辱他的最終感受。夏曼・藍波安，《海浪的記憶》，頁 168。

60 阿德勒著：吳書榆譯：《阿德勒心理學講義》，頁 85。

25-60 歲的青壯人口（60 歲以上者 3 位，25-60 歲 43 位，25 歲以下 5 位），[61]這一輩人，恰是蘭嶼接受現代教育的第一代（這即是石器時代與現代的巨大對立）。據蔡友月的解讀，這一輩人精神失序有三項交錯的主要因素：1.遷移與精神失序。2.家庭功能解組與精神失序。3.社會失序下的失業、酗酒與自我認同的危機。的確，這三項因素全然體現在洛克・馬比、夏曼・藍波安、及達卡安身上。

達悟人的卑下性，還展現在酒醉上。這更是世界文明進展中的荒謬史。1897 年，當日本人登島時，他們訝異極了，這原初的（石器）部落，竟是沒有菸、沒有酒的民族，這在智人種文明史中是不可思議之事。然而，在日據時代，達悟人連喝酒的權力都沒有[62]。到了國民

61 蔡友月：《達悟族的精神失序：現代性、變遷與受苦的社會根源》（臺北：聯經出版，2009），頁 105-106。蔡友月說，達悟人在戰後是三重邊緣化（marginalization）的受苦經驗：1.相對於台灣本島及資本主義，蘭嶼的部落社會是未充分現代化的。2.相對於漢人，達悟人在政治、社會、文化上都是弱勢的。3.相對於正常人，精神失序的達悟人更是社會的邊緣人。（頁 3）

62 達悟耆老夏本・樹榕（1931-）說：「日本人來的時候，帶來了兩種東西，一個是酒、一個是菸。雅美人第一次看到他們在吸菸的時候，就說他們在吃菸。……，酒我們就通稱 saki。菸就叫做『塔巴叩』，……日本人雖然帶了酒了，但從來不給蘭嶼的人喝，蘭嶼的人也沒有權力向他們要酒喝。」謝永泉：《追浪的老人 — 達悟老者夏本・樹榕〈SyapenSorong〉的生命史》（臺北：山海文化雜誌社，2010），頁 48。

政府的時代，貨幣進入（連帶買賣的雜貨店[63]也移入），不到一代人的時間，許多達悟人都成了醉酒的鬧事之人了。他們描繪到自己，喝酒時快樂，喝醉後就鬧事，甚至「如果有手榴彈的話，一定丟到（蘭嶼）別館裡去」，但酒醉醒後又往往十分羞愧[64]。就在這醒與醉，快樂與羞愧的往復過程中，展現了酒精痲痹下的自大與自卑。

而，在阿德勒的用語中，原初的自卑感容或是好的，可以讓人有積極向上，奮發正面的勇氣。但若成為異常的自卑感，則是疾病。阿德勒則稱之為自大情結（superiority complex），「自大情結，則是有自卑情結的人用來逃避困境的一種方法。」[65]兩者是互補。但會不會越自卑，也就越自大？夏曼・藍波安，有落在這兩樣的哪一種嗎？[66]於是，書寫成了夏曼・藍波安最大的

63 夏曼・藍波安有許多篇章描繪過「興隆」雜貨店，那是達悟人使用貨幣的起點。

64 1957 年出生的江忠仁說：「我二十四歲開始喝酒。開始的時候總是很快樂，可是一喝醉，我就無法控制自己的大鬧。鬧店鋪、砸玻璃、鬧『蘭嶼別館』，見人就打，如果有手榴彈的話，一定丟到別館裡去……。但是第二天酒醒後，又感到十分羞愧，往往躲起來，好幾天不敢見人。」出自關曉榮：《蘭嶼報告》，頁 211。從這些描述，也見出不同時期蘭嶼書寫的差異。

65 阿德勒說「自大情結是一種對自卑情結的補償。我們一定要找出自卑情結與自大情結之間的有機性連結。」阿德勒著：吳書榆譯：《阿德勒心理學講義》，頁 85。

66 阿德勒說：「很愛炫耀的人只有一個原因 —— 覺得自卑。他們覺得自己不夠強大，無法在生命有益的面向上和他人一較高下。」阿德勒著：吳書榆譯：《阿德勒心理學講義》，頁 75。

自卑感來源。達悟族，一個不書寫的民族；成為知識份子，是夏曼・藍波安那一代（被強迫接受過義務教育的）人，最大的理想典型。

六、後現代倒轉

於是，回到蘭嶼生活重歸傳統部族生活的夏曼・藍波安，進入到他生命的第三個時期，這也是他書寫之濫觴。本來在漢人的思維裡，大島／小島是顯然等同於優質／劣等之分，但書寫／成名後的夏曼・藍波安正式翻轉了小島大島的價值區位，同時也翻轉了他自己的生命價值。如果在台流離的生涯是自卑壓抑的，則回蘭嶼的生活是幸福良善的。回到蘭嶼後的夏曼・藍波安，努力翻轉「終生背負不純淨的達悟人（徹底漢化的達悟人）的汙名」[67]。一個成名後的華語作家，大島，成了夏曼・藍波安將其致力污名化的對象，是蘭嶼的他者。小島／大島是顯而易見的二分二元，那是野俗／文明，善良／邪惡，自然／社會的傳統二分。而蘭嶼小島，可體現夏曼・藍波安心目中真正的自然美善（naturally goodness）。

於是，夏曼・藍波安所有著作都重複強調著蘭嶼社會的原初之美；眾所皆知，這表現在達悟民族海陸的生態循環平衡上。達悟民族把一年分為三個季節，飛魚汛期（溫馨的冬末春初季節），飛魚漁撈結束的季節（熱

67 夏曼・藍波安，《海浪的記憶》，頁 102。

情豐腴的夏季），及等待飛魚的季節（期待溫馨的飢餓秋冬）。天候氣象與海洋律動主宰著季節之交替，飛魚季中，男人奮力捕魚，飛魚汛期外，男人整理山林，斲木造舟；且在陸上協助妻子種植根莖植物，兩性互助與互敬，山海男女各自均衡；展現了整個海洋文明的民族特性。

於是在夏曼・藍波安的筆下，達悟的祭典節慶都是如此和諧美好。飛魚汛期的祈福祝禱日，族人們拿小米穗及麵包樹嫩葉為祭物祈福，爾後祝福家屋之魂、家人、船隻、田園及島嶼；新生代跟著學習，寧靜的氣氛中，感受到的是宇宙，藍海的祝福與善良。或在飛魚招魚祭中，男性在海邊接受族老的訓語，那是神聖的，平靜的令人震攝的儀式祭典。而更久遠的石器時代中，夏曼・藍波安是這樣述說他父執輩時的部落氛圍：

> 他們當時生活的世界，只有海洋、颱風、潮汐、陰晴圓缺、歌聲、水源芋頭、豬羊等等，沒有現代性的政治、經濟、異族文明介入的困擾，也沒有你優我劣的差異比較，好像他們所認識的世界是沒有殺戮，沒有戰爭，就這麼簡單的樸實生活。[68]

這就是夏曼・藍波安筆下美好的過往的，純屬於小島的黃金時代。然而受到大島漢族現代化半世紀的涵化移植後，儀典的神聖之感被洗刷殆盡。漢人所帶來的是粗糙節慶與旅遊消費，刳木船被機動船取代，芋頭被現

68 夏曼・藍波安：《大海浮夢》，頁43。

成稻米擊潰。小島價值與信仰被啃蝕殆盡。夏曼・藍波安把大島帶來的現代化稱作是「癌細胞」。

於是，夏曼・藍波安的書寫中，通常有著上下兩代的價值分野。出生在日據時代的老人家多是高貴的達悟人（生番）；而下一代的熟番，就是從都市中挫敗而連離失所在酒精之中的夏曼・藍波安的同輩，例如：零分王子達卡安、海人洛馬比克。夏曼・藍波安記憶中的石器時代的，他的操練著傳統技藝與祭儀生活的父執輩，皆有著崇高智慧。〈樹靈與耆老〉一文中，返回小島定居後的夏曼・藍波安在父親的帶領下，開始學習伐木造舟：這達悟男人最重要的海陸合一活動。前往祖傳林地砍伐的過程中，父親與山林的對話，展現了達悟族尊貴的智慧。對山上的即將要被砍伐的樹木，父親說：「我是你靈魂的朋友，特別來看你。」[69]而樹木被伐，將倒之際，父親則說：

> 願你早一點倒下來，你躺在沙灘放眼汪洋，比你站在深山裡等待腐爛更有價值。我們山裡的祖靈，你們聽見後就來幫忙，你們的孫子將有吃不完的豬肉。
>
> 你是我們在汪洋航海、在通往小蘭嶼的航道的最佳夥伴，從很久很久以前的祖先起就是如此尊敬你。[70]

69 夏曼・藍波安：《海浪的記憶》，頁 222。

70 同前註，頁 224。父親的智慧名言，還包括了砍樹之餘所說：「我父親的語彙充滿著山林的智慧，乃是平等和諧地與山川草木對話，尋求相互的理解，並在其中回溯了祖傳的歷史。這是達悟山海合一的生態循環，絕非漢人式，或現代化式的對待萬物之方式。[71]

與上一代相較，受過現代性教育的第一代人，則成為正常社會的最邊緣人，例如，海人洛馬比克。洛馬比克是夏曼・藍波安作品中的人物原型，他在夏曼・藍波安的書中不斷地現身（不論是早期散文《海浪的記憶》，小說集《老海人》（洛馬比克占了其中兩篇），新版《冷

所敬愛的弟弟們，如果我是一顆樹的話，我是長在背光面、陰涼山谷的樹；如果我的靈魂是人類的話，我是聽命於女人餵豬的男人；我之所以先於你們說話，只不過是比你們先看到祖父的臉。」（頁220-221）。或者，每次漂泊後回島，父母親的第一個動作就是在夏曼・藍波安的頭頂上畫個圈圈，意思是：靈魂回來了。「幸好，靈魂回來了！幸好，靈魂回來了！我們的黃金！我們的黃金（指孩子）！」夏曼・藍波安自嘲：「這是什麼時代了，還做如此『原始人』低等的行為。」（頁 123）

71 李維史陀所提及的原住民對鄉土的熱愛，吻合夏曼・藍波安所描述的小島山川，那是原住民對自己土地的深愛。李維史陀說：「山、河、泉、水塘，對於他（土著）來說，不只是引起興味的或美麗的風景……；它們是自己祖先的作品。他看到了在周圍的景致中留存的有關他所崇敬的不朽生靈的生活與功績的往事；短時間內會再現人形的生靈；在自己親身經驗中認識其中不少人（如他的父親、祖父、兄弟，以及母親和姐妹）的生靈。整個家鄉是他的古老而永存的家庭譜系之樹。家鄉的歷史就是在時間伊始，在生命初臨之際，他自己所作所為的故事，那時他所了解的世界曾被無所不能的造物之手創造和模塑。」「所謂原始種族已經知道制定一些合理的方法，以便把具有邏輯偶然性和情緒波動雙重性的非理性嵌入合理性之中。」李維・史特勞斯著，李幼蒸譯：《野性的思維》，頁 306。

海情深》之序，甚或現在夏曼・藍波安的 FB 書寫中），據夏曼・藍波安自述，洛馬比克是他的堂叔，虛長他數歲，小時候是國校中永遠的第一名，因成績優異，升初中時神父欲將他帶離小島培養他成為「知識份子」（知識分子顯然是夏曼・藍波安那一輩被漢人灌輸出來的成功典範）[72]，卻被上一代的父親拒絕，從此一蹶不振。從散文之紀實、小說之虛構、臉書文章之直觀，夏曼・藍波安不斷拼湊著這位被現代性拋棄的小島人物，洛馬比克生活在石器時代與核子時代的夾縫中，他沒有上一代人的尊貴，卻體現了小島現今人物的悲哀。

《冷海情深》再版序中，夏曼・藍波安回憶起他拒絕保送師大後，去到嘉義投靠洛馬比克成為捆工的日子。那是極少數的，夏曼・藍波安曾經完整描述他不堪的大島歲月的篇幅。

> 在我二十歲那一年（一九七七），老海人帶我去嘉義，說，我們去做苦工搬水泥，賺你去臺北補習的費用。……到了嘉義市，在聯結車裡的睡鋪上休息了一晚，第二天的午後四時，我們坐上承

72 在小說《老海人》〈老海人洛馬比克〉一篇中，夏曼・藍波安曾藉由一名在蘭嶼服刑的黑色會大哥（獄中編號 0297）對少年洛馬比克這般勉勵：「0297 握著洛馬比克的手，說：『好好念書，將來做個知識分子，好好為你的族人服務，蘭嶼的知識分子多就不會被漢人欺負，將來你會知道，漢人不是很好的民族，唯有念書才可以開闢自己光明的前途。』」夏曼・藍波安：《老海人》（臺北：印刻出版社，2009），頁 204。藉由一名受刑人，去顛倒原／漢的社會位階，該是夏曼・藍波安小說的幽默之處。

> 載四百包水泥的聯結車前往布袋，然後停住在某個農會的倉庫前。我說，只有我們兩人嗎？當然他說。我搬不到二十包，我開始抽筋小腿，十根手指無法使力握住水泥，叔叔，我沒辦法繼續扛水泥了，你休息，他說。最後老海人蠻牛似的搬完所有的水泥，他二十五歲，當時。……我做了六天便跑到另一個貨運行搬汽水。嘉義興川貨運行以斗六黑松汽水廠為中心，運至基隆到高雄，也到高雄鼓山搬水泥，到高雄港載進口的原木，於是二十歲的捆工歲月在西部，老海人那段時間都在嘉義鼓勵我繼續升學，直到他跟數人鬥毆才離開嘉義。[73]

稍後，在小說《老海人》與《大海浮夢》中，夏曼‧藍波安補足了洛馬比克離開嘉義後的生活；洛馬比克回到台東富岡上了漢人漁船作業，錯過他青梅竹馬的達悟情人而終生孤寂。接著，與人鬥毆傷了脊椎而成殘疾之人。曾經，洛馬比克是帶領夏曼‧藍波安進入海中漁獵的高手，但晚年，他成了在酒精中渡過的老海人。洛馬比克一直縈繞著夏曼‧藍波安的創作，洛馬比克身上的

---

73 夏曼‧藍波安，《冷海情深》（臺北：聯合文學，1997），頁 vii-viii。如同夏曼‧藍波安自己所說，台灣最重要的海洋文學篇章，該是 70 年代無數遠洋漁業跑船人的故事。但那些原／漢船員，因為不擅駕馭文字，造成華語文學史冊中最大的缺憾。而台灣經濟起飛階段的原住民的捆工故事呢？迄今，我們仍只在莫那能的口述中見到少數的記載而已。

符號：殘障／酒精中毒／勞工下層階級／弱勢／邊緣人……等等，是現代性之後緊貼在小島下一代的卑下狀態的標籤。

七、完美的增補

但故事真如是夏曼‧藍波安所言，小島／大島的優／劣分明？於是就落入傳統的二元論式：小島／大島之別即自然／社會、高貴／墮落、邊緣／中心……的對立模式？作為讀者，吾人的確可以理解，幾十年來，夏曼‧藍波安的肉身與思考在新舊文化之間對抗著，在大島小島的空間距離上移動流離呢，既要承載著原初社會的傳統技藝：造舟捕魚吟唱種植漁獵，又要扮演著現代漢人式知識分子的姿態；據夏曼‧藍波安自己所說，這是他擠壓在文明之際殖民之間的多元挫折，他憂鬱的命格。然而，雖然夏曼‧藍波安堅持著小島／大島的優／劣之分，但若吾人細讀其書寫，文本書寫之中，夏曼‧藍波安已無意間讓自己的二元結構破裂。

（一）書寫學與增補

1.首先，何謂書寫學？

外語（日／漢／英）之輸入蘭嶼，象徵著語言及書寫符號系統的殖民到來，在夏曼‧藍波安的控訴中，看似傳統文化被連根拔起。然而，輸入「書寫系統與符號」便是文明的象徵？口語民族與書寫民族究竟孰優孰劣？

在後殖民的現在，這些都是值得深思的議題。無論如何，識字／不識字作為文明優劣的區別，終究反映的是帝國主義在現代性傳播上的心態。

學子時期的夏曼‧藍波安，從未真正融入中文語境，學習中／漢民族的書寫／文字，對他而言是苦不堪言之事。他提到文言文對他儼然是天書；因為他「腦子的記憶紋路無法承載沒有洋流流動的語彙」，而國文課中的默寫最讓他害怕，他說：「我寫的漢字無法工整，不是多一撇，就是少一劃，這是非常困難學習的文字，我一直以為如此，『默寫』我從未一次完成過。」[74]學習漢字書寫，對少年夏曼‧藍波安簡直是精神異化與奴役。

的確，在夏曼‧藍波安中期後的書寫，我們已見到「漢語」使用的窘境，在地理形貌、季節、風向、物種名稱、生態框架上，皆有達悟／漢語轉換的困難。在迻譯之間，流失的並非單詞或語彙而已，被遺忘而消亡的是整個文化。於是，在熟稔漢語運用後，夏曼‧藍波安便開始逃離中華語彙的束縛。或，忠於原本的達悟話，而直接使用不翻譯的達悟語拼音。在夏曼‧藍波安的作品中，出現許多饒富語言趣味的漢文達悟語翻譯，如：

> 老人的太陽很低了。（翻譯成漢語則是：「歲月催人老，往事不堪回味」）[75]
>
> 不要被爆炸的太陽燃燒臀部。（翻譯成漢語則是：

---

74 夏曼‧藍波安：《大海浮夢》，頁 360。

75 夏曼‧藍波安：《海浪的記憶》，頁 45。

「不可做偷懶的男孩」）[76]

被黃金的靈魂迎接的男人。（翻譯成漢語則是稱讚追浪的男人）[77]

一個無法操練漢語書寫／文字的南島子民，成年後竟成了當代華語文學作家？但是，筆者將指出，夏曼・藍波安小島／大島、口語／書寫二元優劣論中的缺口與縫隙。夏曼・藍波安在作品中，曾明白表示對文字系統／書寫文明之優位的依賴與肯定。

《海浪的記憶》一書中，龍蝦王子馬洛努斯央求夏曼・藍波安幫他寫信，因為他「不會握原子筆」，「不會寫中國人的字。」[78]文字系統輸入小島後，信件往來傳遞，成了小島大島間訊息溝通的管道之一；在外流離的下一代透過文字信件來跟小島的親人聯繫，不識書寫，表面上成了島人缺陷的象徵，內心裡島人卻已肯定文字文明的重要？夏曼・藍波安那活在口傳文化中的上一代的父親曾對他訴說口傳民族的心聲：「孩子，我們的故事沒有在紙張，明天過後，我們回常常得反覆敘述這個過程，直到沒有人聽得懂我們的故事。」[79]從擅長講故事的口語系統，轉換為書寫系統。於是，能善用文字，能用漢字說故事，這樣的文化風氣已席捲了蘭嶼。

76 夏曼・藍波安：《大海浮夢》，頁 129。
77 夏曼・藍波安：《海浪的記憶》，頁 79。
78 同前註，頁 190。
79 夏曼・藍波安：《大海浮夢》，頁 19。

《海浪的記憶》曾提到一位族老，他有很多故事，但當他漸無機會再口說敘述時，他對夏曼・藍波安說：「我死後希望你用漢字寫我的故事。」[80]於是，究竟是漢語在書寫達悟文化風物上已有不足缺憾，抑或漢語文字已內化為達悟族人文化之一？最讓人唏噓的是，夏曼・藍波安所提及過的一則回憶，他常常想起他青少年時最尊敬的已逝的好友吉吉米特，吉吉米特曾對夏曼・藍波安說：「我在遠洋船的海上生活，我最痛苦的是 — 我不會寫中文字，所以我寫給我母親的信就是每一波的浪頭，是我永恆不間斷的祝福。」[81]

是否，當夏曼・藍波安在反轉小島／大島之優質／劣等之別時，其建構之體系已自我解構？

2.德希達《書寫學》

然則，這種自然狀態／文明社會，言語（口傳）／書寫（文字）之二元對立的爭議討論，在德希達《書寫學》中已有過一番精彩的辯證。在該書中，德希達主要是援用李維史陀《憂鬱的熱帶》及盧梭《語言的起源》二書，並將之置入西方傳統形上學的系統中來討論。

解構主義者德希達將西方傳統形上學視為在場的形上學（métaphysique de présence），在場形上學堅持的是邏格斯中心主義，舉凡哲學史中最重要的第一理念：

80 夏曼・藍波安：《海浪的記憶》，頁 163-164。
81 同前註，頁 20。

理型（eidos）、實體（substance）、本質（essence）、自然等，都是自足完美的在場。同樣，在言語／文字的二分中，在場形上學堅持的是語音中心主義，即相對於書寫／文字，言語（語音）是純然出自心靈而完滿自足的。德希達說，因為上帝將字寫在人類心中，這不可抹滅的文字是印刻在人的內心深處[82]。於是，書寫／文字對德希達來說，僅只是言語的增補／補充（supplément）。

於是，《書寫學》認為西方哲學傳統有著清楚的二元論：自然／增補、言語／文字（書寫），對應著原初／墮落、自然／文明、高貴／低下等價值區分。因此，語言是對直觀的在場（在者、本體、本質、存在等等的在場）的增補；文字是對活生生的自我呈現的語言的增補；文化是對自然的補充，邪惡是對愚昧的補充，歷史是對起源的補充。

德希達曾舉李維史陀《憂鬱的熱帶》中〈一則書寫課〉[83]的例子來討論言語／書寫之二元（想必熟讀該書的夏曼・藍波安也不陌生）。1930年代，李維史陀費盡千辛萬苦來到巴西雅馬遜河流域後，最終來到一個名為南比克拉瓦的部落。李維史陀考察他們的風俗祭儀，並以人類學家的史筆將之記錄。〈一則書寫課〉說的是，

82 早從蘇格拉底，他就宣稱心中可常聽見神靈（demon）的聲音，德希達認為，這種內在聲音的語音中心論，一直影響著哲學史。

83 60 年代的紀守常神父也提出相應的例子。紀神父說，他僅拿紙筆記錄就能知曉船班時刻時，達悟人都對這樣的書寫術非常驚訝。

當李維史陀不斷拿出筆紙書寫之後，該部族的酋長覺得有趣，央求借來李維史陀的筆紙。接著，在紙上畫出波浪文的形狀，拿著他剛剛發明的文字，煞有其事地指揮起部族的人民。於是，這是開天闢地以來，南比克拉瓦的文字之肇始，這是該族自然／文明，言語／文字的二元區分之起始？口傳民族將要進入文字民族？

德希達在〈一則書寫課〉中讀出了縫隙；當酋長拿著他剛剛發明的文字，煞有其事地指揮起部族的人民時；這不就是假藉著文字的力量，來達成自己的權威。於是，書寫一出場，就代表著欺騙與權力。德希達說，相較於口語時代的純真直接，李維史托的觀察，重複鞏固了在場形上學的傳統。

正如上文所述，達悟族於日據時代，從口傳民族進入到文字民族（學習日文），從石器時代來到現代。但什麼時間點是那嚴格的口傳／書寫、言語／文字的真正分界點／臨界點呢？習得了日文寫作，就代表了自然／文明之分？於是如今在夏曼·藍波安的書寫中，他不斷哀悼著口傳／書寫之分，且為當下的文明哀悼，而不斷緬懷著父親那一輩美好自然的黃金時代。

然而，德希達卻質疑著這二元對立的在場形上學[84]。德希達說的很直接：「自然中有缺口，正因如此，它就被填補了。」[85]如果自然（或自然狀態）自身是完

---

84 他真正的意圖是要瓦解西方哲學傳統，即他所說的邏格斯中心主義。

85 Jacques Derrida, *Of Grammatology*,（Baltimore：Johns Hopkins

滿無缺的，那麼它就永遠沒有變動的可能。自然狀態如果是亙古的存有，且如盧梭在《第二篇論文》[86]所言的絕對、完美，則邪惡也找不到缺口入侵。在《書寫學》的第二部分，德希達借用盧梭《懺悔錄》中對性愛的談論，解構了自然／增補之二分，從而推論出一切都是增補／補充／替補。就西方文明的當下，現在已是文字／書寫／文明／文化／歷史的當下：一切都是增補，是對自然／言語／原初的增補，於是德希達說：「除了替補別無他物。」[87]那原初的起點，那自然蛻變為文明／歷史那一刻，是永遠無法追索的，「脫離自然既是進步的又是野蠻(brutal)的，既是瞬間的又是冗長(interminable)的。」[88]我們找不到絕對的原點，絕對的「起源與基礎」。

於是，就德希達的解構學而言，文字／書寫雖不自然，卻仍是替補，德希達稱之為「危險的增補」(dangerous supplement）。然而，「危險的替補」仍然是一種自然，替補仍然內在於自然。用德希達的話就是：「替補仍然是自然的東西。」[89]

於是，何時是蘭嶼達悟族的黃金時代，人世間的永恆青春（la véritable jeunesse du monde）？[90]何時是這美

University Press, 1976）, p. 149.

86 即盧梭著名的大作《論人類不平等的起源及其基礎》。

87 Jean-Jacques Derrida, *Of Grammatology*, p. 159.

88 DI. p. 255.

89 Ibid., p. 180.

90 盧梭對於其原初社會的黃金時代是這麼說的：「當人類滿足在他們

好的初民社會消逝那一刻？文字輸入那一刻？當夏曼‧藍波安一輩在中華民國學校學習著中文之同時，中文雖不自然，但已成為這危險的增補。書信之必要，成就一名文學大家之必要？當夏曼‧藍波安堅持著小島／大島之優質／劣等二分，他從不書寫大島。美好的小島會不會如德希達所說，也只不過是補充的神話。如，起源概念或自然概念不過是補充的神話，是通過成為純粹的附加物而廢除替補性的神話。

（二）另一解構之點：關於殖民現代性的評價

在《老海人》一書中，夏曼‧藍波安對於西方宗教與達悟神靈觀之間，仍是等重平等的評價。但到了《大海浮夢》時，耶教在他的心中，無疑已成了帝國主義的共謀，是對小島優質文化的入侵。夏曼‧藍波安說：

> 我們若是從大航海時代，西方帝國強奪殖民屬地至二次戰後的歷史演變進來理解的話，許多東西方帝國對待其殖民屬地是掠奪，是殺戮，之後依據其所謂的『文明』條款合法化、合理化、國家化其自視為『優越民族』不可寬恕的滔天罪惡，並藉著宗教之名神聖化其殺戮、掠奪的行為然而

粗陋的小屋的時候；當人類還侷限於用荊棘和魚骨縫製獸皮衣服，用羽毛和貝殼來自我打扮、把五彩的顏色繪畫身體、把弓箭完善與美化、用石斧做漁船或某些粗糙的樂器的時候。……他們都還是自由、健康、善良而幸福，如同自然所給的本性那樣。」DI. 231-232.

> 此舉背後的主謀是，國家、女王、奸商、神職人員等貪婪食物鏈的共犯集團。……畢竟「弱者文明」的處境是沒有槍砲、鋼鐵與細菌的，他們有的，只是「珍愛環境，珍惜生命」的宇宙觀。[91]

是否真是如此呢？數百年來，歐洲傳教士在殖民全球化的過程中，只對當地住民帶來侵略與破壞，而完全沒有宗教關懷的幫助與提升嗎？在知識份子夏曼・藍波安的口中，傳教士只是上帝的奴隸？[92]難道其他族人不認同這些「為上帝服務的人」嗎？讓我們聆聽第一代接觸西方傳教士的達悟人的心聲：民國四十三年，天主教紀守常神父第一次來到蘭嶼宣教。紀神父帶來了六包衣物，彼時，長老教會已先行登島宣教，但紀神父恐怕萬萬沒想到，「這六包衣物，為他日後的傳教工作，打下了無可動搖的堅固基礎。」[93]第一代的傳道人耆老夏本樹榕[94]回憶：

---

91 夏曼・藍波安：《大海浮夢》，頁 40-41。

92 夏曼・藍波安說：「救濟物資的多寡決定兩派教友的人口，構成傳統內在文化的矛盾與更多的茫然，達悟民族魚團船組的分裂，傳統上，自有其內在文化再生的機制。然而，外來的西方新興宗教，卻無機制營生屬於達悟民族原初的社會結構，四十多年來，聖經的福音，上帝之名，也如真實的帝國主義永遠不會承認在部落民族社會裡所造成的傷害。」夏曼・藍波安：《航海家的臉》，頁 129。

93 謝永泉：《追浪的老人 — 達悟老者夏本・樹榕〈SyapenSorong〉的生命史》，頁 48。

94 「同時被神父圈選的福音口譯者成為這個集團的傳聲筒，新貴階級，乍看其種種的表現彷彿是高於一般信徒，為我們島上首先認知的『職業』，部落的人稱之『上帝的奴隸』，神父稱之為『為上帝

> 最主要的原因是當時的蘭嶼還沒有衣服。……而許多人常常在山上死亡，因為上山工作時突然遇到天氣變化，風雨交加，氣溫下降……因此被寒冷的天氣所凍僵，手腳動彈不得，生命就白白犧牲，死在山上。……那時族裡的老人聽說紀神父帶來衣物時，不管自己是長老教會，也不管牧師所說的：「他所信的是魔鬼！」只要有衣服就好。男性族人，改信天主教的動機很單純；不為信仰，是為衣服。……當時改信天主教的人數眾多，大都是為了救濟品，對天主的信仰卻是很少。[95]

於是，當夏曼・藍波安抨擊著宗教與帝國主義同盟時，最原初到臨的西方宗教，的確給達悟族人帶來了不僅是心靈上，也有物質上的慰藉與幫忙。於是那六包衣

服務的人』。」夏曼・藍波安：《航海家的臉》，頁 128。

95 謝永泉：《追浪的老人 ── 達悟老者夏本・樹榕〈SyapenSorong〉的生命史》，頁 48-49。而夏曼・藍波安說：「那些外來的物質才是吸引族人上教堂洗刷『罪惡』的動機。」夏曼・藍波安：《航海家的臉》，頁 129。我們還可以舉另外一個例子來說明這文明的增補。在早期關曉榮的訪談中，也曾採錄到夏曼・藍波安的談話。關曉榮寫：「1957 年出生的施努來說：『小時候有時看到來玩的日本年輕人，他們在屋裡吃東西，我們一大堆小孩貼在外頭的窗子上看，看得他們很不好意思。……最初吃到米飯的時候覺得很好吃，有時候可以吃五、六碗。阿兵哥廚房裡的伙夫也常給孩子吃剩飯剩菜……。後來本島的觀光客出現了，船到的時候，有暈船的人，我們就等著他們已沒辦法下嚥的麵包。』」關曉榮：《蘭嶼報告》，頁 210。於是，並非原初的狀態（傳統的地瓜芋頭主食）真是完滿無缺，在不經意的時刻，外界的增補（米飯麵包）就介入了，而這增補是極其自然的。

物，竟是貨真價實的「偶然事件」，讓達悟人脫離了原初的狀態與傳統的神靈論？那麼，在純淨（pure）的達悟文化，與拼裝、雜種的後來的文化相較，是否有真正的純正性呢？

八、說故事的人

讓我們再回到書寫學來，夏曼・藍波安畢竟是迎向了現代文明所整編的隊伍，他何以不停地書寫？在現代性之下成為一個以書寫小說為技藝的作家，究竟與其父親那一輩口傳文化的前現代性的藝師有何落差了？

筆者以為，可依班雅明名著《說故事的人》一文中的談論來切入分析。據班雅明，中古歐洲有兩種類型的說故事的人。第一種，「遠行人必有故事可講」。另一種是安居於本鄉，熟稔於鄉土掌故與傳統之人。前者如水手，浪跡天涯從域外帶回遙遠的傳聞；後者如安土樂居的農夫。但班雅明說，這兩類人在中世紀時畢竟是相互參溶的。每位工匠，每位師傅，在本鄉安家落戶之前，也曾都是浪跡四方的匠人。然而，在現代之後，依賴著印刷術的小說（長篇小說與短篇小說）形式興起。小說畢竟與史詩般口耳相傳的材料在性質上差異甚大。小說的文體就是現代的文體。但從前的說故事的人，依賴的是來自於人情世故之達練的體驗與經歷。[96]

---

96 於是，說故事的人寓於己身工藝氛圍的精神世界中。班雅明借用於瓦雷希的談話來說明：「自然界中的完美事物：白璧無瑕的珍珠，

於是乎，吾人可以輕易辨別出，夏曼・藍波安父親那一輩便是傳統的說故事的人。他們是近海漁獵者，雖不遠行，但也熟稔本鄉各樣雅俗祭儀，浸浴在原初的精神世界中。在夏曼・藍波安的眾多記錄裡，無論在大船落成祭、招飛魚季、進入家族山林伐木、抑或捕獲大魚豐收的夜晚，夏曼・藍波安的父執輩們都能隨口吟唱，即席傳講著完美的故事。譬如，夏曼・藍波安的大伯父曾述說過一次在秋末冬初所碰上的傳奇。一次海底漁獵時，大伯遇上了千尾的浪人鰺。大中小的型體都有，小的在上層，中的在中層，幾百尾大型的浪人鰺在下層，而大型的浪人鰺比人體還大。「就單單注視著這些魚群如拳頭大的眨也不眨一眼的眼珠，就夠你尊敬他們，海裡是個無奇不有的奧秘世界。」[97]而那晚，夏曼・藍波安的大伯做了一個夢，夢中，所有的浪人鰺原都是二戰末期沉死在汪洋的日本兵。

以下，我們再舉〈海浪的記憶〉這則著名的故事。說故事的人是夏曼・藍波安的小叔。他與兩位兄長（夏曼・藍波安的大伯與父親）年輕時划十人大船前往小蘭

豐盈醇厚的葡萄酒，肢體豐滿的動物，稱這些為『相似的因果長鏈所產生的珍貴產品』。」然而，現代人已不能視時間如無物。現代小說展現的是裁剪微縮的技術，而不再是「透明薄片款款的層層疊加」的過程，此過程「最恰當地描繪了經由多層多樣的重述而揭示出的完美的敘述。」本雅明著，張旭東、王斑譯：《啟迪：本雅明文選》（香港：牛津大學出版社，2012），頁 129。

97 夏曼・藍波安：《海浪的記憶》，頁 41。

嶼海域追捕飛魚的傳奇。是夜海象突然變得異常惡劣，浪大雨強，海浪消長之際落差竟達到了二、三十公尺，十人一小舟沈浮在汪洋的黑夜中。小叔如此說：

> 海在吸氣時，我們的船身被抬到最高點，發現高度竟然與船尾的小蘭嶼的影子同高；海吐氣時，船在深深的、黯黑的波谷，除了天空的眼睛在頂頭外，四周竟發出吵……吵……的浪影呼氣，似是惡靈的鼻息聲。[98]

就在驚心動魄，生死交關，大雨直落而萬闇漆黑之中，大伯領導著船上所有的親友，高聲吟唱出：

> 孩子們，划吧
> 我們越過了最艱難的激流
> 但海浪的脾氣緊緊尾隨在船身
> 願退潮的海神節省我們的體力
> 願漲潮的海神削弱你的怒氣
> 航行的過程飄送婦人烘烤
> 豬肉的香味
> 願豬肉的油浮在海面
> 願船靈早些在沙灘上休息[99]

歌詞如此感人，吟唱出海洋民族勇敢的心靈與堅強的體魄。故事多年後聽來，仍忠實地傳達了小叔「說故事的人」的傳奇魅力。

---

98 夏曼・藍波安：《海浪的記憶》，頁 25。
99 同前註，頁 26-28。

實則，在達悟傳統中，在若干場合（祭典、家族聚會、捕獲飛魚的夜晚）中應答酬唱是達悟男人重要的禮儀。並且，是在這說故事的過程中，把物種知識、生態認知、舊有的知識系統一併傳承下去。並且，男人所使用的字詞，字詞背後所呈現的氣度或謙虛（須視場合及個人能力成就選擇高級與否的詞句來吟唱，誤用是禁忌[100]），在在都是民族思維的傳播與學習。說故事這事是如此的重要，夏曼•藍波安曾自己說過這「說故事的人」：

> 故事被敘述，在達悟族的社會裡的男人，很重要的一點是，男人要學習如何說故事，對我而言，就是考驗自己說母語的能力以及說故事的魅力說故事，除了敘述故事的過程外，環境的描述是扣連著說故事的人的思維，遣詞用字的深淺意涵，在達悟族的社會裡也正是考驗他的文詞修養與勞動生產的能力是否成正比。[101]
>
> 對我而言，前輩們在海上的奮鬥經驗與對海的迷戀，在說故事的同時，皆附帶著肢體的語言，煞

100 「祭典裡酬謝賓客的芋頭是女人一生的名譽與社會地位，誠如男人一生捕撈魚類的多寡，是創作祭典儀式歌詞的源頭。換言之，男人或女人勞動生產的成果，如是一般水平的話，他是不可選擇高級的詞句來吟唱，那是禁忌。」同前註，頁 89。

101 因此，在我前往大伯家的途中，一直在思考如何把故事說得生動，直接陳述故事忽略環境背景賦予的象徵意義。」同前註，頁 72-73。應答酬唱，在說故事的過程中，必須保持謙虛。「自我膨脹便是遠離被尊敬的圓周，達悟的話是『拳頭握不緊的人』。」同前註，頁 75。

> 是把屋院的草地當作是在大海的表演場域，深深地吸引著我的雙眼以及思維。耆老們所說的象徵語言，全是生活在周遭的物種，以最熟悉的物種認知，如樹木的、魚類的、自然天候的變幻等等皆是全是故事內容的要素，聽得讓我意識到周遭的物種在這個民族的語意系統裡的重要性。[102]

這就符合了班雅明所說的，聽者與說者是相依緊密的。聽者必須用心傾聽，這就是記憶術，記憶術成就了史詩藝術。在將來的某一天，聽者必須成為那新一代說故事的人，把他人的人生生命史重又訴說。[103]

但是，對班雅明來說，說故事這項技藝已經式微了，原因就在於現代小說的興起。小說家跟說故事的人操練著截然不同的工夫，班雅明說：「小說家閉門獨處，小說誕生於離群索居的個人。」[104]這乃是班雅明寫作《說故事的人》用意之所在，哀嘆著舊時代的逝去，而嘲諷著小說技術之誕生。於是，極其有趣的是，夏曼・藍波安與其父執輩的差異，就宛如小說家與說故事的人之分野。這上下的兩代，是無字／有字、口傳／書寫、野性

---

102 「新生代的族人失去了環境生態的認知，退出了山林與大海作為勞動生產的場域時，便無法理解及解析部落耆老們的知識系統。」同前註，頁 75-76。

103 「他的天資是能敘述他的一生，他的獨特之處是能鋪陳他的整個生命。講故事者是一個讓其生命之燈蕊由他的故事的柔和燭光徐徐燃盡的人。這就是環繞於講故事者的無可比擬的氣息的底蘊。」本雅明著，張旭東、王斑譯：《啟迪：本雅明文選》，頁 147。

104 同前註，頁 123。

／文明的差異。夏曼・藍波安在現代性之下成為一個以書寫小說為技藝的作家，究竟與其父親那一輩口傳文化的前現代性的藝師有何落差了？

九、結　論

然而弔詭的是，若沒有夏曼・藍波安小說家的文字技藝，則父執那輩都所有故事恐將都憑空消逝。純淨的達悟文化，仍將仰賴外來書寫／文字來給予記錄／補充，而成拼裝、雜種的新生代文化（以小說的技法展現）。於是，書寫／文字這危險的增補在日復一日下恐將也成最自然的增補。那麼，是否如後殖民理論家德里達所說的：「本土和全球是辯證的和相互關聯的，再也不存在什麼『未被指染的』與全球相脫離的本土。因為本土本身以及出自於本土的東西也許會表達反動的保守主義。」[105]德里克認為，殖民現代性（colonial modernity）的確是把殖民與現代兩概念的同時與共謀並列，並且，被殖民者並沒有因為被殖民而就此被排除在歷史之外，反而作為當事人，從而介入了歷史，成為殖民主義中可發聲的主體。在蘭嶼的例子中，夏曼・藍波安就是那在被殖民的過程中，引進了現代性，成為了發聲的主體。但德里克也特別提醒，在這樣的混雜中，「革命主體」常被

105 德里克著，付清松譯：《全球現代性：全球資本主義時代的現代性》，頁4。

遺忘。[106]並且，被殖民者與殖民主的現代性總是不一樣的，殖民現代性的不同參與者之間總有著若干不平等的關係辯證著。在本土的本真性與殖民之後的異質性之間，恐怕就是漫長的混雜與拉扯[107]。

然而，作為一位閉門造車的小說家，夏曼・藍波安並非是溯典忘祖的那一位。如同讀者所熟知的夏曼・藍波安生命史，返鄉之後的夏曼・藍波安，不僅身體力行，學習伐木造舟；出海追捕飛魚，夜釣鬼頭刀，他還深潛漁獵。另外，季節性的祭儀，儀禮時的吟唱，古老的神話傳說；夏曼・藍波安不僅學習熟稔，他現在已成了那上一輩的傳授者了。那麼，在原初的故事與現代的小說間，夏曼・藍波安該稱得上是揉雜了「說故事的人／現代小說家」這兩樣身份。雖然，本真與異質之間，恐會是一輩子的拉扯，但夏曼・藍波安已混雜出他獨特的敘事的魅力。在《大海浮夢》這新近的作品中，夏曼・藍波安寫到了他帶著兒子到園林去伐木的過程：

> 終於，我下第一斧了，銳利的斧刀，由我右肩四十五度的幅度，無聲的切入樹幹裡還沒受過傷的肉，第二斧砍，持續再持續的揮著斧，這棵樹就

---

106 同前註，頁 95。

107 「當後殖民主義理論家把混雜性與異質性奉為後殖民主義樣式的特徵時，一些加拿大的土著作家卻在抵制他們所目睹的一切，將這些當作是對他們文化的污辱性的濫用，他們這樣做是為了要堅持他們文學故事的所有權，堅持對一種真實性的獨佔權。」同前註，頁 171。

站在山丘面海的陵線上，平地有一條雨水走的路，濕氣重，樹梢成拱形面向雨水的路，一個人，與我的一條狗，嚇——嚇——的斧砍聲，呼呼——呼呼——我的吐氣聲，一棵直徑三十公分的蘭嶼福木，我繞著圈砍，父親說過，直到樹木倒了下來才可以休息，我把自己潛水憋氣的功夫運用，呼呼——呼呼——發覺手臂、手腕越來越結實的粗壯了。呼呼——呼呼——從我體內噴濺的汗水，如同斧砍樹肉分離的木屑，再次結盟的恢復為土地的養分，我唱著固有的、我家族在山林伐木的歌詞，這是一個我感恩的日子，感恩我家將有二十一棵樹的精靈組合成一艘讓海洋愉悅、化妝海洋的船舟，海洋永恆的粉絲，還有如我這樣的現代版的愚夫，仍在用斧頭伐木，……父親說過，你的神聖的歌聲，真情流露，噴灑的汗水，山林內的精靈，她們的許多的孫子會協助你的，……我聽見了，樹的肉絲蹐蹐的聲響，再使力四五斧，斧斧切斷樹肉，啪——啪——啪——樹終於倒臥雨水的路，……十點鐘的陽光直接照明原來陰涼的陵線山坡，明亮了起來，也弄醒了腐葉的濕味，被驚嚇的飛鳥，紅頭綠鳩，盅耳杯鳥……哇！樹終於倒臥了，我望著樹身深呼吸，

「**謝謝你，我的兄弟**」。[108]

這段文字充滿魅力，是實踐生命內在的力道，〈樹靈與耆老〉受教二十年後，父親過世了，但夏曼・藍波安已完整且創新地繼承了達悟山林與海洋的智慧；兒子在一旁學習，夏曼・藍波安已取代那耆老的位置。雖然部落初始文明體質的轉型，在星球化／全球化不可抵擋的同時，真是艱鉅的民族工程。如今，夏曼・藍波安應已深知，蘭嶼原初文明在世界文明史／大航海史中的位置（如我們第一部分所述），也在後殖民的現在，替小島在民族國家的國族史中爭取尊嚴，找尋出路；除了實際帶領反抗運動，也為文寫出小島原初社會的自然美好（如我們第二部分所述）。但如我們在解構自然／文明二元論時所說，真正的自然／文明之分野是不可尋的；如，起源概念或自然概念不過是補充的神話，是通過成為純粹的附加物而廢除替補性的神話。

那麼，作為一位仍有爆發力且值得期待的作家，夏曼・藍波安或許可以考慮詩人瓦考特（Derek Walcott）的建議，苦難的起源與終結終究沒有那明確的分野，而且過去的苦楚記憶在開創的未來都可以成為養分與能量，那麼，作為一位後殖民作家，他有個可以為萬物定名的讓人嫉妒的工作，瓦考特說：「這是語言上的亞當式慶祝，在建設跟其『新』宇宙的『原有關係』上，喚

108 夏曼・藍波安：《大海浮夢》，頁 410-411。

起詩人的興奮。」[109]原初社會的自然美好已逐漸淡化，但在再生的過程中，夏曼・藍波安當可有更大的胸懷與氣魄，結合其石器時代的原初記憶，及後現代之際星球化的殖民現代性思維，揉雜出更寬廣的後殖民書寫。

---

109 比爾・阿希克洛夫特著，劉自荃譯，《逆寫帝國：後殖民文學的理論與實踐》（板橋市：駱駝，1998 年），頁 55。

參考書目

一、專　書

（一）中文專書

下山一著，下山操子譯，《流轉家族：泰雅公主媽媽、日本警察爸爸和我的故事》（台北：遠流出版社，2011 年）。

丸尾常喜著，秦弓譯，《「人」與「鬼」的糾葛：魯迅小說論析》（北京：人民文學出版社，2006 年）。

巴塔耶著，劉暉譯，《色情史》（北京：商務出版社，2003 年）。

巴塔耶著，澄波、陳慶浩譯，《文學與惡》（台北：國立編譯館，1997 年）。

巴蘇亞・博伊哲奴（浦忠成），《台灣原住民族文學史綱（上）》（台北：里仁書局，2009 年）。

比爾・阿希克洛夫特著，劉自荃譯，《逆寫帝國：後殖民文學的理論與實踐》（板橋市：駱駝，1998 年）。

王德威，《歷史與怪獸：歷史，暴力，敘事》（台北：麥田出版社，2004 年）。

王德威編著，《台灣：從文學看歷史》（台北：麥田出版社，2009 年）。

尼采著，吳增定、李猛譯，《敵基督者》（河北：河北教育，2003 年）。

尼采著，陳君華譯，《反基督》（河北：河北教育，2003 年）。

本雅明著，張旭東、王斑譯，《啟迪：本雅明文文選》（香港：牛津大學出版社，2012 年）。年）。

牟斯著，汪珍宜、何翠萍譯，《禮物：舊社會中交換的形式與功能》（台北市：遠流，1989 年）。

克莉斯蒂娃著，彭仁郁譯，《恐怖的力量》（台北：桂冠，2003 年）。

李維・史特勞斯著，李幼蒸譯，《野性的思維》（台北：聯經出版社，1989 年）。

李歐梵著，尹慧珉譯，《鐵屋中的吶喊：魯迅研究》（香港：三聯，1991 年）。

李歐梵著，《睇色，戒：文學・電影・歷史》（香港：牛津大學出版社，2008 年）。

李歐梵著，《蒼涼與世故：張愛玲的啟示》（香港：牛津大學出版社，2006 年）。

李翰達，《一山走過又一山：李安・色戒・斷背山》（台北：如果出版社，2007 年）。

余光弘、董森永著，《臺灣原住民史・雅美族史篇》（南投市：臺灣省文獻委員會，1998 年）。

沈志中、王文基譯，《精神分析辭彙》（台北：行人出版社，2001 年）。

周碧瑟著，《柏楊回憶錄》（台北：遠流，1996 年）。

姑目·荅芭絲，《部落記憶：霧社事件的口述歷史》（台北：翰蘆圖書，2004 年。

法農著，陳瑞樺譯，《黑皮膚，白面具》（台北：心靈工坊，2007 年）。

阿德勒著，吳書榆譯，《阿德勒心理學講義》（台北：經濟新潮社，2015 年）。

南方朔著，〈最後的烏托邦主義者：簡論陳映真知識世界諸要素〉，陳映真編，《陳映真作品集七》（台北：人間，1988 年）。

洛維特著，〈基爾克果與尼采〉，劉小楓選編，吳增定、李猛譯，《尼采與基督教思想》（台北：道風書社，2001 年）。

洛維特著，李秋零、田薇譯，《世界歷史與救贖歷史》（台北：道風書社，1997 年）。

紀傑克著，孫曉坤譯，《與紀傑克對話》（台北：巨流出版，2008 年）。

迪倫·伊凡斯著，劉紀蕙等譯，《拉岡精神分析辭彙》（台北：巨流圖書公司，2009 年）。

唐文標，《張愛玲研究》（台北：聯經出版社，1986 年）。

埃里希·佛洛姆著，劉宗為譯，《逃避自由：透視現代人最深的孤獨與恐懼》（台北：木馬文化，2015 年）。

夏曼・藍波安，《八代灣的神話》（台北：聯經出版社，1992 年）。
夏曼・藍波安，《大海浮夢》（台北：聯經出版社，2014 年）。
夏曼・藍波安，《老海人》（台北：印刻出版社，2009 年）。
夏曼・藍波安，《冷海情深》（台北：聯合文學，1998 年）。
夏曼・藍波安，《海浪的記憶》（台北：聯合文學，2002 年）。
夏曼・藍波安，《航海家的臉》（台北：印刻出版社，2007 年）。
夏濟安，《夏濟安選集》（台北：志文出版社，1971 年）。
高旭東編，《世紀末的魯迅論爭》（北京：東方出版社，2001 年）。
孫大川，《山海世界：台灣原住民心靈世界的摹寫》(台北：聯合文學，2010 年)。
張愛玲，《怨女》（台北：皇冠出版社，1992 年）。
張愛玲，《流言》（台北：皇冠出版社，1994 年）。
張愛玲，《張看》（台北：皇冠出版社，1992 年）。
張愛玲，《惘然記》（台北：皇冠出版社，1988 年）。
張愛玲，《傾城之戀》（台北：皇冠出版社，2005 年）。
張愛玲，《續集》（台北：皇冠出版社，1988 年）。
張誦聖，《文學場域的變遷》（台北：聯合文學，2001

年）。
許南村，《反對言偽而辯》，（台北：人間出版社，2002年）。
許南村著，〈試論陳映真〉，陳映真編，《將軍族》（台北：遠景，1975年）。
郭明正，《又見真相：賽德克族與霧社事件：66個問與答，面對面訪問霧社事件餘生遺族》（台北：遠流，2012年）。
梅家玲，《從少年中國到少年台灣：二十世紀中文小說的青春想像與國族論述》（台北：麥田出版社，2013年）。
陳芳明，《後殖民台灣：文學史論及其週邊》（台北：麥田出版社，2002年）。
陳芳明，《殖民地台灣：左翼政治運動史論》（台北：麥田出版社，2006年）。
陳芳明，《昨夜雪深幾許》（台北：印刻出版社，2008年）。
陳芳明，《現代主義及其不滿》(台北：聯經出版公司，2013年)。
陳映真，〈生死〉，《父親》（台北：洪範，2004年）。
陳映真，〈因為我們相信，我們希望，我們愛……〉，《父親》（台北：洪範，2004年）。
陳映真，〈後街〉，《父親》（台北：洪範，2004年）。
陳映真，〈鞭子和提燈〉，《父親》（台北：洪範，2004

年）。

陳映真，《陳映真小說集三‧上班族的一日》（台北：洪範，2001 年）。

陳映真，《陳映真小說集五‧鈴鐺花》（台北：洪範，2001 年）。

陳光興，《去帝國：亞洲作為方法》（台北：行人，2006 年）。

麥葛福著，劉良淑、王瑞琦譯，《基督教神學手冊》（台北：校園書房，1998 年）。

湯淺博雄著，趙英譯，《巴塔耶：消盡》（石家庄市：河北教育，2001 年）。

楊小濱，《欲望與絕爽：拉岡視野下的當代華語文學與文化》（台北：麥田出版社，2013 年）。

葉石濤，〈論陳映真小說的三個階段〉，高信疆編，《陳映真小說集一：我的弟弟康雄》（台北：人間出版社，1995 年）。

路易士‧羅賓遜著，傅光明、梁剛譯，《兩刃之劍：基督教與二十世紀中國小說》（台北：業強出版社，1992 年）。

舞鶴，《餘生》（台北：麥田出版，1999 年）。

劉紀蕙，《心的變異：現代性的精神形式》（台北：麥田出版社，2004年）。

劉小楓選編，《尼采與基督教思想》（台北：道風書社，2001 年）。

劉再復，《罪與文學：關於文學懺悔意識與靈魂維度的考察》（香港：牛津大學出版社，2002 年）。

德里克著，沈清松譯，《全球現代性：全球資本主義時代的現代性》（南京：南京大學出版社，2012 年）。

蔡友月，《達悟族的精神失序：現代性、變遷與受苦的社會根源》（台北：聯經出版社，2009 年）。

蔡登山，《色戒愛玲》（台北：印刻出版社，2007 年）。

蔡登山，《傳奇未完張愛玲》（台北：天下文化，2003 年）。

蔣勳，〈我的老師陳映真〉，陳映真編，《陳映真作品集 8》（台北：人間出版社，1988 年）。

魯迅，《兩地書》，收錄於《魯迅全集十一卷》（台北：谷風出版社，1989 年）。

魯迅，《野草》（台北：風雲時代出版社，1990 年）。

魯迅著，楊澤編，《魯迅小說集》（台北：洪範，2008 年）。

魯迅著，楊澤編，《魯迅散文選》（台北：洪範，1995 年）。

龍應台，《請用文明來說服我》（台北：時報，2006 年）。

謝世忠，《族群人類學的宏觀探索：臺灣原住民論集》（台北：台大出版中心，2004 年）。

謝永泉，《追浪的老人 — 達悟老者夏本・夏本 Syapen Sorong〉的生命史》（台北：山海文化雜誌社，2010 年）。

謝明昇，《我們的信仰》（台北：士林聖教會，2002 年）。
魏貽君，《戰後台灣原住民族文學形成的探察》(台北：印刻出版社，2013 年)。
邁爾斯，白輕譯，《導讀齊澤克》（重慶：重慶大學出版社，2014 年）。
瓊・楚特著，陳榮彬譯，《了不起的圖帕伊亞：庫克船長的傳奇領航員》（台北：網路與書出版，2015 年）。
譚家哲，《形上史論》（台北：唐山出版，2006 年）。
關曉榮，《蘭嶼報告》（台北：人間出版社，2007 年）。

（二）外文專書

Agamben, Giorgio, *The Time that Remains: A Commentary on the Letter to the Romans, trans. Patricia Dailey*（Stanford: Stanford UP, 2005）.
Bataille, Georges, *L'expérience intérieure*（Paris: Gallimard, 1954）.
Bataille, Georges, *Lascaux; or, the Birth of Art, the Prehistoric Paintings*, trans. Austryn Wainhouse（Lausanne: Austryn Wainhouse, 1955）.
Bataille, Georges, *L'érotisme*（Paris :Éditions de Minuit, 1957）.
Bataille, Georges, *Erotism: Death and Sensuality, trans. Mary Dalwood*（San Francisco: City Lights, 1961）.
Bataille, Georges, *Oeuvres complètes*（Paris: Gallimard,

1970-1999）.

Bataille, Georges, *Story of the Eye,* trans. Joachim Neugroschel（San Francisco: City Lights, 1987）.

Bataille, Georges, *The Accursed Shar*, trans. Robert Hurley（New York: Zone Books, 1988）.

Bataille, Georges, *Theory of Religion*, trans. Robert Hurley（New York: Zone Books, 1989）.

Bataille, Georges, *La part maudite: précédé de la notion de dépense*（Paris: Editions de Minuit, 1990）.

Bataille, Georges, *Essential Writings*, trans. Michael Richardson（London: Thousand Oaks, Calif.: Sage, 1998）.

Bataille, Georges, *Théorie de la religion*（Paris: Gallimard, 2006）.

Benjamin, Walter, *Selected Writings,* eds., *Marcus Bullock and Michael Jennings*（Cambridge: Belknap, 2003）.

Derrida, Jacques, *Of Grammatology*, trans. Fayatri Chakravorty Spivak（London: The Johns Hopkins University Press, 1976）.

Derrida, Jacques, *Specters of Marx: The State of the Debt, the Work of Mourning, and the New International*, trans.Peggy Kamuf（New York: Routledge, 1994）.

Freud, Sigmund, *Instincts and Their Vicissitudes*, in SE XIV（London:Hogarth Press, 1915）.

Freud, Sigmund, *A Child is Being Beaten: A Contribution*

to the Study of the Origin of Sexual Perversions, in SE XVII（London:Hogarth Press, 1919）.

Freud, Sigmund, *The Economic Problem of Masochism*, in SE XIX（London:Hogarth Press, 1924）.

Habermas, Jurgen, *The Philosophical Discourse of Modernity*, trans. Frederick Lawrence(Cambridge: Polity PressLithoraph, 1987).

Kristeva, Julia, *Powers of Horror: An Essay on Abjection,* trans. Leon S. Roudiez（New York: Columbia UP, 1982）.

Lacan, Jacques, Jacque-Alain Miller eds., *The Four Fundamental Concepts of Psychoanalysis, trans. Alan Sheridan*（New York: Norton & Co Inc, 1998）.

Lacan, Jacques, *The Seminar of Jacques Lacan: The Other Side of Psychoanalysis, trans. Russell* Grigg（New York: W. W. Norton & Company, 2007）.

Lacan, Jacques, Jacque-Alain Miller, eds., *The Ethics of Psychoanalysis 1959-1960, trans. Dennis Porter*（New York : Routledge, 2008）.

Lévi-Strauss, Claude, *Structural Anthropology,* trans. Claire Jacobson and Brooke Grundfest Schoepf（New York: Basic, 1963）.

Foucault, Michel, Donald F. Bouchard, eds., *Language, Counter-memory, Practice: Selected Essays and*

Interviews, trans. Donald F. Bouchard and Sherry Simon(Ithaca, N.Y.: Cornell University Press, 1977).

Mauss, Marcel, *The Gift: The Form and Reason for Exchange in Archaic Societies,* trans. W.D. Halls（New York: Routledge, 1990）.

Nietzsche, Friedrich, *Thus Spoke Zarathustra*, trans. R. J. Hollingdale（Baltimore: Penguin, 1961）.

Nietzsche, Friedrich, *The Will to Power*, trans. Walter Kaufmann（Toronto: Random, 1968）.

Nietzsche, Friedrich, *Ecce Homo*, trans. Walter Kaufmann（Toronto: Random, 1969）.

Nietzsche, Friedrich, *The Antichrist: A Curse on Christianity,* trans. Thomas Wayne（New York: Algora, 2004）.

Rousseau, Jean-Jacques, *Discours sur l'origine et les fondements de l'inégalité parmi les hommes*（Paris: Garnier-Flammarion, 1971）.

二、論　文

王汎森，〈近代中國的線性歷史觀〉，《新史學》第 19 卷 2 期（2008 年 6 月）。

王德威，〈「頭」的故事 — 歷史、身體、創傷敘事〉，《漢學研究》第 29 卷 2 期（2001 年 3 月)。

余光弘，〈巴丹傳統文化與雅美文化〉，《東臺灣研究》

第 6 期（2011 年 12 月）。

吳叡人，〈臺灣後殖民論綱：一個黨派性的觀點〉，《思想》第 3 期（2006 年 10 月）。

宋家復，〈在台北看李安色戒〉，《思想》（2008 年 1 月）。

沈志中，〈薩德與精神分析〉，《中外文學》第 43 卷 2 期（2014 年 6 月）。

林淇瀁，〈臺灣文學與資料庫之運用〉，《國民教育》第 49 卷 5 期（2009 年 6 月）。

周婉窈，〈試論戰後臺灣關於霧社事件的詮釋〉，《臺灣風物》第 60 卷 3 期（2010 年 9 月）。

邱貴芬，〈性別政治與原住民主體的呈現：夏曼・藍波安的文學作品和Si-Manirei的紀錄片〉，《臺灣社會研究季刊》第86期（2013年3月）。

林徐達，〈頭顱、除喪和「穢」— 南王卑南族「大獵祭」在當代「獵人頭」研究中的想像與論述〉，《臺灣原住民族研究季刊》第 2 卷 4 期（2009 年 9 月）。

馬靄媛，〈宋淇是〈色，戒〉的共同創作者？張愛玲〈色，戒〉易稿二十載祕辛曝光〉，《印刻文學生活誌》（2008 年 4 月）。

康來新著，〈講評：獻祭的聖杯〉，文訊雜誌社編，《陳映真創作五十年國際學術研討會論文集》，《文訊》第 134 期（2009 年）。

符立中，〈間諜圈，電影圈 — 宋淇和楊德昌的〈色，戒〉故事〉，《印刻文學生活誌》（2007 年 8 月）。
郭立昕，〈永遠的鞭子和提燈〉，《文訊》第 287 期（2009 年 9 月）。
陳芳明，〈台灣文學與東亞魯迅〉，《文訊》第 267 期（2008 年 01 月）。
陳相因，〈「色」，戒了沒？〉，《思想》（2008 年 1 月）。
陳若曦，〈堅定不移的民族主義信心〉，《文訊》第 287 期（2009 年 9 月）。
彭小妍，〈女人作為隱喻：《色｜戒》的歷史建構與解構〉，《戲劇研究》，（2008 年 7 月）。
賀照田，〈當社會主義遭遇危機……：陳映真 80 年代的思想湧流析論之一〉，《臺灣社會研究季刊》第 78 期（2010 年 6 月）。
黃詠梅，〈陳映真和知識分子的人道關懷座談會紀實〉，《陳映真創作五十年國際學術研討會論文集》，《文訊》第 409 期（2009 年）。
楊政賢，〈文化協商與藝術表現的抉擇座談會紀實〉，《陳映真創作五十年國際學術研討會論文集》，《文訊第 4 卷 1 期（2014 年 3 月）。
楊政賢，〈島、國之間的「族群」：臺灣蘭嶼 Tao 與菲律賓巴丹島 Ivatan 的口傳歷史〉，《南島研究學報》第 3 卷 1 期（2012 年 6 月）。
楊政賢，〈菲律賓巴丹島「飛魚節」慶典的參與觀察與現象詮釋〉，《臺灣原住民研究論叢》第 14 期（2013 年 12 月）。

楊翠，〈獻祭的聖杯：陳映真小說中的女性救贖意象〉，《陳映真創作五十年國際學術研討會論文集》，《文訊》第 107 期（2009 年）。

楊慧儀，〈陳映真《春祭》的一些外緣脈絡〉，《文學世紀》第 4 期（2004 年 4 月）。

楊澤，〈邊緣的抵抗 — 試論魯迅的現代性與否定性〉，中國文哲所編委會編，《中國現代文學國際研討會論文集 — 民族國家論述》（台北：中國文哲研究所籌備處，1995 年）。

廖玉蕙，〈讓所有受侮辱的人重新得到尊嚴：訪陳映真先生談小說創作〉，《文訊》第 287 期（2009 年 9 月）。

趙剛，〈重建左翼：重見魯迅、重見陳映真〉，《臺灣社會研究季刊》第 77 期（2010 年 3 月）。

趙剛，〈頡頏於星空與大地之間：左翼青年陳映真對理想主義與性／兩性問題的反思〉，《臺灣社會研究季刊》第 78 期（2010 年 6 月）。

劉紀蕙，〈「現代性」的視覺詮釋 — 陳界仁的歷史肢解與死亡鈍感〉，《中外文學》第 30 卷 8 期（2002 年 6 月）。

劉正忠，〈摩羅．民俗．志怪：魯迅詩學的非理性視域〉，《清華學報》新 39 卷 3 期（2009 年 9 月）。

錢理群，〈陳映真和「魯迅左翼」傳統〉，《現代中文學刊》第 4 期（2010 年 1 月）。

三、雜誌文章

鄭慧華，〈充滿想像、並且頑強的存在 — 與陳界仁對談〉，《現代美術》第 112 期（2004 年 2 月）。

鄭慧華，〈被攝影者的歷史 — 與陳界仁對談：「凌遲考：一張歷史照片的迴音」〉，《典藏今藝術》第 129 期（2003 年 6 月）。

鞏濤，〈中國處決刑罰視覺化與歐洲酷刑之異同〉，《典藏今藝術》第 129 期（2003 年 6 月）。

四、報紙文章

王惠玲，〈色戒：專訪王惠玲〉，《自由時報副刊》，2007 年 10 月 8-10 日。

南方朔，〈定位陳映真的時候未到〉，《中國時報》2009 年 9 月 28 日。

域外人，〈不吃辣的怎麼胡得出辣子？評〈色，戒〉〉，《中國時報人間副刊》，1978 年 10 月 1 日。

張小虹，〈大開色戒：從張愛玲到李安〉，《中國時報人間副刊》，2007 年 9 月 28-29 日。

張愛玲，〈羊毛出在羊身上：談〈色，戒〉〉，《中國時報人間副刊》，1978 年 11 月 27 日。

龍應台，〈如此濃烈的色，如此肅殺的戒〉，《中國時報》，2007 年 9 月 25 日。

五、電子媒體

趙華，〈李安的加減法和色戒的政治寓意〉，（見學術中華網站：http://www.xschina.org/show.php?id=11518，2009 年 10 月 15 日）。

陳界仁，〈凌遲考—創作自述〉，（來源：伊通公園網站 http://www.itpark.com.tw/artist/essays_data/10/842/73，2014 年 12 月 10 日。

陳界仁，〈招魂術 — 關於作品的形式〉，（來源：伊通公園網站 file://Users/wuwuhc/Desktop/陳界仁/伊通公園%20I 招魂術：關於作品的形式.webarchive），2014 年 12 月 10 日。

後　記

本書最早完成的是〈非關索隱，非關自傳：以巴塔耶的愛慾論觀電影《色｜戒》與小說〈色，戒〉〉這篇論文，撰寫於我學院專任的第二年。彼時，雖然我已在報刊發表了一些詩作及小說，亦自認有一定的文學眼光；但畢竟，我那時只是剛獲哲學學位的新科博士。依文憑專業，我該是文學的門外漢。

初出茅廬，我想，只有寫出幾篇論文來，才能說自己還懂一點文學。於是，以張愛玲為開端，一路走來塗塗寫寫，大抵釀就了本書的初貌。我選擇魯迅、張愛玲、陳映真、舞鶴等作家，除了我是真心喜讀他們的小說外，追根究底，大抵也是他們所散發的氣質（或精神結構）吸引了我。也就是這本書的底蘊：某種緊張的主體狀態。

本書諸篇論述撰寫的過程中，詩人楊澤常是我的第一位讀者，感激他不吝指正。希望不久的將來，我寫出的不只是「主體的黑夜」般的論文，還能寫出「生命的過量」般的小說。